河南省“十四五”普通高等教育规划教材（重点立项）

中华水文化（慕课版）

（第二版）

毕雪燕　杨华轲　罗玲谊　陈　超　刘　明　张建松　朱伟利　编著

中国水利水电出版社
www.waterpub.com.cn
·北京·

内 容 提 要

本书以水为线索，串联起古往今来的水历史、水故事、水经典、水哲理等，同时从水文化的概念、学习水文化的意义入手，概括讲述水与中华文明、水与农业、水与政治、水与战争、水与工程、水与儒家思想、水与道家思想、水与管子思想、水与墨家思想、水与文学、水与艺术、水与民俗等内容，多维度讲述水在物质文化、制度文化、精神文化和行为文化中的不同体现，全面分析多种文化因水而生、因水而兴的文化特质，帮助大家从水的角度理解文化，把握文化内涵，传播文化正能量。

本书适合高等院校的学生学习，也适合广大水文化研究人员参考。

图书在版编目（CIP）数据

中华水文化 : 慕课版 / 毕雪燕等编著. -- 2版. -- 北京 : 中国水利水电出版社, 2022.5（2026.1 重印）
河南省“十四五”普通高等教育规划教材
ISBN 978-7-5226-0651-4

Ⅰ. ①中… Ⅱ. ①毕… Ⅲ. ①水－文化－中国－高等学校－教材 Ⅳ. ①K928.4

中国版本图书馆CIP数据核字(2022)第067314号

策划编辑：石永峰　　责任编辑：张玉玲　　封面设计：梁　燕

书　名	河南省“十四五”普通高等教育规划教材 中华水文化（慕课版）（第二版） ZHONGHUA SHUI WENHUA（MUKE BAN）
作　者	毕雪燕　杨华轲　罗玲谊　陈　超　刘　明　张建松　朱伟利　编著
出版发行	中国水利水电出版社 （北京市海淀区玉渊潭南路 1 号 D 座　100038） 网址：www.waterpub.com.cn E-mail：mchannel@263.net（答疑） sales@mwr.gov.cn 电话：（010）68545888（营销中心）、82562819（组稿）
经　售	北京科水图书销售有限公司 电话：（010）68545874、63202643 全国各地新华书店和相关出版物销售网点
排　版	北京万水电子信息有限公司
印　刷	三河市鑫金马印装有限公司
规　格	184mm×260mm　16 开本　17 印张　362 千字
版　次	2019 年 9 月第 1 版　2019 年 9 月第 1 次印刷 2022 年 5 月第 2 版　2026 年 1 月第 3 次印刷
定　价	52.00 元

第二版前言

《中华水文化（慕课版）》（第二版）出版在即，有些话实在是如鲠在喉不吐不快！

自2019年9月《中华水文化（慕课版）》教材出版以来，在建设课程过程中，我们收获了始料不及的"成果"。

首先我们的教材被翻译成英文版，用作海外孔子学院读物、来华留学生学历教育和中资水利水电企业员工培训辅助教材，也就是说我们的教材正用英语娓娓道来水文化的故事，变成了中华优秀传统文化在世界上传播的使者！我们骄傲且自豪！

我们的教材获批教育部"国际中文教育"教学资源建设重点项目，河南省"十四五"普通高等教育规划教材（重点立项），英文版教材获得了2021年度"翻译河南"工程优秀成果奖特等奖，延伸课程的教材获得了2021年度"翻译河南"工程优秀成果奖一等奖。

课程在2019年1月获得国家级精品在线课程的基础上，又于2020年11月获批国家级本科线上一流课程，并连续5年获得优秀河南省精品在线课程！在建设课程过程中，我们以《中华水文化》为依托进行多课程、多学科的交叉融合，采取"国内大师"同讲一门课，"校内名师"同讲水文化的教学模式，邀请国内著名文化学者、非遗传承人、行业大师、校内名师作专题讲座和报告，从不同的维度讲述水文化故事，进一步丰富课程内容、创新课堂形式、开阔学生视野、提升学生学习热情。课程中多个章节获国家级、省级奖励，如《讲述中国创新的故事 传播中国创新的声音》《杜康：潜心钻研造佳酿》《赋：夸饰之水》《黄河文化》《黄河 姓氏文化的策源地》《上善若水》等。相关课程在"学习强国"播出500分钟的视频、孔子学院总部和国家汉办主办的"汉语桥"播出400分钟视频、"智慧树"播出550分钟视频、河南省专业技术人员网站播出210分钟视频、清华大学"学堂在线"播出570分钟视频，总学习人员超过400万人，其中"学习强国"学习人数达82万余人次，社会效果良好。

同时我们加强课程思政化、思政课程化，在多门课程都融入了水文化、黄河文化的内容，打造了《中华古代名人创新智慧》《社交礼仪与形体艺术》《音乐鉴赏》《大学语文与写作》等8门省级一流课程。我们对相关内容进行拓展研究，出版著作、教材近20部，主要包括《黄河流域水文化资源开发与利用研究》《现代城市水生态文化研究——以中原城市为例》《河南水文化史》《中国水文化发展前沿问题研究》《中国水科学研究进展报告2019—2020》《中华源·河南故事——大运河》等著作，《中华传统文化概论》《文学与影视鉴赏》《写作》等教材。

因我们创新的教学模式而形成的相关成果在全国、全省频频获奖，其中《基于"四位一体"模式的多课堂联动艺术课程教学创新实践》在全国大学生艺术展演中获得一等奖。我们获批河南省教育教学改革项目三项——"黄河文化多维度融入高校课程体系育人模式教学探索与实践研究”“黄河流域行业高校人才培养供给侧改革研究与探索”“新时代地方高校美育课程改革的研究与实践”，其中“黄河文化多维度融入高校课程体系育人模式教学探索与实践研究”获得河南省高等教育教学成果奖特等奖，“黄河流域行业高校人才培养供给侧改革研究与探索”“新时代地方高校美育课程改革的研究与实践”获得河南省高等教育教学成果奖一等奖。《〈中国古典名著的现代解读〉等共享优质信息化教学资源跨课程、跨平台联动模式》《〈中华水文化〉省级精品在线课程》获得河南省教育信息化理论研究和创新应用一等奖、二等奖。教学方法和教学模式先后在河南、北京、陕西、江苏、广东等 20 个省（直辖市）的学校、培训机构应用推广。

创新课程教法之外，我们潜心进行理论研究，发表论文 60 余篇，其中 20 余篇在中文核心期刊上发表，9 篇被 CSSCI 收录（《秦汉关中地区水井及相关问题研究》《异质文明交流中文化认知的解构与建构》《让高校成为黄河治理文化传播的重要阵地》《文化传播视域下的黄河流域特色旅游高质量发展研究》《黄河非遗衍生品传播与经济开发协同发展研究》《刍议黄河文化的内涵与传播》《黄河下游水环境与社会经济关系探讨》《讲好历史上黄河治理故事应关注的几个问题》《黄河本土音乐传播路径探析》），还有 18 篇相关论文发表在“学习强国”《中国教育报》《中国水利报》《河南日报》《河南教育》等媒体，《黄河：中华民族的母亲河》《黄河流域的古代文人音乐》《继承与创新中的现代黄河音乐文化》等多篇文章被“学习强国”等媒体转载。

我们完成国家社科基金重点项目、河南省哲学社会科学项目等国家级、省部级教育教学科研项目 40 余项。其中，《中原水文化资源开发利用与数据库建设》获得了教育部高等学校科学研究优秀成果奖三等奖，《现代城市水生态文化研究》《文化传播视域下的黄河流域特色旅游高质量发展研究》分别获得河南省哲学社会科学二等奖、三等奖。

我们牵头建设的河南省社会科学重点研究基地——中华水文化研究中心在全省名列前茅，学校还获批了河南省大学生校外实践基地——嘉应观产学研基地、郑州市“黄河文化教育传播中心”，我们还建成了河南省名师工作室、河南省优秀基层教学组织、河南省思政团队等。

教学相长，在教学过程中，我们每个人都有所收获、有所成长，毕雪燕被评选为河南省教学名师、河南省师德标兵，陈超被评选为河南省青年骨干教师。

课堂外，我们组织学生走进博物馆、大学生社会实践基地、黄河文化遗址等，引导学生从实践中寻找答案，从课程观到专业观、从专业观到学科观，充分利用实践活动，提升学生学习体验和社会实践能力。通过每年的“世界水日”“中国水周”“环保日”“低碳日”“水法宣传日”“黄河文化旅游节”等纪念日，举办各种参与性的专题水文化教育活动，结合社团实践，开展多主题的文化展演，深刻内化学生对水文化的认识，锻炼其对水文化的创新性和创造力。2020 年 4 月，我们的河小青志愿服务队的同学们还收到了时任水利部党组书记、部长鄂竟平同志的来信表扬。

相关的成果得到了教育部、水利部等部门其他领导专家的充分赞扬，以及社会各界的高度肯定，受到多家媒体的关注。课堂教学、教法改革、社团活动被中央电视台、人民网、“学习强国”、中国新闻网、《消费时报》、《河南日报》、河南电视台等国家级、省级媒体报道100余次。“学习强国”、《河南日报》分别以《千年埙乐奏悠悠黄河魂 非遗传承走进大学课堂》《黄河的泥巴会唱歌 华北水利水电大学这样推广黄河文化》等为题目报道了我们的水文化与艺术实践相融合的教学改革成果。项目负责人多次还应邀参加全国水利院校水文化育人研讨会、黄河文化论坛，并作《以水育人　以文化人　课程思政化　思政课程化》《让名人走进课堂　打造黄河文化育人高地》等主旨报告，接受了国家级、省级等50余家媒体的采访。

荣誉和成绩只代表过去！未来，我们会继续更加精彩地讲述好水文化的中国故事，传递好水文化的中国声音！中华优秀传统文化之浩瀚、中华水文化之璀璨！我们愿为中华优秀传统文化的传播、中华水文化的推广倾尽全力！

项目负责人　毕雪燕

2022年2月26日于华北水利水电大学龙子湖校区

第一版前言

2019年1月，教育部公布了第二批国家级精品在线课程，华北水利水电大学建设的“中华水文化”课程榜上有名！这让我们这些讲授者们感到惊喜、不安且感动。

惊喜的是，水文化是一个20世纪80年代才提出的学术概念。在我国，水文化课程只是在为数不多的水利高等院校里作为选修课开设。例如在华北水利水电大学，一个学期也只有五六百人学习。但是自从“中华水文化”在中国大学慕课上运行11个学期以来，每个学期的学习人数竟然接近15000人！这些学习者中，既有来自高校中的莘莘学子，也有来自水利系统的工作人员，还有我们不知道来自哪里的学习群体……其中，“水与道家思想”一讲竟然有4000多人关注并参与讨论！这让我们非常惊讶、感动！

从数字来看，从500人到15000人真的并不是一个无法计量的天文数字。但是从传播学的角度来看，我们不得不承认这是一次传播能量的裂变——正常情况下，一位老师如果一个学期有500个学生的话，这需要30年的时间才能够完成！这也许是一个人一生的工作时间。

其意义不在于我们用不到两年的时间把一个普通的校级课程，打造成了优秀的省级精品在线课程，也不在于某个大学有了一门国家级课程，更不在于中国多了一门慕课，而是意味着有更多的人接受了水文化这个概念，意味着在中华优秀文化的花苑里，水文化将吐露独特的芬芳，绽放绚丽的光彩！

不安的是，我们是站在前辈学者的肩膀上腾飞的！我们是把前人从事水文化研究与教学多年的成果进行梳理、整理，赋予新的内涵，并自成体系，以水为线索，分56个小专题，录制成视频，在中国大学慕课网上发布，供广大学子学习。水文化是前辈学者提出的学术概念，它涵盖着丰富的内涵，我们主要从传统文化的角度进行诠释。因时间原因、时长关系、水平问题，难免挂一漏万，对不少领域亦呈阙如。这些主讲老师至少拥有硕士学位，百分之四十二的老师拥有博士学位，可以说几乎每个人都怀揣着一个学术梦。但是在这门课讲述的过程中，我们期盼学术，却不敢艰涩；希望生动，却担心失之严谨！我们在拷问自己：这是传播的进步，还是学术的倒退？其实，我们当初最本真的理念是让课程通俗易懂，让更多的人接受。我们只是把不少人懵懂的学术概念通俗化了。

在课程的建设过程中，有着更多的感动。有同学告诉我们说，从课程中学到的不单是知识，还体悟出诸多道理。例如通过“大禹治水与中华文明”，他们不单单学到了治水故事，还感受和品味到了治水精神与创新文化；在“水与儒家思想”中通过宥坐之器真正感受到了中庸之道的独特魅力；通过“水与道家思想”明白了上善若水、无为而治、柔弱胜刚强的真正含义等。对于有的同学来说，学到的是一种恪守法则的能力，如有的同学在学习的过程中，忘记了自己的账号，以至于不能完成作业；有的同学错过提交考试题目的时间，拿不到学分……在这里我不得不用“幸灾乐祸的表情包”说：错过了考试，还可以补救，人生的一些重要的机遇千万不能够错过！有些人、有些事、有些契机一旦错过了，也许就是一辈子！

我惊喜地发现这就是课程思政化呀！为此我还专门到河南省委宣传部组织的教师座谈会上做典型发言……

我们把“中华水文化”课程的建设当成自己一种修炼人生的方式，更是一次文化自信的实践。在建设课程的过程中，我们被水文化滋养着，被同学们感动着，也享受着传播力量裂变带来的魅力。在时间紧、任务重、经费短缺、师资不足的条件下，每一次的讲述仿佛都是一次文化自信的庄严告白；我们几易其稿，每次修改都是一次人生的修炼、自我的超越。但是我们却不敢僭越本分地把自己打造为名师，因为回归本科教学是本分，更是我们的使命……

在这里我代表课程组所有老师说出我们共同的心声：感谢中国大学慕课，让我们和你们相识并收获在“中华水文化”，让课程思政化践行在“中华水文化”！更感谢中国水利水电出版社的编辑老师，你们让我们藏于心间的声音跃然纸上！

当然最应该感谢的还是我的这些伙伴们，在这里晒晒大家的劳动成果吧——绪论、水与中华文明由毕雪燕、朱伟利撰写（约 5.5 万字），水与农业、水与工程由陈超撰写（约 8 万字），水与政治由杨华轲撰写（约 3.5 万字）、水与战争、水与民俗由张建松撰写（约 5 万字），水与儒家思想由刘明、杨华轲撰写（约 3 万字），水与道家思想由刘明、毕雪燕撰写（约 2.8 万字），水与管子思想、水与墨家思想由刘明撰写（约 1.5 万字），水与文学、水与艺术由罗玲谊撰写（约 5 万字）。

2017 年 10 月 18 日，习近平总书记在党的十九大报告中，79 次谈到了文化。总书记曾经深情地讲到：没有高度的文化自信，就没有中华民族的伟大复兴……而“中华水文化”课程正是 2017 年 10 月中旬上线的！非常庆幸我们迎来了一个文化的春天，迎来了一个文化高度自信的新时代。相信国家级精品在线课程的认定，《中华水文化（慕课版）》的出版正所谓好雨知时节，当春乃发生！

有了《中华水文化（慕课版）》，我们会继续更加精彩地讲述好水文化的中国故事，传递好水文化的中国声音。

《中华水文化（慕课版）》负责人　毕雪燕

2019 年 6 月 16 日于华北水利水电大学人文艺术教育中心

目　录

第二版前言

第一版前言

第一章　绪论……1

第二章　水与中华文明……4

第一节　黄河——中华民族的母亲河……4

第二节　水与黄河文明……15

第三节　长江——中华民族的母亲河……24

第四节　长江文化的兴衰沉浮……31

第五节　大禹治水……34

第六节　大禹治水与中华文明……39

第三章　水与农业……45

第一节　水与农田基本建设……45

第二节　水与农用水利工具……60

第三节　水与农业生产习俗……67

第四章　水与政治……73

第一节　治水与治国理政……73

第二节　明君治水与国家兴盛……75

第三节　贤吏治水与国家兴盛……82

第四节　水与国祸民殃……91

第五节　水与古代城市建设……94

第五章　水与战争……102

第一节　水上争雄……102

第二节　以水助战……107

第三节　以水代兵……113

第六章　水与工程……118

第一节　灌溉工程……118

第二节　运河工程……131

第三节　堤防工程……140

第四节　调水工程……156

第七章　水与儒家思想……168

第一节　智者乐水……168

第二节　以水比德……171

第三节　以水喻政……174

第四节　天人合一……176

第八章　水与道家思想……178

第一节　上善若水……178

第二节　上善若水的典范……180

第三节　无为而治……182

第四节　无为而治的启示……183

第五节　柔弱胜刚强……184

第九章　水与管子思想……188

第一节　水是世界的本原……188

第二节　水与修身治国……189

第三节　水与治国理政……190

第四节　水与人居环境的选择……192

第十章　水与墨家思想……194

第一节　大禹之道与兼爱……194

第二节　以水比德修身……195

第三节　水与非攻……196

第十一章　水与文学……198

第一节　诗：言志之水……198

第二节　词：言情之水……203

第三节　赋：夸饰之水……206

第四节　散文：疏淡之水……210

第五节　小说：摹人之水……213

第十二章　水与艺术……221

第一节　水与绘画……221

第二节　水与音乐……225

第三节　水与舞蹈……230

第十三章　水与民俗……236

第一节　水与生育、婚俗……236

第二节　水与葬俗……239

第三节　祈雨……242

第四节　镇水……247

第五节　水与汉族节日活动……252

第六节　水与民族节日活动……259

参考文献……264

第一章　绪论

什么是水文化

一、什么是水文化？

文化是一个世界上无数学者都关注的话题。关于文化的研究著述数以万计，视角各异，不一而足。大家仁者见仁、智者见智，但都无法给文化下一个准确或精确的定义。据不完全考证，关于文化的定义，目前全世界有一百多种定义，如文化是相对于经济、政治而言的人类全部精神活动及其产品。文化是智慧群族的一切群族社会现象与群族内在精神的既有、传承、创造、发展的总和。

笔者认为，文化有广义和狭义之分。广义的文化是指人类创造的一切物质产品和精神产品的总和。狭义的文化专指语言、文学、艺术及一切意识形态在内的精神产品。本书讲的是广义的文化，包括物质文化和非物质文化。

相对文化而言，水文化是个子概念。顾名思义，水文化就是在人和水相处的过程中，以水为媒介而产生的文化现象和文化规律。水文化的概念古老而年轻。说它古老是因为自从人类诞生就与水不可分割，便有了水文化；说它年轻是因为，我国学者把水文化作为一个相对独立的学术概念提出并进行研究是从20世纪80年代末才开始的。水文化也包括物质水文化和非物质水文化。水和我们的生存、生活、生产、思想、文学艺术等息息相关，水文化也渗透在我们生活、生产的方方面面。本书将多维度、多元化地详细介绍中华水文化，主要包括绪论、水与中华文明、水与农业、水与政治、水与战争、水与工程、水与哲学、水与文学、水与艺术、水与民俗等。

为什么要学习水文化

二、为什么要学习水文化？

据科学家考证，地球是太空中唯一一个有生命的星球。其主要原因之一是因为有水。水是哺育人类的母亲。人类从诞生的那一天起，就与水密不可分。因此，从一定意义上说，人类发展的历史就是一部认识水、顺应水、治理和开发水资源的历史。也就是说，人类在与洪涝和干旱斗争的过程中推进了文明的进步。

1. 水是文明之源

文明对地域的选择就像生命对地球的选择一样。纵观世界历史，古代文明的发祥地无不与水息息相关。地球上兴起的四大文明似乎也仅仅选择了北纬30°～40°，尼罗河流域的古埃及文明、印度河流域的古印度文明、两河流域的古巴比伦文明、黄河中下游的华夏文明，这四大文明的中心全部位于亚热带和温带的大河流域。大河流域就像一条围绕地球一周的腰带，四大文明就是点缀在这条腰带上的四颗闪闪发光的珍珠。除了大河文明以外，踏浪而来的海洋文明、逐水而居的草原文明也都离不开水。

2. 水文化是优秀文化的重要组成部分

在和水相处的过程中，人类不仅创造了巨大的物质财富，也积累了宝贵的精神财富。长期的治水活动深刻影响了中华民族的文化性格和精神塑造，形成了独具特色的中华水文化。水文化可以说是优秀文化不可或缺的一部分。这些优秀的文化是我们的先民们在几千年间与自然界搏斗的过程中总结、提炼出来的，有一部分是在和水相处的过程中总结出来的。

水文化蕴含在农业生产、水利建设中。我国劳动人民长期对气候的变化、降水的多少等因素进行观察和总结，围绕着农事和气候、雨量的密切关系，形成了二十四节气，以及独特的民俗文化。截至 2016 年，我国已经修成和使用的水利工程约 14 万座，围绕着这些水利工程，形成了丰富多彩的工程文化。我国的先哲们还以水悟道，从水中悟出很多哲学思想，如老子提出的“上善若水，水善利万物而不争”“天下莫柔弱于水，而攻坚强者莫之能胜”等，孔子“以水比德”，提出了“智者乐水，仁者乐山”，中庸之道，追求忘情山水等。和水相关的文学作品更是数不胜数，不胜枚举，如“问君能有几多愁，恰似一江春水向东流”“落霞与孤鹜齐飞，秋水共长天一色”等。还有我们耳熟能详的上善若水、厚德载物，滴水之恩、涌泉相报，水可载舟、亦可覆舟等，可以说这些因水而生的思想是我国优秀文化中的重要部分。掌握优秀文化精华，可以在潜移默化中提升自己的思想、言行和人生品味。这就是文化的魅力，也是水文化的魅力。

3. 构建文化自信

习近平总书记在十九大报告中提出，要坚定文化自信，推动社会主义文化繁荣兴盛。没有高度的文化自信，没有文化的繁荣兴盛，就没有中华民族的伟大复兴。要坚持中国特色社会主义文化发展道路，激发全民族文化创新创造活力，建设社会主义文化强国。那么，什么是文化自信呢？文化自信是一个民族、一个国家以及一个政党对自身文化价值的充分肯定和积极践行，并对其文化的生命力持有坚定信心。我们最深厚的文化是软实力。文化是我们发展的母体，积淀着中华民族最深沉的精神追求，一直是中华民族奋发图强的精神动力。

一个民族，没有文化信仰、没有文化自信就不能屹立于世界民族之林。我们博大精深的优秀文化，能够增强中国人的骨气和底气，这就是文化自信的具体表现。文化自信不是一个口号，而是人们对自己文化的自豪和骄傲。只要我们都有了这种感觉，就可以和世界对话。

想做到文化自信，必须了解优秀文化。2017 年初，中共中央、国务院已经出台了文件，要求中华传统优秀文化传承要贯穿国民教育始末。也就是说，从小学、中学到大学、研究生阶段都要学习传统优秀文化，只有这样才能坚守中华文化立场，传承中华文化基因，创造中华文化新辉煌，实现中国梦！我国已经在全世界 100 多个国家和地区建立了 100 多所孔子学院和 1000 多个孔子课堂。也就是说，我们不但要让中国人做到文化自信，还要向世界宣传推广我们优秀的文化！还要让世界了解我们自信的文化！而水文化正是让我们自信的文化中不可或缺的一部分！

4. 塑造品格、提高修为

人，只有有了文化的滋养才有精气神儿，才有品味。水文化属于精神层面，对它的学习有助于我们塑造健全的人格、高尚的品格，提升人生修为。比如有的人看到了水管在滴水，可能视而不见，有的人可能会随手把它关掉；有的人看见滴水，可能司空见惯，有的人就能够悟出水滴石穿、锲而不舍的精神。这就是文化素养高低不同的表现。

就节约用水而言，有人认为，水无论多贵我都完全买得起，我想怎么用就怎么用；而有的人则知道水是宝贵的资源，即使我买得起，也要节约用水，决不能让地球上最后一滴水是人类的眼泪。因此，节约用水绝不是多少钱一吨的事情，而是关乎着人类的生死存亡。这是一种修养，而提升这种修养只有你了解了相关的水知识、水文化，才能够做到。

5. 水相关问题日益严重

目前水资源短缺、水污染严重等问题非常严峻。在 2018 年 1 月全国两会召开期间，全国政协委员王新陆说："目前，我国水资源承载的生产生活之重负在世界范围内相当罕见。一方面水量趋紧，人均淡水资源只有 2100m^3，仅为世界人均水平的 28%左右。另一方面水质趋差，全国 7 大流域近 1/3 断面水质不达标，在全国 4778 个地下水监测点中，较差和极差比例接近 60%，水污染事件平均每年发生 1700 起以上，威胁近 3 亿人的饮水安全。"

由于水污染严重与水资源紧缺两大挑战并存，我们珍爱水、保护水就是珍爱生命、保护世界！所以，树立科学的水观念，去保护水、珍爱水，使人与水和谐相处，应该是我们每一个地球人的必修课。

第二章　水与中华文明

黄河——中华民族的母亲河

第一节　黄河——中华民族的母亲河

中华上下五千年，悠久的历史文明，为后世人们留下了光辉灿烂的中华文化。早在5000多年前，我们的祖先便已在黄河与长江中下游、西辽河等地，用他们的勤劳和智慧创造了令人惊叹的古文明。众多考古资料证实了中华大地5000年的文明发展历程，中华文明展现出“多元一体、兼容并蓄、绵延不绝”的总体特征。中国自古以来便有“文明古国”的称谓，与其他文明古国（古巴比伦、古印度、古埃及）共同组成了人类早期的世界文明。

人类早期文明与河流有着紧密的联系。古巴比伦文明起源于底格里斯河和幼发拉底河；古印度文明起源于印度河及恒河；古埃及文明起源于尼罗河……中西方文明的最早起源都与河流有着天然的联系。在中华大地上，黄河与长江这两条奔流不息的大河孕育了早期的中华文明。随着历史的推移，中华文明延续5000多年，是世界上迄今为止唯一没有衰落的大河文明，其中尤以黄河文明最为光彩夺目。

自古以来，黄河被称为中华民族的“母亲河”，是华夏儿女心中的“圣河”。在这里主要从黄河和中华民族关系的两个层面来认识：从自然层面来看，它作为一条河流，给予了我们生命之源的水，滋养了世代而居的黄河沿岸的人们，为人们提供赖以生存的家园；从文化层面来说，它不仅仅是一条河流，它熔铸了中华民族的魂魄、风骨和精神，成为中华民族集体记忆的延续。

一、黄河概况

黄河全长约5464km，流域面积约75万多km^2，是世界第五大河流，是中国第二长河。它发源于青藏高原的巴颜喀拉山脉北麓的卡日曲，从高空俯瞰，呈现巨大的“几”字形（图2-1），像一条长龙奔腾在中华大地上。在奔向大海的过程中，黄河自西向东分别流经青海、四川、甘肃、宁夏、内蒙古、陕西、山西、河南及山东9个省（自治区），最后从山东注入渤海，可以说流经了半个中国。通常人们把黄河流经的地区称为黄河流域。黄河流域水系分干流和支流，水资源丰富。黄河干流多弯曲，素有“九曲黄河”之称，河道实际流程为河源至河口直线距离的2.64倍。此外，黄河支流众多，从河源的玛曲曲果至入海口，沿途直接流入黄河、流域面积大于$100km^2$的支流共220条，共同组成黄河水系。根据流域形成发育的地理、地质条件及水文情况，黄河干流河道可分为源头、上游、中游和下游，其中包含11个河段。

图 2-1 “几”字形

1. 黄河上游

河源至内蒙古自治区托克托县的河口镇为上游，河道长约 3471.6 km，流域面积约 42.8 万 km^2，占全河流域总面积的 53.8%。河源，当地人称玛曲。“玛”即玛夏，藏语意为孔雀，“曲”是指河，“玛曲”即为孔雀河。黄河流经青藏高原与黄土高原交接地带，地质条件复杂。龙羊峡以上，大部位于青藏“歹”字形构造体系的首部，龙羊峡以下受祁吕贺“山”字形构造体系的控制，地壳扭曲，褶皱发育，形成了一系列北西走向或近乎东西向的大山。黄河流经这些山谷或沿着较大断裂发育，其水流方向多与山地走向正交或斜交，河谷忽宽忽窄，出现川峡相间的河谷形态，形成了最长的拉加峡、最窄的野狐峡、比降最陡的龙羊峡。

黄河在下河沿至河口镇河段有 990km 的河道，是宽浅的平原型冲积河流。本区域内形成了著名的“黄河河套”，有富饶的宁夏平原和内蒙古河套平原。

2. 黄河中游

黄河中游上段以山地、高原为主，中游下段以平原、丘陵为主。黄河自河口镇至河南郑州市的桃花峪为中游。黄河自河口镇急转南下，直至禹门口，飞流直下 725km，水面落差 607m，比降较大。滚滚黄河，奔流不息，将黄土高原分割成两半，构成峡谷型河道。以河为界，左岸是山西省，右岸是陕西省，所以称之为晋陕峡谷。晋陕峡谷两岸是广阔的黄土高原，这里土质疏松，水土流失严重，但支流水系特别发达，大于 100km^2 的支流多达 56 条。本峡谷段流域面积约 11 万 km^2，占全河集水面积的 15%。因区间支流平均每年向干流输送泥沙 9 亿 t，占全河年输沙量的 56%，所以成为黄河流域泥沙来源最多的地区（图 2-2）。

图 2-2　世界上含沙量最高的河流——黄河

黄河出晋陕峡谷，河面豁然开阔，水流平缓。禹门口至潼关段，河道长 125km，落差达 52m，河谷平均宽度为 8.5km。在此，河道滩槽明显，滩面宽阔，滩地面积达 $600km^2$。滩面高出水面 0.5～2.0m。由于本段河道冲淤变化剧烈，主流摆动频繁，故有“三十年河东，三十年河西”之说，属游荡性河道。晋陕峡谷河段碛流较多，下段的壶口瀑布（图 2-3）是黄河干流唯一的瀑布。

图 2-3　壶口瀑布

黄河过潼关折向东流 356km 至河南郑州市桃花峪，落差达 231m。其中三门峡以上 113km 的黄土峡谷，河道较为开阔。三门峡以下至孟津 151km，河道穿行于中条山与崤山之间，是黄河最后的一个峡谷段，位于河南、山西两省之间，故称晋豫峡谷。三门峡至桃花峪区间大的支流有洛河和沁河，是黄河流域常见的暴雨中心。暴雨强度大，汇流迅速且集中，产生的洪水来势猛、洪峰高，是黄河下游洪水的主要来源之一（图 2-4）。孟津以下，是黄河由山区进入平原的过渡河段。本段河流南依邙山，北傍青风岭，部分地段修有堤防。

图 2-4　黄河洪峰

由于黄河中游流经黄土高原地区，这一地段土质结构疏松，易受侵蚀，雨量集中，自然植被易遭破坏，以致每到夏秋暴雨季节，水土流失特别严重，各条支流挟带大量泥沙汇集到黄河，随着水流带到下游。这些泥沙日积月累，使黄河河床抬高，高出地面，成为“悬河”。

3. 黄河下游

黄河从桃花峪至入海口部分为下游，流域面积约 2.3 万 km^2，仅占全流域面积的 3%，比降呈现上陡下缓的特点。黄河下游河道横贯华北平原，绝大部分河段靠堤防约束。由于下游段水流相对趋缓，河流挟带的大量泥沙淤积于此，使河道不断抬升，河床高出背河地面 3～5m，部分河段如河南封丘曹岗附近甚至高出 10m，使其成为世界上著名的“地上悬河”，也成为淮河、海河水系的分水岭。

受历史条件的限制，黄河下游现行河道呈上宽下窄的格局。从桃花峪至兰考东坝头河段为明清河道，两岸堤防已有 300～500 年的历史。东坝头至陶城铺河段自 1855 年黄河决口改道，泛流了 20 多年后才逐渐修筑堤防。陶城铺以下为大清河故道。

黄河在下游的地方非常桀骜不驯，容易改道。在大约 4000 年的历史中，黄河下游决堤泛滥达 1500 多次，河道曾多次进行较大幅度的改道。其中较大的改道有二三十次，洪水北至海河，南到淮河，对黄淮海平原的影响非常大。河流中挟带了大量的泥沙，每年都会产生近 16 亿 t 泥沙，其中有 12 亿 t 流入大海，剩下的 4 亿 t 留在黄河下游，形成冲积平原。这给中华文明带来了巨大的影响。它一方面给我们带来了灾难，另一方面也使一个个的冲积平原连成了广大的华北平原（图 2-5）。

图 2-5　华北平原

黄河河口位于渤海湾与莱州湾之间。滨海区海洋动力较弱，地面平坦，潮差一般在 1m 左右，潮弱沙多，为摆动频繁的陆相河口。近代以来，由于大量泥沙输送到河口地区，大部分淤积在滨海地带，形成了黄河河口三角洲。随着黄河入海口的淤积、延伸、摆动，入海流路随之改道变迁。历史上利津以下河道多次改道，1949 年后曾经三次有计划地人工改道，河口段河道长度也不断变化。20 世纪 90 年代，黄河河口入海流路是 1976 年人工改道流经清水沟后逐步淤积塑造的新河道。近百年来，黄河填海造陆，形成大片新的陆地。

黄河流域自西起巴颜喀拉山，北抵阴山，南至秦岭，东注渤海，缘起高原、山地，流经平原地带，流域内地势西高东低，高差悬殊，形成自西而东、由高及低的三级阶梯。由于地形的复杂变化，所以造成黄河善淤、善决、善徙的特点，使黄河成为世界上变化最复杂的河流。

二、黄河流域自然条件适合农作物生长

黄河流域内气候温和湿润、四季分明，气温条件、降水量都有利于农作物的生长。黄河流域幅员辽阔，山脉众多，东西高差悬殊较大，各区地貌差异也很大。又由于本流域处于中纬度地带，受大气环流和季风环流影响的情况比较复杂，因此，流域内不同地区的气候差异显著，气候要素的年、季节变化大。整体来看，流域气候有以下主要特征。

1. 光照充足，太阳辐射较强

黄河流域的日照条件在全国范围内属于充足的区域，全年日照时数一般达 2000～3300 小时；全年日照百分率大多在 50%～75%之间，仅次于日照最充足的柴达木盆地，而较黄河以南的长江流域广大地区普遍偏多一倍左右。

黄河流域的太阳总辐射量在全国处于中间水平，与太阳总辐射量较高的西南地区相比，虽有不及，但普遍多于我国东部地区的强辐射区。

2. 季节差别大、温差悬殊

黄河流域地区季节差别较大，上游青海省久治县以上的河源地区为“全年皆冬”；久治至兰州区间及渭河中上游地区为“长冬无夏，春秋相连”；兰州至龙门区间为“冬长（六七个月）、夏短（一两个月）”；流域内其余地区为“冬冷夏热，四季分明”。

温差悬殊是黄河流域气候的一大显著特征。总体来看，随地形的变化，自西向东由冷变暖。流域内极端最低气温出现于河源区的黄河沿站，曾有-53℃的记录（1978 年 1 月 2 日）。年平均气温在 12～14℃的高值区则位于黄河下游山东省境内，流域极端最高气温的记录出现在河南省洛阳地区的伊川站。

黄河流域气温的日较差也比较大，尤其是中上游的高纬度地区，全年各季节气温的日较差大约为 13～16.5℃，均处于国内的高值区或次高值区。

3. 降水集中，分布不均、年际变化大

黄河流域大部分地区年降水量平均在 200～650mm 之间，中上游南部和下游地区多于 650mm。尤其在受地形影响较大的南界秦岭山脉北坡地带，其降水量一般可高达 700～1000mm，而深居内陆的西北宁夏、内蒙古部分地区，其降水量却不足 150mm。降水量分布不均，南北降水量差比数大于 5，这是我国其他河流所没有的。

整个流域内春旱冬干，夏秋多雨，其中 6—9 月为雨季，可占全年降水量的 70%左右；盛夏 7—8 月降水量最为丰沛，可占全年降水总量的四成以上。流域降水量的年际变化悬殊较大，年降水量的最大值与最小值之比约为 1.7～7.5，雨水分布不均。降水量分布不均，也使黄河流域农业生产呈现不同特色。

4. 湿度小、蒸发大

黄河中上游是国内湿度偏小的地区，例如吴堡以上地区，平均水汽压不足 800Pa，相对湿度在 60%以下。特别是上游的宁夏、内蒙古境内和龙羊峡以上地区，年平均水汽压不足 600Pa；从兰州至石嘴山这一区间的相对湿度则小于 50%。

黄河流域蒸发能力很强，年蒸发量达 1100mm。黄河上游的甘肃、宁夏和内蒙古中西部地区是国内年蒸发量最大的地区，最大年蒸发量可超过 2500mm。

5. 冰雹多，沙暴、扬沙多

冰雹是黄河流域的主要灾害性天气之一。据统计，黄河上游兰州以上地区和内蒙古境内全年冰雹日数多超过 2 天，特别是玛曲以上和大通河上游地区多达 15～25 天，成为黄河流域冰雹最多的区域，也是国内的冰雹集中区。

沙暴和扬沙主要由大风所引起，并且与当地（或附近）的地质条件及植被状况密切相关。据统计，流域内的宁夏、内蒙古境内及陕北地区，由于多年平均大风日数均在 30 天以上，区域内又有腾格里沙漠、乌兰布和沙漠和毛乌素沙漠，全年沙暴日数大多在 10 天以上，扬沙日数超过 20 天；有些年份沙暴日数最多可达 30～50 天，扬沙日数超过 50 天。此外，在汾河上游和小浪底以下沿黄的河南省境内，还各有一个年沙暴或扬沙日数超过 20 天的区域，后者主要与黄河较大范围沙滩地的存在有关。

6. 无霜期短

黄河流域的初霜日由北至南、从西向东逐步开始，并且同纬度的山区早于平原、河谷和沙漠。例如黄河上游的唐乃亥以上初霜日平均在 8 月中、下旬，而黄河中下游一般在 10 月的上、中旬；流域其他地区多在 9 月份。流域终霜日的分布特点与初霜日正好相反，一般在黄河下游的平原地区终霜日较早，平均在 3 月下旬，而上游的唐乃亥以上地区则晚至 8 月上、中旬，其余地区则介于两者之间，在 4—8 月期间。

由此可见，黄河流域无霜期较短，即使是黄河下游平原地区，其无霜日也只有 200 天左右；而上游久治以上地区平均不足 20 天，可以说这一区域基本上全年有霜；流域其余地区介于两者之间。

逐水而居是人类的生存本能。在远古时期，土地的肥沃与水关系密切，因此水也成为影响原始部落分布的关键性因素。黄河作为我国北方的主要河流，黄河流域成为我们祖先定居的首要选择。这在《诗经·大雅·公刘》中早有记载："笃公刘，逝彼百泉，瞻彼溥原，乃陟南冈，乃觏于京。京师之野，于时处处，于时庐旅。"这是上古时期先民依水源选址建都的记述。在远古时期，这里气候温和，雨热同步，年降水量平均在 500～600mm。优越的自然气候条件有利于植物生长，并且丰富的水源有利于开展农业生产。《管子》中有记载："高勿近阜而水用足，低勿近水而沟防省。"这是原始先民定居选址的原则。《国语》云："黄帝以姬水成，炎帝以姜水成。"华夏先祖因水得名，也正符合先民逐水而居的习惯。

在黄河流域既有高原，又有肥沃的平原。其中盆地也成为富庶之地。汾渭盆地，包括晋中太原盆地、晋南运城－临汾盆地和陕西关中盆地。这些盆地内有丰富的地下水和山泉河，土质肥沃，物产丰富，素有"米粮川""八百里秦川"等美名。

黄河流经的黄土高原（图 2-6）相对比较平坦，土壤属于沙质（图 2-7），土质疏松肥沃，易于耕作，为发展原始农业提供了极好的条件。黄河流域有不少地方比降较大，也就是坡度比较陡（图 2-8），只要稍微加一个引水口就可以实现自流灌溉。在靠天吃饭的年代，水浇地可以说是宝地了。目前，黄河下游一些地区，如河北、河南、安徽、山东、江苏等一直是我国小麦（图 2-9）的主产区，特别是河南一直是中国粮食生产大省，农业成为主要经济发展支柱。可以说，一条黄河水，从古至今哺育了整个流域上中下游世世代代的人们。

图 2-6　黄土高原

图 2-7　黄土高原土质

图 2-8　黄土高原陡坡

图 2-9　小麦

三、黄河流域地理环境适合人类居住

根据考古资料可推断，黄河流域是中国建筑最早的发源地。《易经·系辞》记载："上古穴居而野处。"根据现存古籍资料与考古发掘材料，以及上古时期口传神话资料表明：穴居是当时生活在黄河流域的原始人的居住方式。根据有关专家推测，早在 70 万年到 20 万年前，原始人已经开始穴居。而最早的穴居主要是天然形成的山洞。在天然洞穴不能够满足人类对居住环境舒适度的需求时，原始人类开始尝试动手挖掘更适宜居住的人工洞穴。到了氏族社会时期，人工洞穴已成为黄河流域人们主要的居住模式。这与黄河流域独特的地理环境有着密切关系。

黄河中下游流域内支流众多，在这些小流域内形成了众多利于开展原始农业的临河台地、丘陵和盆地等。这些地带依山、傍水、面平川，成为远古先民最佳的聚居环境选择。因此，这里非常适合早期人类的基本居住。仰韶文化是黄河中游地区新石器时代文化的代表，距今约 7000 年到 5000 年，分布在整个黄河中游，即甘肃省和河南省之间。在黄河中游一带的甘肃、陕西、山西等，黄土高原地形显著，在此形成了独具特色的建筑特点。黄土高原的土层较厚（图 2-10），有的深达一二百米，渗水性差，再加上黄土高原雨量稀少，成为窑洞存在和发展的客观条件。

图 2-10　黄土层

由于古代生产力低下，就土山的山崖挖成山洞或土屋来居住是一种很普遍的居住模式。我们的先民们创造性地利用高原有利的地形，因地制宜，凿洞而居，利用黄土层建造出独特的住宅形式——窑洞（图 2-11）。我们今天称之为绿色建筑，这也是独具特色的西北民居建筑。窑洞是我国黄土高原上居民的古老居住形式，这一"穴居式"民居的历史可以追溯到 4000 多年前。窑洞广泛分布于黄土高原的山西、陕西、河南、河北、内蒙古、甘肃以及宁夏等地。

图 2-11　窑洞

窑洞挖在山坡上，不但可以节约大部分的建筑材料，而且因为它的“屋顶”和“墙壁”土层都相当厚，保温性能好。窑洞里的气温变化总是稍晚于外界的气温变化，冬天和夏天没什么变化，形成了冬暖夏凉的特点。黄土高原一百到二百米深的黄土地上，随便挖个洞就可以住进去，这一点也不夸张！也正是黄河流域得天独厚的气候、土壤等自然条件和环境，给了我们赖以生存的家园，孕育了中华民族，所以黄河被誉为中华民族的母亲河。

黄河流域的上、中、下游自然地理条件千差万别，人地相宜的民居也是形式多样、千姿百态。中原大地以四合院最具代表，黄土高原则流行窑洞民居，陇西山区多板屋，河套平原多平顶泥房，草原上是流动的蒙古包，甘南高原藏民住在石头建造的碉房。但在以汉文化为主体的黄河大地之上，四合院与窑洞才是黄河流域民居的主要形式。

黄土窑洞主要分布在陕、晋、豫、甘等省的黄土地貌区域。黄河纵贯黄土高原，黄土高原上万水归河。众水日夜不懈地冲刷，使得高原沟谷遍布，林木稀少乃至山穷水蹙。何以为居？以土为生的黄河人选择了因地制宜的独特民居——窑洞。窑洞的特点是施工简便、造价低廉、冬暖夏凉，隔音抗震，坚固耐久。掘土成窑，虽系原始穴居方式的流变，但其生命健旺流行至今，则与黄土高原上土层深厚、土质疏松、垂直节理发育的黄土密切相关。

窑洞按照外形特点，主要有三种类型：靠崖窑（图 2-12）、地坑窑（图 2-13）和锢窑。靠崖窑为在黄土断崖横向开掘而成，地坑窑则从黄土地面垂直向下挖一个规整的凹陷空间，再在坑内四壁横向挖穴而成，也叫下沉式窑洞。“入村不见人，平地起炊烟”即是对下沉式窑洞的传神写照。靠崖窑以淳朴的陕北最为典型，地坑窑则以晋南平陆一带最具代表性。靠崖窑和地坑窑两种窑洞必须依靠黄土断崖或深厚土层才能建造，所以窑洞村落布局往往自由而分散。靠崖窑多随山就势、沿沟分布，因地制宜。地坑窑院落大小不同，多呈星座状穿插布局，是黄土高原地区一道独特的民居风景。有的地方由于地形地貌的独特性，有的村落中同时存在两种窑洞形式。例如陕西淳化县梁家庄由170多户地坑窑院和50多户靠崖窑院组成。窑洞村落选址除了土层深厚以外，尚讲究附近有井泉或溪水，以利生产、生活。锢窑则是以土坯、砖石砌墙、拱券收顶，后面封死，前开门窗而成的独立式窑洞，不需挖掘土层，也不受地形地质的限制。最为著名的就是晋中的平遥，平遥古城建筑是锢窑民居的典型代表，并以此特色成为著名的历史文化名城，1997年被列入世界文化遗产名录。

图2-12 靠崖窑

图2-13 地坑窑

第二节　水与黄河文明

黄河——中华文明的摇篮

黄河不但是我们中华民族的母亲河，而且在华夏文明形成的过程中有着十分重要的地位。在华夏儿女的心中，黄河已不仅仅是一条自然河流，它是中华文明的摇篮和发祥地。中华上下五千年的文明史，黄河流域有 3000 多年，一直是我国政治、经济、文化的中心区域。这里孕育了仰韶文化、马家窑文化、大汶口文化、龙山文化等灿若星河的古人类文明。

一、始祖文明

首先，我们来看早期的始祖文明。中华民族起源于黄河流域。中华民族的人文始祖，都聚居在黄河的中下游地区。以“三皇五帝”为代表的人文始祖群都活动在这个地区。“三皇五帝”并不是真正的皇帝，只是远古时期出现的为人类作出卓越贡献的部落首领或者部落联盟首领。据考古证明，“三皇五帝”时期相对应的是新石器文化时期。而这一时期，黄河流域的氏族部落开始由母系氏族公社时期进入父系氏族公社时期。这与人类历史发展的轨迹是相对应的。

据《尚书·大传》记载，三皇分别是燧人氏、伏羲氏和神农氏，五帝指黄帝、颛顼、帝喾、尧、舜。“燧人氏”被尊称为三皇之首（图 2-14）。大约在几十万年以前的旧石器时代，燧人氏钻木取火，教人熟食，结束了先民茹毛饮血的历史。相传他主要活动在今河南商丘地区。伏羲氏（图 2-15）结绳为网，捕鸟渔猎和女娲兄妹相婚，生儿育女、繁衍人类，主要活动也在黄河中下游地区。

图 2-14　燧人氏

图 2-15　伏羲氏

神农氏（图 2-16）所处的时代是新石器时代。相传他亲尝百草、发明耒耜（图 2-17），教人垦荒种植。由此可见，他在发展农业方面有着突出贡献。耒是古代一种木制的双齿挖土工具。耜，为弯柄起土的农具，相当于现代的手犁。为什么挖土起土的工具是耒耜，而不是水车之类的呢？这是因为黄河流域雨水不够充沛，所以炎帝发明的是旱地作物的农具。因此，耒耜的发明也开创了中国农耕文明，形成了我国早期的农耕文化。我国是世界上农业发展最早的国家之一。当时种植的农作物有粟、麦子等旱地作物，也是和这里气候比较干旱、雨水不够充沛有直接关系。我国是世界上最早种植粟的国家，这在西安的半坡遗址考古中得以证实。粟（图 2-18）就是我们今天华北地区常吃的小米（图 2-19）。

图 2-16　神农氏

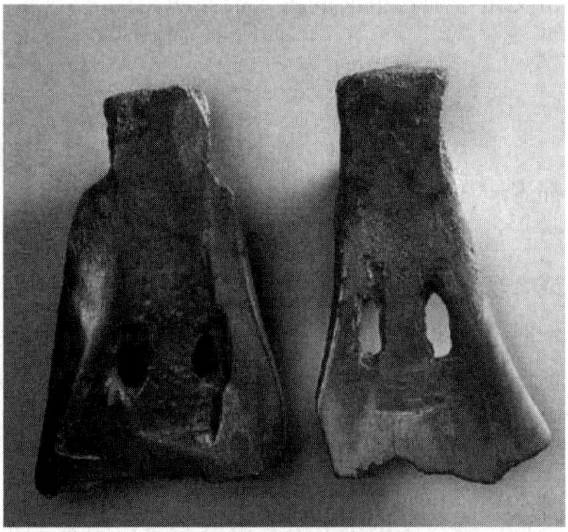

图 2-17　耒耜

图 2-18　半坡遗址出土的粟

图 2-19　小米

黄帝（图 2-20）是五帝之首，号轩辕。作为氏族首领，他主要活动在现今我们泛称的“中原”地带。后世这一带的居民，都尊称黄帝为自己的直系始祖。尧、舜（图 2-21）、禹都是黄帝氏族的子孙，因而黄帝被称为中华民族的人文始祖。现在，河南省新郑市轩辕黄帝故里被认为是炎黄子孙的根脉所在。

图 2-20 黄帝

（a）尧

（b）舜

图 2-21 尧、舜

相传黄帝带领族人建造宫室、制作衣裳、教人挖井、发明舟车，为后人的衣食住行奠定了基础。他还支持自己的妻子嫘祖养蚕缫丝。嫘祖最早发明了缫丝技术，教会人们用蚕丝制衣。因此，我们今天才可以穿上桑蚕丝之类的衣服。

在政治方面，黄帝统一华夏部落，征服东夷的千秋伟业也和水息息相关。黄帝和蚩尤的“涿鹿之战”是我国原始社会部族之间的一次重大历史事件，它对黄帝历史地位的确立有着重要意义。相传黄帝和蚩尤之间战争的初期阶段，正好遇上大风暴雨天气，不利于生活在中原的黄帝部族，因而他们一直处于劣势，曾经九战而九败（这里的九是虚数，形容次数之多）。直到雨季过去，天气放晴，黄帝部族才得以扭转战局。《山海经·大荒北经》记载：“蚩尤作兵伐黄帝，黄帝乃令应龙攻之冀州之野。应龙蓄水，蚩尤请风伯雨师，纵大风雨。黄帝乃下天女曰魃，雨止，遂杀蚩尤。”黄帝部族最终打败蚩尤，实现了炎黄部落的统一。

后来的颛顼与帝喾（图 2-22）都是黄帝的后裔，他们自称“华”或者“夏”。华族就是汉族的前身。当时的华族居住在中原地区。中原是居四方之中，所以又称中华，这也就是中华的来历。根据史书记载，黄帝曾在河南新郑建都。现今此地仍有许多关于黄帝活动的遗迹。每年三月三日，这里会有来自世界各地的华夏儿女举行拜祖大典，来祭祀祖先。

（a）颛顼

（b）帝喾

图 2-22　颛顼与帝喾

黄河流域被后代视为中华民族的摇篮，黄河则当之无愧地被称作“母亲河”。

二、黄河文化

1. 黄色——文化符号

中华民族崇尚黄色，中华文明就是黄色文明。这和我们的祖先生活在黄土上、黄河旁边有一定的关系。人类社会早期便有“五行之说”，金、木、水、火、土所代表的五色分别是白、青、黑、赤、黄，其中黄为主色，位在中央。在人类社会早期，中原地区是四方的中央，而作为氏族首领的黄帝首先实现中原统一。黄河（图 2-23）文化成为中华文明重要的发祥地，黄色便具有文化象征意义。黄河从天上看是黄色的，从地上看是黄色的，从远处看是黄色的，从近处看是黄色的，甚至它把黄色化为中华民族的遗传基因，如我们的皮肤是黄色的，化为两岸百谷的遗传基因，小麦、大豆（图 2-24）、小米、梨、杏等都是金黄色的，如同太阳的光芒一样。我们中华民族也就把黄色作为自己经久不变的流行色，把黄色作为至高无上的象征。因此衍生而来的“皇帝”成了最高统治者的称谓，黄色成为皇权的象征，黄色也就成了鲜明的中华传统文化的符号之一。

图 2-23　黄河

图 2-24　大豆

2. 龙图腾

中华民族对龙（图 2-25）的图腾崇拜，可以追溯至 7000 年前。它是原始社会时期人们宗教信仰观念的显现。我们常说自己是“龙的传人”或“龙的子孙”，这也和水有密切关系。

图 2-25 龙

龙是一种神奇灵异的动物。传说中，它是一种长形、有鳞、有角的神异动物，能走，能飞，能游泳，能兴云作雨，主要是在水里生长。远古时候，中华大地上到处都是沼泽。生产力低下，使用的工具非常落后，人们经常遭受猛兽的攻击，所以就用龙这种猛兽来做自己的图腾以祈求神灵的保佑。这就是早期的龙图腾。

在《说文解字》中解：“龙，鳞虫之长，能幽能明，能大能小，能长能短，春分而登天，秋分而入渊。”根据闻一多先生所著的《龙凤考》，其指出中国人被称为“龙的传人”来源于黄帝神话时代的图腾和传说。

黄帝在打败炎帝、蚩尤部落并统一中原后，征集部落的图腾物。龙在黄帝战蚩尤、统一中原的功业中提供帮助，这对黄帝地位的确立有着重大的作用和意义。所以人们对龙有着特别的崇拜和信仰。而黄帝部族便将此作为图腾物，在后世帝系中不断发扬光大。龙的信仰观念从古至今传承千年。

3. 河图洛书

（1）河图洛书概述。关于“河图洛书”，有学者认为，其概念有狭义和广义之分。广义的河图洛书具有多样性和不确定性，并非特指某一事物。它或象征祥瑞，或天生神兽而圣人则之，或“圣人以神道设教”[①]。狭义的河图洛书则特指由黑白点构成的数图，即“数九”“数十”图[②]。由河图洛书的广义和狭义之分可见，河图洛书具有丰富的内涵与多元性，这是由其复杂的形成过程以及演变所决定的。

---

① 萧汉明：《河图与洛书问题》，《周易研究》1995 年第 4 期。

② 陈恩林：《河图洛书时代考辩》，《史学集刊》1991 年第 1 期。

河图洛书多见于古代典籍中。《论语·子罕》："子曰：'凤鸟不至，河不出图，吾已矣夫。'"孔安国注曰："圣人受命则凤鸟至，河出图，今无此瑞。吾已矣夫者，伤不得见也。"《墨子·非攻下》："赤鸟衔圭，降周之岐社，曰：'天命文王伐殷有国，泰颠来宾，河出绿图，地出乘黄。'"《管子·小匡》："昔人之受命者，龙鱼假，河出图，洛出书，地出乘黄，今三祥未见有者。"[①]在这些先秦典籍中，河图、洛书是古代帝王即将接受天命，而开创帝王事业的征兆。随之而出的还有凤鸟、龙龟、乘黄等神兽。这里更多显现的是"天命神授"思想，帝王受命与祥瑞之象联系，将天象变化与政治紧密联系起来。

在我国，关于河图洛书的传说故事有很多。有学者认为河图洛书是一个传说，最早的先秦典籍《易·系辞上》中有记载："河出图，洛出书。"有学者进一步解释为：伏羲氏时代，黄河里跃出一匹龙马，龙马是古代传说中形状像龙的骏马，它背上驮着"河图"（图 2-26）；黄河的支流洛水中浮出神龟，背负"洛书"（图 2-27）。伏羲氏便依据"河图"和"洛书"创作八卦。又有传说，在大禹时代，洛河中浮出神龟，背负"洛书"，大禹依此而取得治水成功，并划定九州。到了西周时期，周文王在河图洛书的基础上创《易经》。《易经》集成了中国古代思想智慧的元典思想。由此可见，河图洛书在中国古代文化中具有至高无上的地位，也因此，有人称其为中国第一文献。

图 2-26　龙马负图

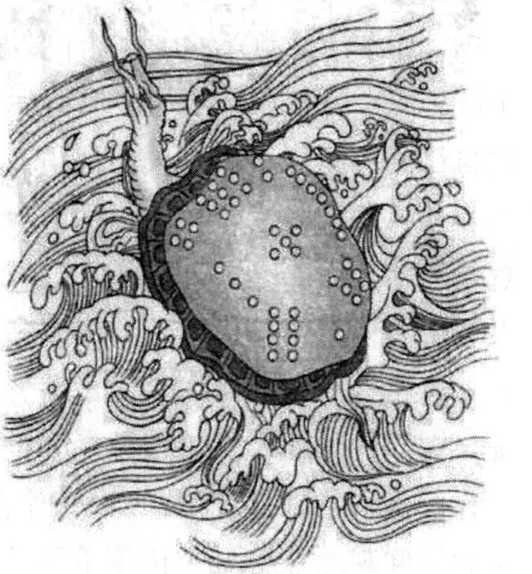

图 2-27　神龟负书

1987 年河南濮阳西水坡出土的形意墓，距今约有 6500 年，墓中出土的有河图四象和 28 宿；同年在安徽含山出土的龟腹玉片，则是洛书图像[②]。这也证明了邵庸等学者认为的"河图洛书为上古星图"是有现实依据的。它至少解释了上古时期，人们对天地、宇宙运行变化的认识。人们认为一切事物运行都由象、数、理三者组成，《周易》中天地人三才是与之对应的，也就是古人的天地人合一思想。这其中包含了人类古朴的辩证

① 赖少伟，刘永强：《河图洛书略考》，《史坛纵论》2017 年第 3 期，第 39 页。

② 李昊然：《河图洛书》，第八届中华易学大会暨龙年国际堪舆专家论坛论文集，西安，2012，第 289 页。

哲学思想，《周易》也正是在此基础上演绎而成。由此可见，河图洛书（图 2-28）与周易八卦有着紧密联系。

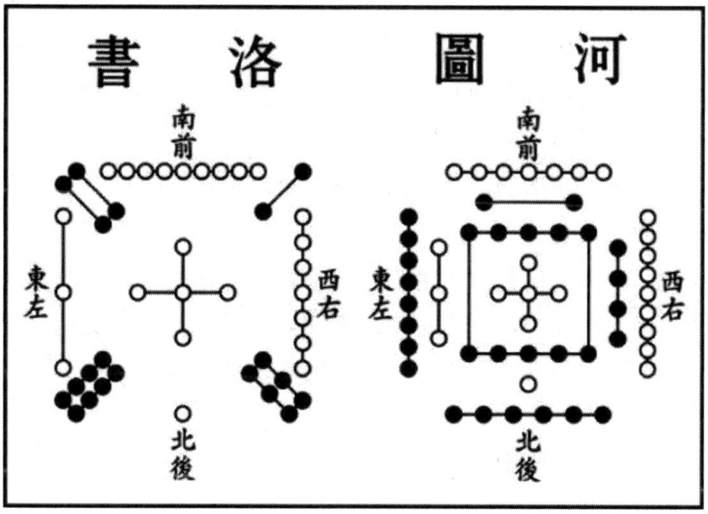

图 2-28 河图洛书

（2）河洛文化。关于“河图洛书”究竟是什么，学术界之间也没有统一定论。但是作为中原文化的组成部分，它对黄河文明的形成和发展的重要意义是毋庸置疑的。“河图洛书”最早出现于河、洛两条河流，这说明了它与水有着密切的关系。从古典文献记载来看，从黄河或者其支流洛水中跃出龙马、浮出神龟，黄河、洛河与河图洛书关系密切。从考古遗迹来看，河图四象与洛书分别在河南濮阳和安徽含山地区出现，这些地区都属于黄河流域。由此可见，河图洛书作为一种文化现象，与黄河流域的水文化有着密切关系。

“河图洛书”作为文化符号，与中原地区的神话有着紧密联系。在我国中原地区流传着众多的有关“河图洛书”的神话故事。“河图洛书”的神话故事在我国上古中原神话中，主要表现帝王祭天时出现的奇异活动，具有特殊、神奇的作用和功能。其主要表明帝王使命的“天命神授”[①]。《水经注异闻录》载：“黄帝东巡过洛，修坛沉壁，受龙图于河，龟书于洛。赤文绿字。”从黄帝开始，在后世神话中凡是开创一代基业的帝王，都要举行“祭祀河洛”的国典，以巩固政权。“河图洛书”的出现表示“有列星之分，七政之度”，可以为“帝王录记兴亡之数”。尧、舜、禹、汤等也都举行祭天仪式，并接受“河图洛书”。于是尧禅位给舜，禹祭河洛，得河精授“龙图龟书”[②]。相传，大禹时代，洛水中浮出神龟，背负“洛书”，这表明大禹治理洪水，不仅是受命于天，治水方略由神授，同样在治水过程中也充满浓郁的神幻色彩。通过神龙、神龟的帮助，以及大禹神力的显现完成各种艰险工程，最终取得治水的成功。

---

① 张振犁：《中原神话流变论考》，上海文艺出版社，1991，第 105 页。
② 张振犁：《中原神话流变论考》，上海文艺出版社，1991，第 107 页。

我国著名神话学家张振犁先生从神话学视角认为，“河图洛书”是中原文化之源，将“河图洛书”作为神话传说，从其分布区域来寻求从地域上与河洛文化之间的联系①。在此将“河图洛书”与“河洛文化”联系起来，是十分必要的。从某种意义来看，河图洛书是形成河洛文化的基础。而河洛文化，从时空来讲，它是古代的一种地域文化，非当代文化。它所代表的是古代黄河与洛河交汇地区的文化，与齐鲁文化、荆楚文化、吴越文化等概念相似，都属于地域文化范畴。就狭义而言，它仅指以洛阳为中心的周边地区文化；而从广义来讲，它指的就是黄河中下游地区的中原文化。那么在此，我们可以认为河洛文化就是中原文化。

作为历史文化，河洛文化起源于远古时期，它对中华民族文明的形成有着重要的推动作用。中华文明皆由水而生，黄河是华夏文明发祥地，是中华文明之源。而具有神秘色彩的“河图洛书”同样与水密切相关，作为河洛文化的根源、中原文化的核心，可以说是中华文化的元符号。

“河图洛书”与河洛文化均产生于黄河流域，都是水文化。随着文化的发展、演变，中华水文化也不断丰富和多样化。

4. 姓氏文化的根源地

对于中国的姓氏起源，要追溯到伏羲、女娲时代，它与当时的氏族社会结构和婚姻的演变密切相关②。从群婚制到婚姻制度的转变过程中，形成了姓氏。源出中原地区的中华姓氏，与伏羲、炎帝、黄帝、舜等华夏先祖有着极为密切的联系。在姓氏形成之初，姓与氏是有差别的。“姓”是氏族社会时期用以区分氏族部落的标志符号，每个氏族都有自己的姓。比如，黄帝部落是姬姓，炎帝部落是姜姓，太昊是凤姓。之后，黄帝部落打败炎帝部落和蚩尤部落，统一为姬姓，这也是后世炎黄子孙的远祖，也是姬姓氏族人的远祖。“氏”是由姓所衍生的氏族分支。从时间上来讲，氏的出现要晚于姓。姓氏通用是在汉代合二为一，开始混用。

由于远古时期伏羲、女娲、黄帝、炎帝等氏族部落主要活动在黄河流域的中原地带，所以说中华姓氏起源于黄河的中下游地区，主要在中原文化的核心地区——河南。在当今最新排名 100 个大姓中，有 78 个起源于这里。所以，黄河中下游地区是根亲文化——姓氏的根亲地（图 2-29）。作为姓氏文化的根亲地，构建出中国庞大的族姓系统，维系着中华五千年的民族体系，形成了强大的民族凝聚力，将海内外中华儿女团结在一起，显示出中华民族强大的向心力。

黄河历史文化悠久，产生了中华民族早期的人类文明。人类在此繁衍生息，活动频繁，中华姓氏多产生于此。姓氏文化作为中华民族文化的组成部分，代表着一种文化认同，这对于中华民族伟大复兴有着重要的意义。

① 黎世珍：《从元符号看文化联想——论河图洛书与河洛文化的关系》，《重庆文理学院学报》2017 年 9 月第 5 期。

② 张振犁：《中原神话流变论考》，上海社会科学出版社，2009，第 310 页。

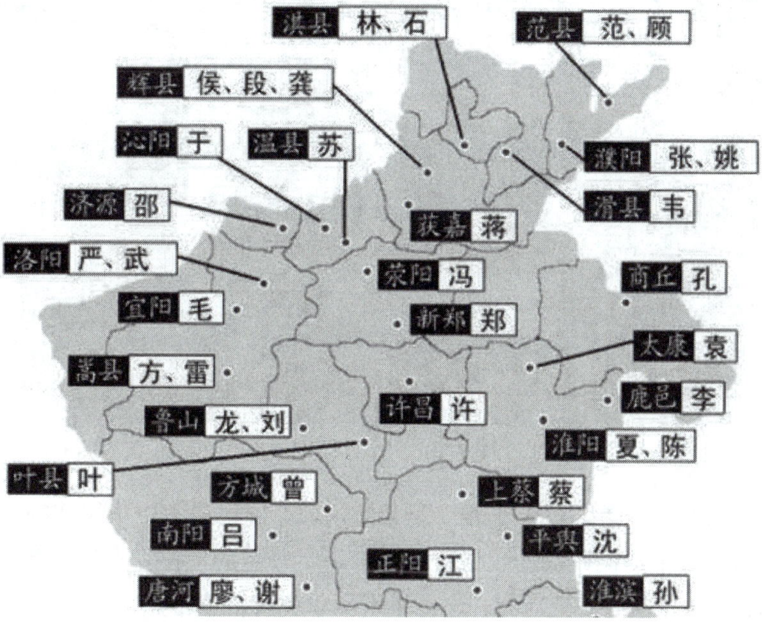

图 2-29 河南姓氏根亲地

5. 众多王朝的建都地

在中华五千年的文明史中，黄河中下游地区作为中国的政治、经济、文化中心长达 2000 多年。我国历史上第一个王朝——夏，就建都于黄河流域。从夏朝建国（公元前 21 世纪）开始至北宋，历朝历代都在黄河流域建都。我国历史上的七大古都中，安阳、西安、洛阳、开封，均在黄河流域或黄河两岸。西安自西周时起至隋唐，先后有 13 个朝代在此建都，历时长达千年之久。洛阳作为中国著名的历史名城，是中国著名的六大古都之一。自东周始，先后有东汉、曹魏、西晋、北魏、隋、唐、后梁、后唐、后晋在洛阳定都，因此洛阳被誉为“九朝古都”。开封是中国八大古都之一，迄今已有 4000 多年的建城史和建都史，历史上战国时期的魏国，五代时期的后梁、后晋、后汉、后周，北宋以及金朝都在此定都。

中国八大古都（图 2-30），黄河中下游地区占 5 个，分别是郑州、安阳、西安、洛阳、开封。这得益于黄河流域经济发展的遥遥领先。由于得天独厚的自然地理和气候等条件，在此定居的劳动人民大力发展农业生产，经济繁荣，为它的政治中心地位奠定了基础。

黄河流域众多的古代文化遗址，无论是在数量上，还是系统性方面，都是其他文化无法比拟的，这充分证明了它在中华民族文明起源中的历史地位。在漫长的历史文明长河中，黄河是中华民族的象征，是中华文明孕育的摇篮，对中华文明的形成有着重大贡献。我们可以说，因为有了黄河的滋养，黄河中下游成了中华民族的孕育地、华夏文明的发祥地、农耕文明的至高地、元典思想的诞生地、姓氏文化的根源地、众多王朝的建都地。

图 2-30　中国八大古都

在中国人的心中，黄河已不单是一条自然河流，它已成为中华民族的象征，是中华民族的母亲河。在中华民族的历史进程中占有举足轻重的地位。黄河，我们的母亲河，它百折千回、生生不息、东流入海，这也正是中华民族自强不息、百折不挠、勇往直前、奋斗进取历程的写照。

长江——中华民族的母亲河

第三节　长江——中华民族的母亲河

我们都知道黄河是中华民族的母亲河，而作为中国的第一大河——长江，是否也是中华民族的母亲河呢？在 1973 年以前，有人认为只有黄河流域才是中华文明的发祥地，黄河文明是中华文明的主流。而长江文化则属于蛮夷文化，长江流域诞生的古文明并不为人们所知。但是这种观点到 1973 年被打破了。因为在那一年，人们在浙江余姚兴修水利的时候，无意间触摸到一个沉睡了 7000 多年的文明记忆——河姆渡文化（图 2-31），在文明血脉的呼唤下，它重新改写了中华文明的历史。

图 2-31　河姆渡遗址

从此，长江与黄河成为中华文明形成的两大源头。因此，长江同样是中华民族的母亲河。水是生命之源，水孕育着人类文明，我们的中华文明也始于黄河和长江。正如歌曲《龙的传人》中所唱："遥远的东方有一条江，它的名字就叫长江；遥远的东方有一条河，它的名字就叫黄河。遥远的东方有一群人，他们全都是龙的传人。"这是中华民族文明形成的真实写照。

远古社会时期，两河流域为人类生存和发展提供有力的地理和自然条件，有着丰富的灌溉水源和丰沃的土地，使原始人类得以生存和繁衍。奔腾不息的黄河与长江，哺育中华民族几千年的历史文明，形成了以黄河为轴心的北方文化和以长江为轴心的南方文化两大文化区。以黄河为轴心，主要有裴李岗文化、磁山文化、后李文化、北辛店文化、仰韶文化、庙底沟文化、半坡文化、马家窑文化、大汶口文化、龙山文化等；以长江为轴心，主要有彭头山文化、河姆渡文化、马家浜文化、崧泽文化、良渚文化、大溪文化、屈家岭文化、钱山漾文化、成都平原三星堆文化。随着考古遗址的不断发掘，众多的考古资料证实：黄河和长江是中华文明的摇篮，我国作为文明古国的历史已有 7000 多年。

河姆渡文化作为长江流域下游以南地区古老而多姿的新石器时代文化，是中华文明形成的重要组成部分。它代表了中国古代文明发展的另一条主线，与黄河中下游中原地区的仰韶文化并不相同。

一、河姆渡文化

河姆渡文化是新石器时代早期的一种文化。河姆渡遗址最早于 1973 年被发掘，因其发掘地在浙江余姚县河姆渡村，故而得名河姆渡。河姆渡文化主要分布在浙江宁绍平原和舟山群岛。它是新石器时代母系氏族公社的村落遗址，反映了距今约 7000 年前长江下游氏族社会的活动情况。它包含了丰富的水文化，首先是稻作文明。

1. 稻作文明

在河姆渡遗址发现水稻之前，人们一直认为，中国并不生产水稻，中国的水稻是从印度和日本传入的。但是考古专家在河姆渡遗址的第四文化层中发现了大量的稻谷堆积层（图 2-32），这是中国至今发现的最早的农作物之一，有力地印证了中国是世界上栽培水稻最早的国家之一。长江文明中的"稻作文明"影响着东亚文明，甚至世界文明。

图 2-32　河姆渡稻谷堆积层

水稻是水田作物，长江流域之所以能够栽种水稻，与长江流域的地理气候以及生产工具有着紧密联系。首先，长江流域有着发展稻作的自然地理优势。长江干流全长6300余千米，仅次于尼罗河与亚马逊河，位居世界第三，是我国第一大河。长江支流众多，横贯东西，纵横南北，形成丰富的水源体系。长江流域位于独具特色的北纬30°，被誉为“人类文明的发生线”。在这里，长江流域西部横断山脉、青藏高原高高崛起，将来自太平洋的温暖湿润的东南季风阻挡在其东部的广大区域，使其成为雨量充沛地带，为水田农业生产提供了得天独厚的有利条件。而河姆渡地处长江下游的吴越地区，这里气候温和，土壤肥沃，水网密布，雨量丰沛，为水稻种植提供了良好条件。

再者，原始农业生产的发展有赖于先进的生产工具。河姆渡的水稻种植在很大程度上要仰仗一种先进的生产工具——骨耒（图2-33）。河姆渡文化遗址出土的3000多件骨器都是原始先民重要的生产工具，其中最具特色的便是骨耒。河姆渡先民们使用的骨耒与之前所述神农氏发明的耒耜是不同的，黄河流域的耒耜是旱地农具，主要用于翻地。河姆渡的骨耒通体光滑，有的刃部因长久与土壤摩擦而残缺或形成双叉、三叉式。它是河姆渡人从事水稻生产的主要生产工具。它比石器轻便灵巧，而且比较光滑，不容易沾泥，适宜于江南水田的使用。它既可以用来翻地又可以在兴修水利时挖土，对低洼和沼泽地进行开发，极大地减轻了人们的劳动强度。比如，挖小型沟渠，排除积水或者引水灌溉。骨耒这一先进的生产工具，为河姆渡人从事水稻生产提供了有利的技术条件。

图2-33　骨耒

2. 干栏式建筑

随着外在自然条件的变化，原始人开始在地面仿照“巢居”建造早期干栏式建筑（图2-34）。早期的干栏式建筑是在地面上用木桩或者木（竹）柱作为支撑的构架建筑，底层是被架空的。这种建筑多分布于长江以南地区。在我国的长江下游的南方地区，常会见到这种建筑。这种建筑有其独特之处——可临水而居，免除填挖地基的繁琐工序，同时也可防御野兽和敌人袭击，是水乡建筑的典型代表。此外，干栏式建筑还有一个显著特点，就是占地面积虽小，但使用面积却很大，一般为楼房形式。底层不住人，楼上各层都可以使用，这对人们居住使用空间的优化，可以说是原始先民智慧的结晶。

图 2-34　干栏式建筑

由于我国长江流域水系发达，气候比较潮湿，为了避免居住环境过于潮湿，人们便采用抬高居住面，以便达到通风、散热的效果。在河姆渡遗址所处的地带，其东部为湖泊，这样的地理位置最适宜干栏式建筑。显然，干栏式建筑是因地制宜的建筑产物。勤劳智慧的河姆渡人最早使用了干栏式的建筑形式，它可以防潮、散热、通风、避免虫兽侵袭和洪水冲击，为当时的人们提供了舒适的居住条件。干栏式建筑是长江以南，新石器时代以来的重要建筑形式之一。它与北方地区同时期的半地穴房屋有着明显的区别。河姆渡遗址的房屋建筑是我国目前发现的最早的干栏式建筑，并在建筑中使用了木榫卯构件，为我国传统木构古建筑奠定了基础。现如今，在长江中下游一带，干栏式建筑这一独特的民居样式依然为人们所沿用。这样的民居主要分布在广西、湖南、湖北、四川、云贵等地的山区，并且大多数为少数民族民居。

3. 水井

水井（图 2-35）主要用于开采地下水，现在对于城市中的人来说已经很少见，但我国一些农村地区仍在使用。在人类漫长的历史进程中，逐水而居是人类的本能选择，人类的文明也始终与河流紧密连接。人类社会的发展和进步都离不开河流的哺育。原始先民最早择水而居主要使用地上水，对水的依赖性很大。长期在水边生活，会因为各种水问题而给人类的社会生产和生活带来诸多问题。后来，人类通过建造水井，开采地下水，使人类不仅摆脱了河流带来的诸多不便，还提高了人类饮水的质量，并扩展了人类的生存空间。由此可见，水井的使用对人类社会的发展有着重大影响。

图 2-35 水井

河姆渡的水井遗迹是一个重大发现。这说明我们的祖先早在 7000 年前就已经开始饮用地下水，使人类摆脱了对地表自然水的完全依赖。

在河姆渡遗址，考古人员发现了一口木结构的浅水井遗迹（图 2-36）。水井位于一个浅圆形的坑里，井口为方形，边长约 2m。在井的内部，古人在四壁共栽立了几十根木制的排桩。排桩的上端平放着长圆木，构成了井口的构架。这是目前我国已知的最早的水井遗迹，也是迄今为止发现的采用竖井支护结构的最古老的水井遗存。在 7000 多年前，古人能造出这种木结构的水井已经实属不易了，但更令人惊奇的是，在水井周围还建造有井亭。经过专家们的复原发现，古人在这口古井上还盖了一座井亭，以此来避免水井受到风沙、雨水等的污染，使人们饮用的水质得到了进一步的保障和提升。

图 2-36 河姆渡水井遗迹

水井的使用证明了，早在 7000 多年前，河姆渡人已经开始了稳定的定居生活，并开始讲究饮水卫生，追求高质量的生活。原来考古界一直认为河姆渡人在世界上最早发明使用了水井，比两河流域早 3000 多年。不过，2018 年最新考古发现证实，在河南省西平县发现近 9000 年前的水井，这比河姆渡人使用水井又提早了近 2000 年。可以说，远古先人们用自己的勤劳和智慧创造了人类辉煌的原始文明。

河姆渡文化遗址充分展现了南方长江流域在新石器时代中期文化的发展及丰富的河姆渡文化内涵，说明早在 7000 年前我们人类的祖先就在这块富饶的土地上劳作生息，为中华民族多元文化的形成和发展作出了重大贡献。

长江文明中，除了河姆渡文化，还有良渚文化、三星堆文化、屈家岭文化等远古文化。长江流域文化遗址数量之多、密度之大，都堪称世界之最。长江流域也是中华民族的发祥地是无疑的，它代表中国古代文明发展的另一条主线。长江文明和黄河文明，与中国各大古代文明长期相互影响、融合，最终形成了多元的中华文明体系。

二、长江流域人的性格特点

从心理学角度来看，人的性格的形成与环境关系密切。我们每个人都有自己的性格，由于不同自然环境和社会环境的影响，个体性格各有差异。然而，特定地域的自然环境和历史文化对人们性格的形成也有一定的影响。正是由于地域文化及自然环境的影响，不同地区的人都有着不同的性格特点。在某种意义上，地域特征对人的性格形成有很大影响。“一方水土养一方人”“人杰地灵”“十里不同风，百里不同俗”等这些俗语，都是指特定的自然环境、物质条件对这个区域的文化和人群性格的影响，使他们显现出相同或相似的性格特征，我们称之为地域性格。我国地域宽广、自然气候和地理环境变化多样，由此形成了不同地域人的不同性格。比如西北人豪放、东北人粗犷、江南人细腻、中原人宽厚、西南人质朴等都是地域性格的表现。

除了地理环境和物质条件的影响外，地域文化对人的影响也较大。在我国古代的很多典籍中早已有此类记载。大约 2000 年前的《汉书 • 地理志》中说，“凡民函五常之性，而其刚柔缓急，音声不同，系水土之风气，故谓之风；好恶取舍，动静之常，随君上之情欲，故谓之俗。”这段话意思是，人的性格、行为、观念等取决于水土风气和王侯的引导，这是对地域环境对人性格影响的概述。那么，《管子 • 水地篇》中“齐之水道躁而复，故民贪粗而好勇；楚之水淖弱而清，故其民轻剽而贼。”；《邹县志》中“邹人东近沂泗，多质实；南近滕鱼，多豪侠；西近济宁，多浮华；北近滋曲，多俭啬。”；《陵县志 • 序》中“平原故址，其地无高山危峦，其野少荆棘丛杂。马颊高津，经流直下，无委蛇旁分之势。故其人情亦平坦质实，机智不生。北近燕而不善悲歌，南近齐而不善蒋诈，民醇俗茂，悃愊无华。”都说明了地理环境对人性格的重要影响，我国古人对此早有研究。

长江流域面积宽广，而其上、中、下游自然地理条件千差万别，在其历史发展中形成各具特色的地域文化。按上、中、下游的地理区域划分，依次为巴蜀、荆楚和吴越三个文化区。不同地域的自然环境和文化以及社会经济的发展，影响着不同地域的人。在这些因素的影响下，长江流域与黄河流域的人也呈现出不同的性格。专家指出，黄河流域人的性格与长江流域的人就有明显差异。比如，黄河流域的人性格具有忠厚、质朴、保守、吃苦耐劳、隐忍、坚毅等特点，有人说这和黄河因尘土的裹挟流淌得缓慢、凝重，沿岸高原山地的坡度也较平缓，有一定的关系。而长江因落差大、流量大，源头和上游比较惊险、跳跃，中下游则浩淼坦荡，沿岸高山深峡陡峭挺拔，所以，使这个流域人群性格具有灵活、机智、善变、适应能力强的特点。

由于长江穿越我国地貌三大台阶，流经地区的地理环境及历史文化存在巨大差异，所以在其不同地域人们性格也各具特色。

长江上游的巴蜀文明、古老的都江堰及成都平原孕育了蜀地的千年富饶，除三国后期和明末受到外部大规模侵扰外，因为地理隔阻，巴蜀文明一直延续至今。这里的人们多展现出自信、安逸、开朗而精明等显性的性格特征。

在长江中游地区，屈原、宋玉开创了中国文学浪漫主义精神的先河；还有老子崇尚自然，以水论道；庄子“道法自然”追求精神境界的飞升等，这一区域的荆楚文化影响深远。所以，长江中游的人以浪漫、富于激情为特质。因而在历史上涌现出大量文人墨客，留下大量诗篇，咏叹美丽的江湖、跌宕起伏的人生。同时荆楚文化自强不息、开放融合、革故鼎新精神和价值追求，也对当地人们性格形成有着极大影响。

长江下游长三角地区，为典型的“鱼米之乡”，经济富足，生活安定，人们性格的形成受吴越文明影响深远。吴越地区在山区与海洋间，人们在山区与海洋之间求生存，因此当地人们致力于以斗争求生存，具有强烈的冒险精神，质朴、悍勇和开拓进取的心理特征，一种多少带有野性成分的精神气质，正如“义乌商人的精神”。唐宋以后，偏安一隅的江南水乡、宁静雅致的园林为地方文人提供了读书、论诗、抚琴、作画的优良环境，孕育出独特的江南水乡文化。历经千年的历史发展与文化交融，形成了江南人细腻的性格特点、厚重的文化功底和商贾的精明灵活。

有专家总结出一个有趣的现象。一般来说，黄河流域多出现吃苦耐劳、艰苦奋斗的典型。古有愚公移山的千古传奇，新中国成立后有农业学大寨（图 2-37）的典范。勤奋、吃苦耐劳的大寨人，自力更生、艰苦奋斗，战天斗地、重新安排山河，硬是把地形险恶、乱石遍地的高山陡坡变了成高产稳产的“海绵田”，成为人与恶劣自然条件抗争的典范。

图 2-37　农业学大寨

而改革开放、经济体制改革的典型多出现在长江流域。例如 1978 年 12 月，安徽凤阳小岗村 18 户农民以“敢为天下先”的胆识，搞起了“大包干”（图 2-38），揭开了中国农村改革的序幕。而城乡经济改革的典型“温州模式”“苏南模式”也出现在长江流域。

图 2-38　大包干纪念馆

历史上也是这样，江南多出政治改革家，北方则多有正统保守派。例如王安石和司马光同朝为官，政治主张却大相径庭。王安石是江西抚州人，司马光是山西夏县人。为了挽救宋朝政治危机，王安石进行发展生产、富国强兵的变法，却遭到司马光的反对。司马光在给宋神宗的奏章写道：“闽人狭险，楚人轻易……充塞朝廷，风俗何以更得淳厚？”这里“狭险”的意思是狭隘，容易冒险，“轻易”的意思是随意地改变。司马光所指责的“狭险”“轻易”，正是反映了南方人敢冒风险、敏捷果断的性格。而所谓“淳厚”，则是循规蹈矩、中庸禁锢的代名词。

在“百家争鸣”中，儒家的孔子、孟子偏重伦理纲常、政治实用，代表了黄河流域的华夏文化；而道家的老子、庄子侧重探讨人与自然的关系，崇尚虚无、喜好超脱世俗等浪漫色彩，则代表了长江流域的荆楚文化。

百里不同风，千里不同俗。黄河流域和长江流域，不同地区的人们由于自然、社会、文化特征的不同，在性格上显现出明显的地域差异。

第四节　长江文化的兴衰沉浮

长江文化的兴衰沉浮

一、长江文明暂时落后的原因

随着考古遗址的不断发掘和考古资料的证实：黄河和长江是孕育中华文明的摇篮，我国作为文明古国的历史已有 7000 多年。文明的演进，虽然受到自然环境影响，但是人类社会活动的影响更为重要。

虽然长江流域诞生了灿烂的中华文明，形成了众多的早期文明，但是，到了夏商周时期，长江流域的发展就比较缓慢了，在以后的 2000 多年时间里，一直落后于黄河文明，这种局面的形成有其特定的原因。由于中华文明的基础是农耕文明，这就注定我国早期文明是建立在农耕经济基础上的。黄河流域土质疏松，地势平坦，雨热同步，有利于种植农作物。但是长江流域地形却比较复杂，中游的平原处于盆地之中，下游苏皖平原狭小而纵长，镇江以下三角洲河汊纵横。陡峭的山岭和连绵的丘陵使人们居住分散，交往困难，生产经验不容易交流。简陋的生产工具难以开垦荆棘丛生的荒丘，难以建造必要的水利工程。同时，由于雨量充沛，无霜期长、杂草生长太快，影响农业收成。在农耕时代，农业生产水平的高低直接影响经济、文化的发展。所以，当时农业生产首先在黄河流域达到较高水平，使黄河流域地区成为当时中国的政治、经济和文化中心。在这种情况下，长江文化落后于黄河流域是必然的。

再者，由于中国传统文化的主流——儒学，根植于北方。历史上中国的政治文化中心也多在北方。在长期中华文明发展中，黄河流域文明占有总体优势。

二、长江文化的复兴

但是，长江文化的落后毕竟只是暂时的，到了战国时期，铁制工具普遍地使用以后，江南地区自然地理方面的优势就逐渐地发挥了出来，经济发展水平赶上并最终超过了黄河流域。长江中游江汉地区的楚文化融合蛮夷文化特点，形成独具特色的楚文化。在春秋时期摆脱周朝青铜器形制的束缚，形成了楚式独具特色的青铜器风格。战国时期以屈原的《离骚》为代表的楚辞文体，摆脱北方《诗经》为代表的句式束缚，开拓新的文体形式，并开创浪漫主义创作的先河。从三国时期长江流域的吴、蜀势力与黄河流域的曹魏势力鼎足抗衡来看，这一阶段的长江文明的发展水平与黄河流域不相上下。

在中华文化发展的过程中，经历了三次文化重心南移，助推了长江文化的复兴。

1. 第一次文化重心南移——东晋时期

中国历史上第一次文化重心南移是在东晋。公元 317 年，西晋宗室司马睿把都城从洛阳南迁至建邺（今南京），史称东晋。随着晋室南迁，当时众多名门望族南移，黄河文化圈开始向长江流域扩张。由于当时北方边患日益严重，战争不断，黄河流域的农业生产受到严重破坏，农业生产的优势地位不再凸显。于是中国的农耕区域也开始向南扩展，逐渐向长江中下游和东南沿海地区发展。随着农业生产重心的迁徙，长江流域独特的地理和优越的自然条件，在农耕经济发展中的优势日益明显。

伴随农耕区域的向南扩展，中原文化也随之南移，与当地原有的江南文化及边疆少数民族的草原文化等进行交流和融合。多元文化的交融，开创了一个相互碰撞而又丰富多样的文化时代。这一时期，中国的哲学、文学、艺术、史学以及科技等领域纷纷呈现出改革发展的繁荣局面。这一时期，长江流域诞生了第一批耀眼的文化学者。在文学方面，我们所熟知的《桃花源记》的作者陶渊明开创了“田园诗派”，成为中国文学史上具有开创性的文学家。在书法方面，有书圣之称的著名书法家王羲之是最具代表性的人物，他融汇各家书法之长，并进行创新，形成自身独具风格的书法特色。顾恺之在文学、绘画方面功底都非常深厚，擅长写诗赋和书法，尤其擅长画画。他对于人像、佛像、山水等事物都非常精通，人们称他为三绝——画绝、文绝和痴绝。顾恺之的绘画作品注重传神，他的绘画风格为中国的绘画奠定了坚实的基础，在其众多作品中，《斫琴图》和《洛神赋图》是他最突出的代表作品，也是其独特风格的展现。在音乐与舞蹈艺术方面，西域的《龟兹乐》《疏勒乐》《康国乐》等音乐形式传入中原，异域传来的天竺乐、扶南乐、高丽乐等在当时也很流行。舞蹈在这一时期带有明显的民族融合色彩，较为有名的舞蹈为《大面》和《城舞》。

在民间流传广泛的民间故事《梁山伯与祝英台》，二人的爱情故事也是东晋时期士族文化的产物。晋室南迁，士人平民纷纷追随王室迁徙，这成为我国历史上第一次大规模的汉族人民南迁和多民族融合，极大地影响了汉晋的政治格局。当时占据经济文化舞台的士族阶级，如以王、谢、司马、殷、何、许、曹、江等为代表的侨姓士族，“竹林七贤”中较为著名的阮籍的后裔，江南地区的周、贺、顾、纪、孔、戴、袁、虞、干、葛姓等士族，大多定居于会稽，并使之成为当时的大都市。

2. 第二次文化重心南移——安史之乱后

第二次文化重心南移是在唐朝中后期“安史之乱”以后。经历了安史之乱，出现了藩镇割据、外族入侵、宦官专权、牛李党争等内忧外患的局面，黄河流域的经济、文化受到很大的打击。多年战乱给中原地区造成极大的破坏，而南方的长江流域却保持着相对稳定和安宁的局面。于是统治者不得不把经营重点放在南方，由此引发大量北方的民众向南迁移，这对长江文化的发展有着极大的刺激和推动作用。当时在中国的北方人掌握着先进的生产技术和生产工具的制造。随着北民南迁给南方经济发展带去了发展生产力所必需的东西，因而有力促进了原来较为落后的南方经济的发展。

经过近 200 年的发展，长江流域的经济已远远超过了北方。长江中下游区域迅速成为京都及边防粮食和布帛等重要物资的供应地，所谓“苏杭熟、天下足”的谚语是对当时社会的真实写照。与此同时，南方文人的政治、文化地位也得到提高。到北宋末年，出身文学、执掌机要的权臣中，南方文人所占比重已超过北方文人。比如，历史上著名的“三苏”，他们都是四川省眉山人。著名大文豪——苏轼曾担任兵部尚书、礼部尚书等要职。著名文学家欧阳修当过翰林学士、参知政事，而王安石做过参知政事和宰相，他们同样都是江西人。这足以说明，随着经济、政治和文化中心的南移，长江流域的文化在这一时期也得到长足的发展。

3. 第三次文化重心南移——“靖康之难”以后

第三次文化重心南移是“靖康之难”以后。公元 1126 年，金兵南下，掠走徽、钦二帝，至此北宋灭亡，史称“靖康之难”。黄河文化发展再次受到严重阻碍。宋室南渡，建立南宋政权，定都临安（今杭州）。由于宋室南迁，中国政治和经济中心南移，再一次推动长江文化的发展。之后，在经济上长江流域取得了压倒黄河流域的绝对优势。朝廷为调整这种“政北经南”的格局，便在隋唐至宋元年间，进行南北运河工程的修建。

当时富庶的长江经济成为北方政治军事中心的重要支撑，这从早年间老北京谚语“紫禁城是从大运河上漂来的”可以得到很好的证明。元明清时期，北京的物资供应主要依赖于通过大运河漕运而来的“东南财赋”。“东南财赋”可以说是元、明、清各朝赖以立国的重要支柱，而长江流域则是“东南财赋”的主要输出地。由此可见，长江流域经济对国家发展有着重大影响。

在经济文化重心由西北向东南的转移完成之后，长江流域的开发也经历了由下游向中游扩展的进程。这从南宋谚语“苏湖熟，天下足”向明清谚语“湖广熟，天下足”的转变便可得见。在南宋至明清时期，全国最为重要的粮食基地从长江三角洲逐渐扩展至长江中游地区，因为长江中游拥有更广沃的土地和宝贵的水热资源。

长江流域经济得到繁荣发展，所以这一区域流传有“湖广熟，天下足”的说法。同时在文化上，长江流域的文人士子人才辈出，独领文坛风骚。例如江西人文天祥和浙江人陆游，二人的诗词作品以及其中洋溢的爱国主义精神为后世传唱不绝。

在中华文化重心南移的过程中，长江流域形成了独具特色的长江区域文化。例如上游的巴蜀文化，中游的荆楚文化，下游的吴越文化等。这些不同地域文化都成为长江文明的组成部分，共同建构起深厚而多样的长江文明体系。

大禹治水

第五节　大禹治水

翻开金光闪闪的中华文明史册，大禹治水的壮举赫然在目。治水神话是关于世界起源的上古神话之一。关于宇宙起源的重大问题，在我国主要体现在大禹治水的神话中。由于有史前时期黄河泛滥的事实依据，故大禹治水神话有其产生的客观现实基础。神话是远古时期社会现实的映射，它是远古先民生活现实的变形反映。《孟子》和《尚书·禹贡》中记载的洪水泛滥和大禹治水的故事，就是中国人类起源的生动写照。

在神话传说的“三皇五帝”时期，继黄帝、颛顼、帝喾之后，黄河流域又出现了三位德才兼备的部落首领，他们便是众所周知的尧、舜、禹。他们生活在距今约五六千年的远古社会时期，他们的主要功绩就是在黄河中下游一带开展了大规模的治水活动。

一、背景——共工、鲧治水

尧舜时代，中原洪水泛滥，百姓流离失所。这个水患就是黄河的泛滥。在《尚书·尧典》中有记载：“汤汤洪水方割，荡荡怀山襄陵，浩浩滔天。下民其咨，有能俾乂？”这里描述了当时人们受到滔天洪水的危害，水势浩荡，淹没了山岭、高岗，洪水几乎与天相连。人们都在叹息，有谁能治理这样的洪水呢？尧帝决心要治理洪水。为此，他开始遍寻能够治理洪水的人。可以说，制伏水患是当时人们所面临的重大社会问题。我们华夏民族的祖先便由此展开了与洪水的英勇斗争。

据《竹书纪年》记载，“帝尧十九年，命共工治水”。这个共工就是古代神话中的水神。共工："雍（堵塞）防百川，堕（堕落）高堙庳。""雍"是堵塞的意思，"堙"意为堆成的土山，庳是低下，就是削平高处，填平低处，在平坦地面上修筑堤防。他采用堤坝挡住河流的方法来治理洪水，也就是我们俗称的"水来土掩"。但是用这样的方法不但没有治住洪水，由于阻挡洪水的通路，而不疏通水道，反而使洪水更加严重。之后"共工流于幽州"，共工因治水失败，被流放到今天河北、北京、天津一带。

共工治水失败以后，尧在征求众人意见的基础上，命鲧继续治理洪水。鲧没有接受共工治水失败的教训，依然采用"水来土掩"办法（图 2-39），筑堤防洪来治理水患。"九年而水不息，功用不成"。最终鲧治水多年，不仅没有制服洪水，反而因为洪水浩荡冲垮堤坝，水患更加严重。由于治水失败，鲧被杀死。鲧治水失败的原因主要受制于当时的生产水平低下。当时的人们生产工具不够先进，不能采用先进技术，开山凿石疏通河道。这是社会发展的时代局限，并不是鲧个人的过失。鲧死后，在他治水的活动区域，有许多地方还留有怀念他的"鲧堤""鲧庙"等遗迹。由此可见，他还是很受后人尊敬的。

图 2-39 鲧伯取土

二、大禹治水的光辉历程

根据大禹治水（图 2-40）的神话传说来看，大禹应是当时氏族部落首领，治水活动区域在山西、河南、河北、山东一带，属于黄河中下游区域。但是由于大禹是我国古代治水英雄的代表，在全国各地都流传有大禹治水的神话故事。可见，大禹治水活动在当时社会的影响是巨大的。大禹治水的功绩不仅对其直接领导的氏族部落有影响，对于周围各部落也都产生了一定影响，对于后世治水历史的发展也有着深远影响。

鲧死后，他的儿子大禹担当起治水的重任。禹在认真总结前辈治水失败经验的基础上，吸取鲧治水失败的教训。根据水往低处流的特性，改用疏导的办法治理洪水，故说"禹疏九河"。大禹治水历时漫长，经过了 13 年的励精图治，历经千辛万苦，最终消除了洪水泛滥的灾祸。

图 2-40　大禹治水

大禹治水的业绩主要包括三个方面。

第一是凿山导水，就是“凿龙门，辟伊（衣）阙”。从洛阳地区流传的广泛的《龙门开不开》，以及后来演变出的《鲤鱼跳龙门》传说故事，都足以说明禹凿龙门最早应该在洛阳龙门一带产生。同样在众多文献里也多次提到“辟伊阕”的故事。“伊阕”，最早出现在《史记 · 秦记》《水经注》。唐枢的《伊阕山记》中也有“为禹所凿”的记载。明朝都穆的《游伊阕记》不仅提出伊阕“俗称龙门”之说，而且他还考证：龙门山东岩就是龙门。由此可见，“伊阕”又名“龙门”是有确凿根据的。历代学者认为：龙门是今天陕西与山西交界处的龙门山（图 2-41），伊（衣）阙（图 2-42）是今天的洛阳龙门石窟附近。从众多文献资料来看，大禹治水神话多在中原地区流传，这也在此形成了庞大的神话集群，并向周边扩散。由于地形特征相似，在陕西、山西这些黄河下游地区流传，由此形成同一母题的神话传说也成为常见的现象。

图 2-41　龙门山

图 2-42　伊阙

由大禹治水神话流传的广泛性，也可见大禹治水神话的影响之广泛。“禹凿龙门”神话是大禹治水功业中重要的一笔。专家认为可能是当时强烈的地震或者暴雨导致这两个地方发生了大规模的山体滑坡，阻挡了洪水的去路。这与当时地质变迁应该有着较大联系。大禹采取火烧水浇、人工凿挖的办法，日夜挖凿，终于将阻挡水流的泥石搬走，将龙门、伊（衣）阙拓宽，洪水得以滚滚而下。“大禹凿龙门”的神话，与当时社会凿井生产技术的发展有着紧密联系。有了凿井技术，人们才能挖土取水，进而发展农业，建造聚居村落，开始大规模的农业生产活动，从而形成众多部落联盟。从中我们可以看到，大禹治水不仅仅是治理泛滥的洪水，同时也对推进农事生产活动有着重大意义。

第二是“禹播九河”，是说大禹带领民众疏导黄河尾闾，将其分播为九流，也就是使上游的洪水通过多条道路入海，以避免河水在下游入海一带泛滥。这个九不是具体的九条河，而是指多条支流。汉代应劭的《风俗通义》中记载：“河者播为九流。”《尔雅•释水》中也有“禹疏九河”的记载。其中指出太史、复釜、胡苏、徒骇、钩盘、鬲津、马颊、简、洁等九河的名字。九河故道经流之地，均在黄河下游，即今河北、山东之间的平原上。黄河中下游流经黄土地带，饱含泥沙，大概在禹治水以前，每当夏秋两季常在东方大平原上泛滥。禹带领一些人，跋山涉水，走遍黄河中下游，考察山川形势。最后决定有系统地疏通河渠，把洪水疏导出去。从此可以看出，大禹治水的结果是经过他对黄河水的治理，改变原来的九河故道，形成了现今的黄河。这对中国地理上黄河流域众多湖泊、河流和水系的形成有着重大作用。

第三是“尽力乎沟洫”。“沟洫”是田间水道，这里作动词，就是大搞农田基本建设。水利是农业兴衰的重要命脉，想要发展农业必然以有利的水利条件为前提。大禹运用科学的治水方法治理洪水，同时他十分关注水利灌溉对农业发展的作用。大禹不仅取得了治水的成功，同时他治理洪水对农业生产的发展有着极大的推动作用。以农耕文明为主的远古社会，农业发展自然离不开水利。大禹也正是看到了水利与农业发展的密切关系，所以，在治理洪水的同时兼顾农田水利建设。《论语·泰伯》中记载：“（禹）卑宫室，而尽力乎沟洫。”《尚书·益稷》云：“（禹）决九川距四海，浚畎浍距川。”相传禹疏导洪水入海以后，很快把治水的主要工作放到农田水利建设上。修建农田沟洫，把田间的积水排出去，排除水涝，开辟出沃野良田，大大增加了土地面积，这就为发展种植农业提供较好的物质基础。《孟子·滕文公上》记载：“禹疏九河，瀹济漯而注诸海”，“然后中国可得而食也”。从中可见，大禹治水不仅治理黄河水患，将黄、淮、伊、洛等诸多水系进行疏导，并在黄河北岸对沿太行山的水系进行开掘和引流。这种方法不仅使黄河水患得以制服，同时也推动生产技术进步，使兴修水利、灌溉、发展农牧业问题等生产方式得以发展。

这样看来，大禹治水所肩负的制服水患的社会使命又进一步深化。历史有记载“禹稷躬稼而有天下”，“躬稼”就是重视农业生产的意思。大禹带领人们开河掘渠，发展农田灌溉技术，为农业生产的发展提供了有利条件。可以说，大禹治水在一定程度上推动了人类社会农耕文明的发展，开创了我国农业社会的文明史。

三、大禹治水的艰辛历程

大禹治水的范围非常广泛，不仅包括黄河流域，还包括淮河和海河流域的部分水系，甚至四川、浙江等地区也流传着大禹治水的故事，当然主要在黄河中下游一带，具体来说就是山西南部和河南西部。作为上古时期治水英雄的代表，中原地区的大禹治水神话具有重要的典型意义。从大禹治水神话传说的丰富性，以及其流传的广泛性可以看出，大禹治水是庞大而复杂的系统工程。同时，大禹治水所肩负的历史使命与社会责任重大，决定了大禹治水的历程必然充满艰辛和重重困难。

在当时生产力、科技、交通等都非常落后的条件下，大禹治水的艰难险阻可想而知。首先，大禹治水的规模是宏大的。大多历史文献记载其历时 13 年之久，这反映了大禹治水这一历史重任的艰巨，反映了治水事业进程的艰难。《史记·夏本纪》记载大禹“乃劳身焦思，居外十三年，过家门不敢入”。《孟子·滕文公上》：“禹八年于外，三过其门而不入。”这些文献记载充分说明了大禹为治理水患，有家不能回，无暇顾及妻儿和家庭，长期奋战在治水一线。从另一侧面反映了其治理水患的坚定信念，以及治理水患的艰难。其次，从其治理水患的区域来看，大禹治理洪水的足迹遍布九州大地。《庄子·天下篇》：“昔者，禹之湮洪水、决江河而通四夷九州也，名山三百。”据有关人员统计，全国与大禹相关的大禹庙、禹王庙、禹王寺、禹门、禹堤等遗迹有 50 处之多。而在这广大区域内有高山悬崖，有荆棘险滩，有险峰危道，在没有先进生产工具和技术的情况下，要破除重重阻碍，劈山开地，凿井挖渠，疏通水道等，都需要付出艰苦卓绝的努力，这些充分展现了大禹所进行的治水工程是极其伟大的。所以，人们认为大禹是伟大的，称其为“大禹”“神禹”。再者，在当时极为恶劣的自然条件下，大禹亲力亲为，一直坚守在治水一线，他栉风沐雨、废寝忘食，耗尽心血。为了治水，他积劳成疾，双手没有一个完好的指甲，甚至患上了严重的风湿性关节炎，四肢麻木，行走困难。古籍中多有

"劳身焦思，手足胼胝，面目黧黑"，"股无胈，胫无毛，手足胼胝"等的记载，都为人们刻画了不辞辛劳、殚精竭虑、舍己为民的大禹形象。

大禹依靠艰苦奋斗、因势利导、科学治水的精神，以及以人为本的理念，克服了重重困难，终于取得了治水的成功。大禹治水的成功，奠定了华夏文明的基业，是中华民族文明历史的里程碑。

第六节　大禹治水与中华文明

大禹治水与中华文明

我们为什么称大禹为"伟大的禹"呢？因为大禹（图2-43）作为华夏民族的伟大祖先，他一生有两大功绩，一是治水，二是立国。治水奠定了立国的根基；立国，巩固和发展了治水的成果，使当时分散的原始部落联盟逐渐形成多民族统一的国家。可见大禹不仅是治水英雄，也是中华民族的立国之祖。

图2-43　大禹雕像

一、第一个奴隶制国家

中外许多学者把中华文明的产生归结为大规模的治水活动。为什么呢？中国是一个以农业立国的文明古国，农业对水的依赖性非常强，这种依赖直接导致了"治水平土"活动在华夏大地上大规模的展开。

中国进入文明社会开始于奴隶制社会，而第一个奴隶制国家政权正好形成于大禹之后的夏朝，它由大禹的儿子启建立。夏朝的建立标志着阶级社会代替了原始社会，文明时代取代了野蛮时代。

食而致孝乎鬼神，恶衣服而致美乎黻冕；卑宫室而尽力乎沟洫。禹，吾无间然矣。”这是孔子对大禹美德的高度赞扬。第二，重农爱民，廉洁自律。大禹关心民生，重视农业，“忧其黔首”“欲尽地利”。在治水过程中，大禹始终以民生为出发点，他给予饥民粮食和肉类，进行食物的调配，对食物缺乏的地区给予补充，从而得到人民的爱戴和拥护；治水成功后，大禹考虑到人民的生存和发展，兴修水利，灌溉农田，扩展土地，大力发展农业生产，这是大禹治水的最高境界，充分显示了大禹重农爱民的思想。孔子说：“禹稷躬稼而有天下。”（《论语·宪问》）大禹对自己要求严格，他勤俭节约，淡泊廉洁，“菲饮食”“恶衣服”“卑宫室”是说大禹治水过程中不讲究衣食、住处，吃苦耐劳，这都是他勤劳为民、廉洁自律的生动写照。因此，孔子将其视为“德仁”的代表、“德政”的实施者。正是因为大禹有德于民、重视民生，所以他也成为后世帝王学习的楷模。

再者，大禹治水过程中充分展现了科学创新精神。首先，大禹认真总结鲧治水失败的经验和教训，并积极探索，归纳总结治水的规律和方法，采用以疏导为主的治水策略，疏川导滞，疏浚排洪。这种顺应自然、遵循自然发展规律来解决问题的方法，蕴含着因势利导的科学精神。同时，在治水过程中，他敢于发明创造，发明了测量工具——尺，创造了古测量学，并催生了原始数学。由此可见，大禹在治水中不为条件所限，敢为人先，进行了具有创造性的治水活动。

大禹治水，是远古先民战天斗地的伟大壮举，是中华民族与自然抗争的勇敢体现。现今的众多研究证明，大禹治水是关系到民族生存与发展的大事，是人类发展历程中的重大事件。后世人们将大禹治水归于人类征服自然的一种象征，并将大禹视为英雄人物。其实，无论大禹治水是神话还是史实，它至少反映了四千年前，中国先民所处的生存环境，以及面对自然灾害所表现出的大无畏英勇精神。大禹治水神话，无论在文学还是科学上都有着重大研究价值。大禹治水精神不仅是杰出的水文化的核心内涵，也是中华民族文明与文化的重要源头和象征。

第三章　水与农业

水是农业发展的命脉，是农业生产不可或缺的首要条件。可靠的水资源供给历来是农业生产最重要的支撑和保证，是我国农业的主要限制性因素。据统计，现今我国75%的粮食生产出自水浇（田）地，农业灌溉消耗的水资源占水资源总消耗的60%～70%[①]。由此看出，农业以水利、水资源为命脉，没有水利就没有农业。

国以民为本，民以食为天。作为一个农业大国，自古以来中国人民就把水利放在了至关重要的地位。农业生产的兴与衰，国家的富强与贫弱，社会的安定与动乱，都与水利的兴废息息相关。历代政权的统治者要想保证自己政权的稳固，都把兴办水利看作安邦、定国、裕民的第一要务。从大禹治水的传说故事开始，到各地区由兴修水利而逐渐形成发展的重要农业产区的历史脉络当中，不难发现中国传统农业就是在先民的治水基础上逐渐形成并发展起来的；农业从一开始就与水利紧密相连，两者间存在互相促进和制约的传统特征，一部中国古代的水利史从很大程度上讲就是一部农田水利史。

正是长期以来水与农业两者之间的紧密联系，使农业能与根深叶茂的水文化同行，成为水文化不可分割的重要组成部分，并形成了独具特色的“农业水文化”。它蕴藏于农田建设、水利工具和生产习俗等载体当中。挖掘和弘扬这些特色鲜明的农业水文化不仅有助于水文化建设和宣传，还可以在公众当中树立节水、爱水、护水的健康意识，推动节水型社会建设步伐。

第一节　水与农田基本建设

水与农田基本建设

作物生长离不开水。因此从古到今，人们在农田基本建设的过程中，不论是什么地方、什么地形、什么气候，都必须要考虑水这个因素。水与农田建设的关系如此密切，以至于从农田诞生之初，就已经开始孕育水文化了。

大约在一万年前，中国历史步入到了新石器时代。人们通过长期的采集生活，逐渐学会了人工栽培农作物的方法，发明了原始农业生产技术。但是在那个年代，农业是不折不扣的靠天收，全年降水的多少很大程度上决定着农业的收成。

到了原始社会末期，中国进入到沟洫农业时期。相传大禹治水的时候，“禹卑宫室，尽力乎沟洫”[②]。另据《国语·周语》记载，禹曾“决汩九川，陂障九泽，丰殖九薮……

① 李宗新：《水文化初探》，黄河水利出版社，1995年。
② 《论语·泰伯》。

谓其能以嘉祉殷富生物也”。大禹通过沟洫疏导九河的同时又排除了农田水涝，达到了发展农业的目的。考古工作者后来在洛阳矬李后冈第二期文化煤山类型遗址（图 3-1）中，发现了宽 2～3 米、深 1 米的水沟①，证明了夏代确有沟洫的存在。

图 3-1　矬李后冈第二期文化煤山类型遗址环形壕沟的转角

到了商代，沟洫在文字上有了明确反映。当时的农田按一定面积作整齐的划分，甲骨文中有反映整齐田地的图像文字，有划成四方块的田，有划成六方块的▦，有划成八方块的▦，也有划成九方块的▦和十二方块的▦。另外还有一个甽田字。从其原始字形看，“甽”从田，从川，也就是田间行水的小沟，甽是和那些整齐的田块配套在一起的。文字是客观事实的反映，甲骨文中“田”“▦”“▦”和“甽”等字的出现，反映出在殷商时代，整齐划分的田地中布置了纵横错列着的沟洫系统。

到了周代，农田沟洫技术有了新的进步，管理逐渐制度化、规范化。西周的沟洫（图 3-2）布置，在《考工记 • 匠人》中有详细记载：“匠人为沟洫，耜广五寸，二耜为耦。一耦之伐，广尺、深尺谓之甽。田首倍之，广二尺、深二尺谓之遂。九夫为井，井间广四尺、深四尺谓之沟。方十里为成，成间广八尺、深八尺谓之洫。方百里为同，同间广二寻、深二仞谓之浍。专达于川，各载其名。”

图 3-2　农田沟洫示意图

① 吴汝祚：《夏文化初论》，《中国史研究》1979 年第 2 期。

结合上述内容可以看出，沟洫是由甽、遂、沟、洫、浍等五级水沟和亩、夫、井、成、同相配套，构成一个井井有条的网络系统。尤其是五级水沟纵横交错，逐级加宽加深，最终汇入到大江大河中。而沟洫系统与道路系统相结合，形成了阡陌纵横的井田图像。

沟洫农业是一种别具一格的农业形态。它既不同于靠天吃饭的原始农业，也不同于后来出现的灌溉农业。沟洫的功能就是“通水于田，泄水于川”，既可以防止水涝为害，又在一定程度上可以湿润土壤。

但是沟洫农业并不能引水溉田，这就没法满足干旱年份农作物对水分的需求。特别是到了春秋战国时期，随着耕地面积不断扩大，原先靠引用天然的小型池水来灌溉农田的方式已经不能满足需要了，迫使人们通过修筑水利工程来灌溉农田，灌溉农业由此诞生。例如在楚庄王在位时期，他手下有一位能臣——楚国令尹（相当于宰相）孙叔敖在安丰城（今安徽省寿县境内）附近修建了中国历史上最早的一座蓄水灌溉工程——芍陂（图 3-3 和图 3-4），让安丰城一带粮食产量大增，很快就成了楚国的经济要地。

图 3-3　芍陂

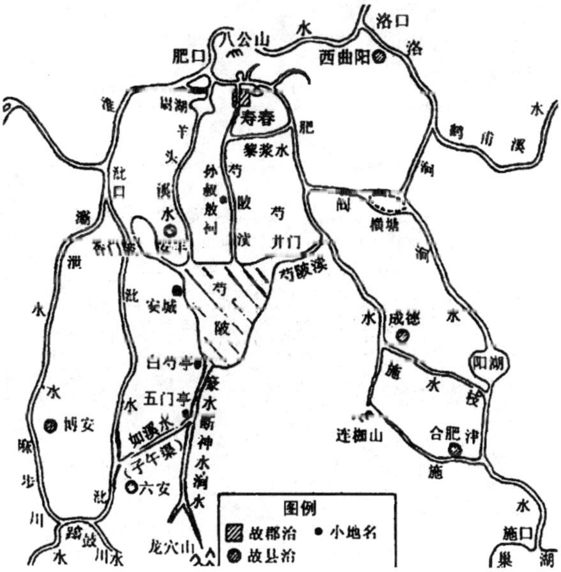

图 3-4　芍陂水系示意图

到了战国初年，魏文侯命李悝主持变法，变法中对于原有土地所有制进行改造，并修建了新的灌溉渠系。其中，引漳十二渠算是在这次变法中兴修的最具有代表性的水利工程。

魏文侯二十五年（前 422 年），西门豹被任命为邺令。他一面严惩乡官巫婆，破除祭祀河神的罪恶活动，一面发动民众凿十二渠，引河水灌民田。让漳河两岸原本贫瘠的土地迅速成为良田。一直到汉代依然是“至今皆得水利，民人以给足富”。

在秦国，秦昭王任命水利专家李冰担任蜀郡郡守，并让他主持兴建了大名鼎鼎的都江堰水利工程，让成都平原一跃成为了“水旱从人，不知饥馑”的天府之国。到了秦王嬴政执政时，为了发展关中农业，任命韩国水工郑国来主持修建郑国渠，渠成之后原先瘠薄的渭北平原也成了富饶之地，为后来秦国兼并六国打下了基础。

秦汉以来，历朝历代更是大兴水利。围绕着水源环境以及地理地貌具体状况，农田基本建设则趋于多元化。一个个具有鲜明地域特色的农田形式呈现在世人眼前。

一、哈尼梯田

在云南省元阳县红河哈尼族彝族自治州境内坐落着一大片由哈尼族人世世代代修建而成的梯田（图 3-5）。据史料记载，大约在公元前 3 世纪时，哈尼族先民以“和夷”名称出现于今四川省西南部的大渡河流域，并将这一带区域作为自己的活动中心。大约在公元 3—6 世纪（220—581），原散居于阿泥河、大凉山、乌蒙山、滇西北乃至滇中腹地的哈尼族先民不堪忍受周围强大异族的排挤和侵扰，长途艰辛跋涉南迁，来到了滇东南六诏山区和滇南哀牢山、无量山广阔山区。从此以后，云南哀牢山区便成为哈尼族庞大的聚居地区（图 3-6）。

图 3-5　哈尼梯田

图 3-6　山上的森林和村寨

也正是从隋唐时迁居到哀牢山区之后，哈尼族人便正式揭开了真正意义上的梯田稻作农耕文化序幕。在修建梯田的过程中，哈尼族先民非常重视利用哀牢山区山高谷深的切割地貌和气候、植被立体性分布的特点。哀牢山区由于受南面印度洋风和海拔高低悬殊的影响，在较为阴冷的高山中，保存着茂密的原始老林，常年云遮雾罩，降雨量充沛。同时从干热河谷的江河湖泊中蒸发升腾的水蒸气在此化为绵绵雾雨，终年不绝，在森林中汇成无数水潭和溪流。这是天然的绿色水库，成为哀牢山区哈尼族梯田农业的可靠保障。因此，哀牢山区素有“山有多高，水有多高”的美称。

哈尼族人修建梯田，多选择在海拔 800～1300m 气温较高、湿度较大、宜于水稻生长的缓坡地带，顺着山势地势，利用每一寸土地和角落。坡缓地大则开垦大田，坡陡地小则开垦小田，甚至沟边坎下石隙也开田。因此营造的梯田层层，面积大小不一，错落有致，大的有数亩之广，小的甚至只有澡盆那么大，往往一坡就有成千上万亩。重重迭迭，直达云天。而在梯田之间又修有羊肠小道，便于行走和耕作。

经历了 1300 多年的发展，倾注了哈尼族数十代人的心血，如今的元阳县境内的哈尼梯田已经有 3000 级、17 万亩，规模之大、历时之久，堪称世界之最。

关于水文化与哈尼梯田的关系，有人说，哈尼族文化的核心就体现在梯田文化当中，而梯田文化蕴含了丰富的水文化内容。

水，是哈尼梯田绝对不可或缺的元素。哈尼梯田并不是一直修到山顶上，山顶是由 6 万多公顷的原始森林所占据。哈尼族人认为山上的原始森林中栖息着众多的人格化山神。这些山神具有无穷的威力，它们能够鉴察真伪、辨识善恶。每座大山的神灵都庇护着某个特定区域的哈尼人。山神既保佑各自势力范围内的哈尼人，也惩治其辖区内犯有不敬神行为的哈尼人。鉴于山神在人们心目中的威严地位，这种以某一棵树木为神的祭祀活动演变成一年一度的“昂玛突”节，在林中的一草一木均被全体村民自发地保护起来。用生态学的视角去看，这种保护当然是非常有益的。这些原始森林本就是水源林，没有了这些森林，就失去了梯田文化的血脉。

开垦梯田，需要把田面先整平。聪明的哈尼族人就用水来平田。在当地流传的古歌《窝果策尼果》当中，就有这样一句话：“田不平不要紧，请水兄弟来帮忙找平。”众所周知，水是往低处流，哪里水多就意味着哪里的田面较低，水少就意味着田面较高，所以哈尼族人就根据水的多少来判断田面的高低。

为了解决梯田的灌溉问题，哈尼族在梯田的上方挖筑沟渠，汇集山泉。在沟渠和田埂上，你会看到沟与田交接处横放着一块木槽。当水深达到木槽缺口的高度时，水会自动漫过木槽，流向下一级梯田。这些看似不起眼的木槽，就是大名鼎鼎的“水木刻”（图3-7），是哈尼族在漫长的历史进程和长期的梯田农业实践中形成的一种不成文的乡规民约。哈尼族人根据一股山泉或沟渠的灌溉面积，由这一面积的田主依各自的梯田数量共同协商、规定其用水量，然后按泉水流经的先后，在沟与田交接处放置“水木刻”，水再经此流入各家梯田。

图 3-7　水木刻

哈尼族人利用水的智慧还不仅限于此。在修筑沟渠时，如果遇到绕不开的岩石，人们就在岩石上燃烧干柴，等到石头烧红后用冷水浇，利用热胀冷缩的原理将石头炸开。哈尼族人还利用水流经村寨的方便条件，在山寨下方修建一些诸如水磨、水车等生活设施，既充分利用水的动能，又有效降低了水流对沟渠和梯田的冲刷。山上的每处村寨都挖有公用的积肥塘。人们将牲畜的粪便污水贮存在其中，经过发酵成为高效的农家肥。待到春耕时挖开塘口，放水进去，肥料就随水流入田间。水肥一同入田，省时省工，高效环保。平时将牛、马、猪、羊放牧山野，畜粪也堆积山上，每年六七月份大雨倾盆，将其冲刷而下，汇入沟渠，流入田间，用以满足水稻生长需求。

水不仅浇灌了梯田，也浇灌着人们的心田。哈尼族山寨里原先是不通自来水的。人们用水都是到寨子里的水塘，用过之后的水顺着山势流到下方的梯田里，一点都不浪费。这是最自然、最低廉的中水利用方式，也是哈尼族人习以为常的事情。哈尼族人一生都与梯田、与水密不可分。按照当地的风俗习惯，小孩子一出生，家里要举行“命名礼”。如果是生了男孩子，就由一个七八岁的小男孩，在院子里象征梯田的方格里用小锄头表演耕作的动作；如果生的是女孩，就由一个七八岁的小女孩，在象征梯田的方格里表演摸螺蛳、捉黄鳝的动作。在当地，下田劳作的大多是妇女，小孩子从小跟在妈妈身边，自然养成了与水相伴的习惯（图 3-8）。

图 3-8 哈尼族孩子

元阳梯田有着鲜明的生态特色：站在哈尼族山寨之中，向山顶方向仰望，映入眼帘的必然是生机盎然的森林；向山下俯视，眼前则是生机勃勃的层层梯田；在山脚下，蜿蜒曲折的是奔流的河水。这一结构被赞誉为森林—村寨—梯田—江河四度同构生态系统。这是人与自然高度和谐、可持续发展的最佳证明。千百年来，这个生态系统一直迸发着旺盛的生命力。元阳梯田不是单纯的自然景观，也不是单纯的人文景观，更不是人文与自然的简单相加，它融入了无数智慧和心血，是自然和谐、天人合一的人类创造，也是哈尼人物质生活和精神生活的根本。在元阳哈尼族梯田农业中，水就像金链银链，将森林、村寨、梯田、江河紧密地连接在一起，在梯田农业生态循环系统中起着不可或缺的作用。同时，水还以一种多姿态、多内涵的方式融入了哈尼人的生产生活，在潜移默化中影响着哈尼人。元阳梯田里显现出来的人与自然和谐统一的理念正是我国农村水利生态文明发展的方向。

二、兴化垛田

在江苏省中部的兴化地区，还有一种独特的土地利用方式——垛田。所谓“九夏芙蓉三秋菱藕，四围瓜菜万顷鱼虾”讲的正是这里的美好风光。当地人在号称“锅底洼”

的低洼湖荡沼泽地带开挖河泥，堆高成垛，就在垛上开垦农田，这样形成了一个个形状像小岛的精致农田。垛田一般大不过几亩地，小的只有几分地，被一条条或宽或窄的水渠分割成大大小小、方方正正的若干块，犹如海面上的一座座岛屿。所以，兴化一带也有“千岛之乡”（图 3-9）的美誉。

图 3-9　千岛之乡——兴化垛田

关于垛田的由来，在当地民间有三种说法：一种是 “大禹造田说”。兴化民间传说舜帝在位时，念及大禹治水有功，就传令召见大禹。大禹接令后不敢怠慢，连腿上的泥都来不及洗掉就赤脚上路了，他日夜兼程向舜所住的营帐赶去。当路过东海边一处海湾的时候，大禹看见这里风平浪静，水草丛生。他转过来对自己的随从说：“如果能让这里的海水退去造出一片良田造福当地百姓，该有多好啊！”于是边说边把腿上的泥巴抹下来甩向大海。万万没想到是，那点儿泥巴竟然慢慢长出来一个个大小不等的土墩儿来。大禹看后非常高兴，也顾不得见舜帝了。他率领着临海的百姓开始筑大堤，退海水，在上面种瓜菜，垛田由此而生。

另一种是岳飞造田说。相传在南宋时期，岳飞率领岳家军抗击金兵南下的时候曾经在兴化一带驻扎。为了安营扎寨，岳家军在草地荒滩上垒起了很多土墩。后来到了明太祖洪武年间，朝廷驱使大批移民来到兴化开垦荒滩。有人发现了当年岳家军遗留下来的土墩，尝试在上面试种蔬菜，结果由于土质好，蔬菜的长势很好。百姓们受到启发，纷纷效仿，都在荒草滩地上挖土垒垛，劳动力多的人家堆得就大，人口少的家庭堆得就小，于是就形成了大大小小、星罗棋布的垛田。

第三种说法是所谓的“葑田说”。兴化当地文化部门认为垛田应该源自古代的葑田、架田。生活在当地的先民可能最初是在沼泽中以木作架，铺上泥土及水生植物[①]从而浮于水上，因此认为最早的垛田应该是漂浮于水面，随水高下，不致淹没。

实际上，垛田最有可能是诞生于明清时期。由于蓄清刷黄，位于兴化西北的洪泽湖与高邮湖，最高洪水水位曾一度分别达到 16.9m 和 9.64m，比兴化城内地势最高的位置还要高。一到汛期，各河湖来水迅速向位于锅底洼的兴化地区汇集，形成“诸水投塘”之势。在上游来水和下游海潮的夹击下，兴化地区涝灾频繁，变为“洪水走廊”。面对肆虐的洪魔，为了生存，当地百姓千方百计抵御洪水，他们选择稍高的地块，挖土增高，形成土垛，再在垛上种植庄稼，形成垛田。

正是为了保护生命和财产安全，垛田的地势大大高于当地整体地势。远远望去，这些垛田就像是从水中高高冒出的一个个小岛。这样的修建传统一直延续到新中国成立以后。根据 20 世纪 60 年代的统计，垛田一般比现在还高，最高的要高出水面 5～6m。这么高的地势，在面对洪水的时候，当地人基本可以高“垛”无忧了。在高高的垛田上，除了平面，四周的坡面也可以栽种作物，在涝灾之年，至少可保一家口粮无虞。

除了可以防洪，垛田还具备其他类型的农田所不及的独特的品质。一方面其独特的岛状耕地，土质疏松，养分丰富，土壤中富含有机质及钙、铁、锰等多种微量元素，加上四面环水，光照足，通风好，易浇灌，易耕作，非常适宜各类果蔬生长。生产出来的蔬菜，无论是品质还是产量，都是大田种植所不可比拟的。在 20 世纪 50 年代，兴化垛田油菜籽单产曾创全国之冠，有“垛田油菜，全国挂帅”之誉。另一方面，兴化一带“三分土地七分水”的独特地理地貌，让当地盛产各种淡水鱼虾，从四大家鱼的青、草、鲢、鳙，到当地特产的毛鱼、黄鱼、长鱼、黑鱼，种类繁多，且肉质鲜美，远胜他处，垛田湖区也由此被誉为是江北淡水产品博物馆。

垛田从形成之后，就已经成为了当地的一道亮丽的风景（图 3-10）。当地著名的“昭阳十二景”中就有三处景点和垛田有关。现在每到春天油菜花盛开时节，这里遍地都是金黄色。垛田上的花丛与水中浮动的光影，密密地交织成一条无边的黄地毯。操一叶扁舟，徜徉于水面之上，在开满油菜花的垛子里款款而行，七沟八汊，曲折蜿蜒，最惬意不过。在摄影爱好者眼中，兴花垛田油菜花也是国内最美的一处油菜花海。

---

① 所选种的水生植物一般是葑，即俗称的“茭白根”。

步村已是“四月蚕成麦亦收”，“夏末粜谷春卖丝”。南海县的西樵居民，一年衣食的支出都靠种茶和蚕桑解决[①]。广州府南海等八县，有夏税畦桑共四万七百五十一株，东莞、增城、香山等县已有小黄桑种植。珠江三角洲蚕桑生产，主要蚕桑产地如南海的九江，顺德的龙山、龙江，尚未围垦利用之前，只能分布于高地，进行小面积的种植。

到了明代后期，随着广州生丝贸易量的增加，珠江三角洲地区的蚕桑业开始迅速发展，促进了一种全新的农田水利与水土资源利用方式的产生，即桑基鱼塘。

到了清代，由于受蚕桑业商品经济的促进作用，不少洼田被改成鱼塘，洼田地区变成基塘地区，南海县的九江和顺德县的龙山、龙江等乡，不少池塘都是挖田筑成的。鸦片战争后，蚕桑生产畸形发展，原来已有基础的基塘区更大规模地挖田筑塘，出现“人与鱼共命，鱼与谷争秋”的情景，挖田筑塘的风气，向邻乡及其附近扩展，达到历史上的高峰。

“桑基鱼塘”这个词最早记载于清代的《广东新语》中。该书介绍“桑基鱼塘”是“基种桑，塘养鱼，桑叶饲蚕，蚕屎饲鱼，塘泥培桑”，即蚕沙（蚕粪）喂鱼，塘泥肥桑。栽桑、养蚕、养鱼三者有机结合，形成桑、蚕、鱼、泥互相依存、互相促进的良性循环（图 3-13）。据《高明县志》（1894 年）记载：“将洼地挖深，泥复四周为基，中凹下为塘，基六塘四，基种桑，塘畜鱼，桑叶饲蚕，蚕屎饲鱼，两利俱全，十倍禾稼”。过去在桑塘地区流行着一句“蚕壮、鱼肥、桑茂盛，塘肥、桑旺、茧结实”的谚语，充分说明桑、蚕、鱼连环性生产互相间的密切关系。

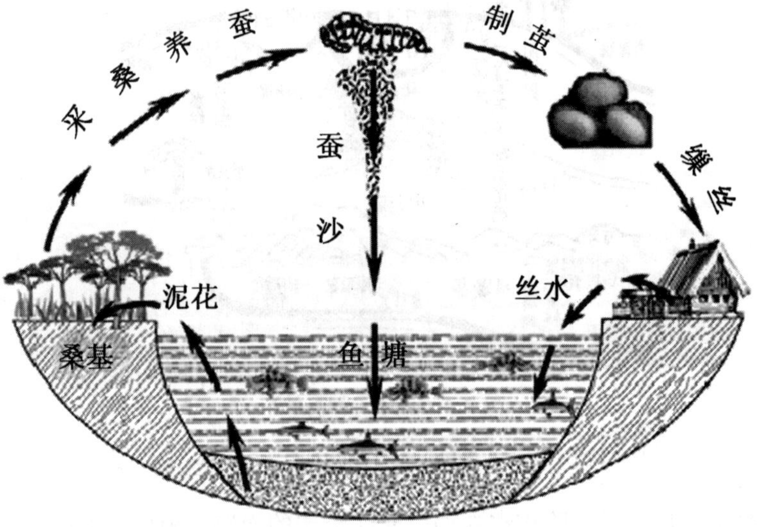

图 3-13　桑基鱼塘循环生产示意图

桑基鱼塘，是为充分利用珠江三角洲地区的土地与淡水资源而挖深鱼塘、垫高基田，基上种桑、塘内养鱼的一种农业生产与水利建筑。在明代中后期，当时地基和鱼塘的面

① 《南海县志》，1835 年版。

积比例是“三比七”或“四比六”，即大部分采取“三基七水”或“四基六水”的配合形式。在清末，人们根据桑叶、蚕沙和每亩塘鱼产量所需要的饲料和塘泥的沉积量等关系，作出了更恰当的基塘比例。因长期受到雨水冲刷和年年戽泥上基的影响，以致塘面逐渐增大，基面日渐缩小，所以后期的基塘有“六水四基”或“七水三基”的比例。现在桑基鱼塘一般是把圩田内的面积按照“塘四基六”的比例，将约 40%低洼处的土地挖深作为鱼塘，再把挖出的塘泥敷高基面，塘内养鱼、养虾，基上种桑或其他作物。鱼塘不仅只是养鱼，还可蓄积圩田内的涝水渍水，起到排涝降渍的作用，并可在干旱时提供灌溉用水以减少旱灾带来的损失。

桑基鱼塘既可最大限度地利用圩田范围内的土地，又可充分利用水资源，化水害为水利。同时，它还可灵活地适应当地经济社会对作物种植和家庭手工业商品生产的需要。大部分桑基鱼塘，除种植桑树外，基上还可种植水稻、果树、甘蔗、花草等，分别称为稻基、果基、蔗基、花基等。

在果树方面，种植有龙眼、荔枝、香蕉、柑桔等；花卉方面，种有茉莉、玫瑰、菊花、兰花、年桔等。此外还种有白菜、生菜、椰菜、菜心、节瓜、番茄等蔬菜，大豆、玉米、花生、番薯等粮食作物，以及象草、水浮莲等各种陆生和水生植物。动物方面，除蚕以外，还有以鲢、鳙、鲩、鲮为代表的主要养殖鱼类，同时混养鲤、鲫、鳊、青等杂食性鱼类，以及虾、鳗鱼、水鱼、加州鲈等优质水产品种，鸡、鸭、猪等家禽家畜；如果再统计栖身于基塘的候鸟、昆虫以及各类浮游生物与微生物，基塘系统共有生物数百种之多[①]，其生物多样性极为典型。

这样一来，桑基鱼塘除了其典型模式，即在基面种桑，在塘中养鱼，用桑叶育蚕、蚕沙喂鱼，实现种桑、育蚕、养鱼等多种生产环节的有机结合之外[①]，还有其他一些生产形式，如在桑地套种或间种象草、大豆、蔬菜、花卉等，在桑林内养鸡、养兔；在水中养鸭，或在水面养殖水浮莲、水葫芦、水花生、绿萍等水生植物，利用水浮莲、象草等养猪，从而实现农、渔、畜牧相结合的立体生产[②]。如果再加上利用猪粪、鸡粪和丝茧水进行沼气生产，以及对桑蚕和制茧、缫丝、丝纺印染等产品加工与市场交易，桑基鱼塘系统则堪称农、渔、牧、工、贸相结合的多形式、多环节的综合性生产模式。

实际上，基塘的利用，最先还是“凿池蓄鱼”，基面“树果木”而成为果基鱼塘。基塘地区的果基鱼塘布局出现在明初池塘养鱼兴起之后。原很不适应果木生长的低洼地区利用堆土筑墩或挖土筑基，以填高地势，相对降低地下水位种植果树，更利用凹陷的积水池进行养鱼，以收到果鱼两利，后人称为“果基鱼塘”。明万历年间，南海县九江地区的塘基，人们将低洼积水地或易淹的农田挖深作池塘，挖出的泥土培于池塘四周以为基，池中养鱼，基上栽植荔枝、柑橘、龙眼等果树[③]。

---

① 钟功甫、邓汉增、吴厚水等：《珠江三角洲基塘系统研究》，科学出版社，1987，第 7-14 页。

② 钟功甫、邓汉增、吴厚水等：《珠江三角洲基塘系统研究》，科学出版社，1987，第 2-14 页。

③ 《珠江三角洲农业志》，三。

珠江三角洲的“桑基鱼塘”布局是明代后兴起的。因“桑基鱼塘”布局能够很好地把养鱼业和蚕桑业的生产结合起来，成为比较更合理连环性生产体系。这是“果基鱼塘”所没有的。据史料记载，明末“桑基鱼塘”兴起和发展地区，主要在珠江三角洲西北部的桑园围和古劳围内，其中以南海县的九江，顺德县的龙山、龙江，高鹤县的坡山等乡发展较快[①]。到清初，由于国际贸易对丝绸需求的扩大，种桑养蚕的获利大大超过了水果的收益。蚕桑不断发展之后，有些地方的“果基鱼塘”仍然继续保存甚至发展，而另一些地方的果基鱼塘很快衰落。史志称“民多改业桑鱼，树艺之夫，百不得一”[②]。不少地区从原来的果基鱼塘生产形式大量改为桑、塘专业性生产。如南海县九江乡一带，明嘉靖年间蚕桑还未普遍发展，妇女日常劳动是纺织，而龙眼又遍野，那时大面积自然是“果基鱼塘”了[①]。此后，果基鱼塘的生产方式，逐渐演变为“塘以养鱼，堤以树桑”的桑基鱼塘代替了原来的果基鱼塘生产，这样就较好地解决了低洼地积水内涝的问题。果基向桑基的发展，为珠江三角洲塘鱼、蚕丝出口的贸易打下了基础。

与桑基鱼塘类似的，是明代在江南地区出现的一种高度集约化经营的生态农业。明代以后，江南地区的杭嘉湖一带蚕桑业日益发达，人们在将水田改造成桑地时，为满足桑树“恶湿而好干，恶瘠而好肥，恶阳蔽而好轩敞”的特点，将低洼处挖深为塘，并挑挖河塘淤泥来垫高地基或筑高圩岸。这样，一片农庄或农场往往会被改造成拥有旱地、水田、池塘，地形高低错落的农地，因地制宜地开展多种农业种植和养殖等经营活动，形成塘中养鱼、田中种稻、旱地种桑的景象。

珠江三角洲地区的桑基鱼塘与明代江南地区的生态农业相比，共同的生产方式是种桑、养蚕、养鱼结合，形成了桑叶喂蚕、蚕沙（蚕粪）喂鱼、塘泥（鱼粪）培桑的良性循环。整个生产过程，也是一个生态过程。从生态学角度来看，每一个生产过程中所产生的废物正好是下一个生产过程中所需的原料，每一个生产过程中所产生的废物都能得到循环利用，与生物间的食物链规律吻合。这种人工生态中的食物链平衡，既涉及自然的水陆资源，又涉及种植的植物和养殖动物，还涉及生产门类的农业与手工业。在整个生产过程中，并不需要大量外来的物质与能源投入，在生态循环中实现了对营养、能量的高效和充分利用。这种高效农业和手工业结合的生产模式，完全地实现了现代生态农业科学中所强调的“生态上能自我维持，低输入，经济上有生命力”这一生态农业目标。

桑基鱼塘的经济效益十分显著，《广东新语》记载“计一亩之地，月可得叶 500 斤，蚕食之得丝 4 斤，家有 10 亩之地，以桑以蚕，亦可充八口之食”；“左手数鱼，右手数钱”；“一船生丝出，一船白银归”。道光《龙江志略》记载“顺德地方足食有方……皆仰人家之种桑、养蚕、养猪和养鱼”；“盖树桑养鱼，其利过于种禾数倍”。这些相关文

---

① 《珠江三角洲农业志》，三。

② 《珠江三角洲农业志》，四。

献记叙也印证了这一事实[①]。桑基鱼塘所带来的良好收益，使珠三角在商品经济的大潮中逐渐走上富裕之路。

桑基鱼塘是我国传统水利与农业技术发展的重要成就之一，也是中华传统文化内敛性一个外在的表现结果。它根植于农耕文明时期我国的传统文化，具有内敛、不主张盲目扩张的特性。在对待土地与自然资源的态度上，也是如此，不主张过度盲目地开发土地与自然资源，而主张在已经开发的土地与自然资源的基础上，开展精耕细作式的集约经营，努力提高单位土地面积的产出。

桑基鱼塘的水文化就包含在其朴素的生态文明意识之中，水循环与其他循环一起构成了一种良性发展态势，较好地保持了生态平衡，实现了水源涵养、水土保持，自然生态结构稳定，功能运转良好。

桑基鱼塘衍生、传承和发展了丰富多彩的饮食文化、服饰文化、民俗文化、建筑文化及宗教信仰文化。桑基鱼塘生物多样性为饮食文化的多样性奠定了丰厚的物质基础。人们通过定向加工把各种食用性动、植物制作成琳琅满目的精美食品。仅塘鱼就可烹调成几十种佳肴[②]。“食在广州，厨出风城”[③]便是桑基鱼塘区饮食文化的形象写照。香云纱（图 3-14）的流行及其制作工艺的传承，体现了基塘区独特而时尚的服饰文化。相约独身、终身不嫁的自梳女更是随桑基鱼塘而兴盛起来的独特婚姻习俗和社会现象。

图 3-14 香云纱

顺德祠堂、南海庙，为祭祀祖宗、处理家族事务而修建的大量宗祠，为供奉蚕神、土地神、灶神、真武大帝、妈祖等各路神灵而建造的庙宇，为庆祝或祈盼丰收而举行的龙舟竞渡、飘色、水色与秋色等各种民间文艺和宗教信仰活动，以及小桥流水式的村落布局等建筑文化无不体现了桑基鱼塘区独特而丰富的文化多样性。

① 顺德市地方志办公室：《顺德县志》，中山大学出版社，1993，第 77-89 页。
② 郭盛晖：《顺德桑基鱼塘》，人民出版社，2007，第 125-128 页。
③ “风城”是顺德大良的别称。

缶而入井，灌韭终日一区”。邓析下车后就教导农夫说：“为机，重其后，轻其前，命曰桥。终日溉韭百区不倦。”但卫国的这些农夫却回复说，他们并不是不知道有这种机械，而是“有机之巧，必有机之败”，所以不用之。这证明桔槔已被当地人熟知。

庄子的一则“抱瓮灌园”（图 3-18）的故事再次说明了这一情况。孔子的学生子贡南游楚国，在途经汉水南岸的时候，看见一位老者在用陶罐取井水给果园浇水。他为了能够灌到水，在井旁挖了一条斜坡小道，以便接近井的水平面。就这样，走下去，灌一罐水，再抱着陶罐沿坡道走上来，浇过地后，再沿着坡道，下井取水。这个办法显然是出力多但成效小。子贡于心不忍，所以主动向老人介绍桔槔的便利。他说：“有械于此，一日浸百畦，用力甚寡而见功多，夫子不欲乎？为圃者仰而视之曰：奈何？曰：凿木为机，后重前轻，挈水若抽，数如泆汤，其名为槔。”出乎意料的是，老人并不买账，他认为用机械必行机事、用机心，要保持拙朴自然的心境，就不能使用机械取巧，所以即便他也知道有桔槔这种机械却不使用。

图 3-18 《抱瓮灌园图》

庄子说这个故事的目的是推崇返璞归真，但同时也反映出在春秋时期，桔槔已经被普遍用来取水灌溉，而且在当时看来桔槔确实比较便利。

二、辘轳

桔槔尽管取水便利，但它只适宜于浅井或者是水面开阔的沟渠。如果灌溉用井过深，桔槔就很不方便了，因为桔槔的长度够不着，所以古人又“升级换代”，发明了安装在井口上的绞动取水器——辘轳（图 3-19）。

辘轳是汉族民间普遍使用的一种提水设施，流行于北方地区。辘轳是由辘轳头、支架、井绳、水斗等部分构成，利用轮轴原理制成的井上汲水起重装置。

辘轳是从杠杆演变来的汲水工具，它的主要特点是把单向用力方式改变为循环往复的用力方式。人们在井口上竖立井架，上装可用手柄摇转的轴，轴上绕绳索，绳索一端系水桶。汲水的时候，取水的人摇动辘轳的曲柄，随曲柄转动的辘轳头缠绕井绳，把水桶给拉出井口，既方便又省力。正是因为实用性强，所以辘轳现今在一些农村还能见到。

图 3-19 辘轳

据明代学者罗欣所著《物原》中记载："史佚始作辘轳"。说明辘轳的发明人是史佚。他是生活在周武王时代的著名史官，与周公旦、姜太公、召公奭并称为 "周初四圣"。说明早在公元前一千一百多年汉族劳动人民很有可能已经发明了辘轳。

到了春秋时期，辘轳已经是比较流行了。在 20 世纪 70 年代考古人员在湖北大冶铜绿山一处春秋战国时期的古矿井当中发现了两具木辘轳。在北魏贾思勰的《齐民要术》中也提到当时辘轳在农田灌溉中被广泛采用。到了五代时期，南唐中主李璟的《应天长》词中也有"柳堤芳草径，梦断辘轳金井"的词句。此后，元代王桢的《农书》和明代《天工开物》都有井辘轳图，且王桢的《农书》中还介绍了一种"见功甚速"的双辘轳，也被称为鸳鸯辘轳，据说可以连续汲水，20 世纪 50 年代在河南一些农村仍能看到。

三、水车

相比于桔槔和辘轳两种农用水利工具，水车出现的时间相对较晚。水车是一种能不间断从江湖河塘中取水的农业机具，主要是用于高地提水和低田排水。水车灌溉在中国传统农业生产中的地位十分重要。尤其是在南方稻作区，水车是家家必备之物。

据文献记载，水车最早出现是在汉代，当时叫作翻车。据《后汉书》记载，翻车的发明人叫毕岚，是东汉末年的一位宦官。在汉灵帝在位时期，毕岚和其他九个宦官被称为"十常侍"。祸乱朝纲，制造出党锢之祸，后来被袁绍诛杀。当时毕岚发明翻车，不是为了灌溉农田，而要是把水从低处引向高处用于给道路洒水。

到了三国时期，魏国有一位发明家叫马钧，他改进了翻车，专门用于农业排灌作业。改进后的翻车由车槽、刮板、链条和齿轮等部件构成，最初是用人力带动链条循环转动，由装在链条上的刮板将水刮入车槽，水沿着车槽上升，流入田间。由于在行道板的上下处，通周由一节节的龙骨板叶用木销子连接起来，很像龙的骨架，所以人们把其称为"龙骨水车"（图 3-20）。龙骨水车的提水高度一般为 1～2m，出水量是由车槽尺寸和齿轮的转速决定的。由于龙骨水车结构精巧，可以连续不断提水，而且运转轻快省力，就连儿童都可以操作，所以得到了快速推广。

利用自然水流助推转动；枯水季则以围堰分流聚水，通过堰间小渠，河水自流助推。当水流自然冲动车轮叶板时，推动水车转动，水斗便舀满河水，将水提升 20m 左右，等转至顶空后再倾入木槽，源源不断，流入园地，以利灌溉。这种通过水车转动，自动提水灌溉农田的水利设施，是古代的"自来水工程"。

相比于南方水车，兰州水车有两个特点：首先是车轮非常高大，有的车轮直径可以达到 30m；其次是选材讲究，制作兰州水车的木材都是本地产的榆木、槐木或柳木，而且不同部件的选材都有讲求。例如，主轴必须是用坚硬质密且不怕水浸的数百至上千年整株榆柳。辐条和穿撑均须上好的整株松树，并且少结疤，无裂口。外弦必须是上乘的杨木板。所有木楔必须顺丝，绝不能有结疤。所以一架大水车的制作安装，前后约需耗时 3 个多月。

兰州水车自诞生之日起，就逐渐开始融入到当地人的文化生活当中。在清乾隆年间，有一位兰州举人叫江得符，思念故乡风物，赋《我忆兰州好》十二首。其中的第二首就是通过描绘夏季景观，来忆念水车：

我忆兰州好，熏风入夏时。
踏花寻竹坞，醉日泛莲池。
泉石多清趣，园林尽古姿。
晚来水车下，凉意沁诗脾。

诗人先写盛夏时节黄河之滨的园林胜景，最后归到夜晚纳凉河滨，轧轧水车旋转，引发诗意，真可谓是曲折多姿。

水车还是艺术家喜爱的题材。在清代末年，兰州民间画家马五画的《金城览胜图》（图 3-23）当中就有两架水车，这可能是最早入画的水车了。现如今，兰州黄河大水车制作技艺已经被列为国家级非物质文化遗产，成为了兰州地域文化当中一个重要的组成部分。

图 3-23 《金城览胜图》

第三节 水与农业生产习俗

水与农业生产习俗

几千年来，中国人在农业生产过程中积累了丰富的经验。这些经验影响着农业生产实践，并一代代传承下去，最终内化为风俗习惯。各地由于地理环境、气候条件、饮食习惯的不同，造就了丰富多彩的农业生产习俗。其中也包含着水文化的内容。

一、北方农业生产习俗

在北方，长期以来农户们坚持精耕细作，认为“人不亏地，地不亏人；人哄地皮，地哄肚皮”，所以非常重视“深耕细耙”。

在犁地（图 3-24）的时候尤其注意土壤的墒情。所谓“墒情”，就是指土壤中适合种子发芽的水分湿度。人们把检验墒情称为“验墒”。民间验墒有两种方法：第一种是在犁地的时候观看犁沟。犁地的时候开第一道叫作“打墒”，最后一犁叫作“墒沟”。随后，农民扶着犁沿着“墒沟”走一遍，观察沟里面的湿度情况，由此了解整块地的墒情；第二种方法是从犁过的地里，抓上一把土紧搦。如果能搦成泥团儿而且扔在地上可以摔散成面儿，这叫“合墒地”；如果搦不成泥团儿，这就是“欠墒”。如果是能搦成团儿，但扔在地上摔不散叫“曝墒”。经过验墒，农民掌握了墒情，这叫“了墒”。“了墒”之后，农家对于下一步安排自然是心里有底。从现代农学视角来看，土壤湿度均匀、适宜耕作的才是“合墒地”，在这里栽种庄稼必定会苗旺势壮，反之就是“欠墒”或者“曝墒”。

图 3-24 犁地

对于“曝墒”，农户会通过犁地过程中的“晾垡”来调整土壤湿度。如果在浇灌后或者是下雨后需要“抢墒”犁地，这个时候所犁出的地叫作“浇墒地”。在犁地的时候也非常讲究。各地犁地采用“搅着犁”和“伏着犁”相间的方法，即“搅伏墩轮换制”。在“搅着犁”时，农户是从田地两侧开犁，向外翻垡，每遍均向左拐弯，靠右边走，活垡在两边，越犁未犁的地方越窄，最终合拢后的正中留下一条“墒沟”。“伏着犁”是从田的正中间开犁，向内翻垡，均向右拐弯，靠左走，活垡在墩心，越犁越宽，最后也是在田地两侧各翻出一条“墒沟”。而且犁地比较忌讳连续使用一种方法，需要搅伏相互为用，来保持土壤的平整①。

耙地也是耕作中的重要环节。农户有“深犁多耙，不长说啥”“多犁不如多耙”等说法。耙地可以粉碎田地中的土坷垃，使土碎地平，上虚下实，起到踏墒保墒的目的。对于旱茬地和炕地，一般要求是一犁三耙，三犁九耙。并且是每经过一次降雨，都要耙一次地。只有当牛站在耙上像坐船一样不感到颠簸，才算耙地工作的完成。

耙地也分为“直耙”和“斜耙”。直耙也叫“刷地”，即直着刷一遍。耙地是犁后第一道工序，一般需要刷两遍，第一遍是顺茬耙，第二遍是逆垡耙，可以耙碎大部分土坷垃。如果遇到地不合墒，或干或湿，就要多耙几遍，以免敞垡跑墒。

斜耙是整地第二道工序。土地经过直耙后，再从地角搭耙，斜向前进，到边拐直角，继续行进，一墩地能形成几个梭子形。如果耙一遍达不到要求，可以连续耙两三遍。耙地有一套农谚：“冬耙干，夏耙湿，二八月里耙白皮。低耙干，高耙湿，不低不高耙及时。早耙干，晚耙湿，上午犁了不宜迟。”说的就是对于耙地的标准和要求。

农田灌溉也是北方农业生产必不可少的重要环节。过去的农业用水基本上是靠天，人们盼的是风调雨顺，最怕旱涝行偏。因此，遇到旱年，离河流近的农户就会千方百计引河水灌田，即便是远离河流的农户也会想办法挖井灌溉。北方地区遇到天旱，在田间打井的现象较为普遍。建设新井，俗称“打井”（图 3-25）。在决定打井前，要请有经验的人选址，称为“看水脉”。水井的四壁被称为“井筒”。打出的新井如果不加垒彻，就称为“泥筒”；如果是用砖垒彻叫作“砖筒”；如果是用石块砌成叫作“石筒”。井下称为“井底”，井上口称为“井口”。在井口周围垫成一圈略高的堆台，既能防止雨水倒灌，也能方便浇水，这样的堆台称为“井台”或“井台子”。井口的一面开出来一个小池子，用来倾倒浇地的水，这个池子被称为“井池子”。由井池子引出通向田地的水渠，被称为“水道”。

在丘陵地区，人们会临时挖“水囤”（图 3-26）来蓄水灌溉农田。所谓“水囤”实际上就是人工挖掘的旱井，外形像一个陶瓮，一般深一两丈，口径有七八尺，外面建有囤口、囤盖，就设在田地旁边，专门用来蓄积雨水，平时不用，等到天气干旱的时候才可以用来浇地救急。

---

① 河南省地方史志办公室编纂《河南省志·民俗志》，河南人民出版社，1995，第 79-80 页。

图 3-25　打井

图 3-26　水囤

在过去的汲水灌田劳作中，人们还经常会以比赛或者是叫号子的形式来缓解疲劳、活跃气氛。例如在河南一些地方，人们在用水车灌溉农田（图 3-27）的时候，车水的人一般都是轮班操作，每班人大概有三四五六人不等。因为过去没有手表，所以人们独出心裁，把线绳缠绕在水车车头上，当线绳随车头转完之后，就要换下一班。所以上一班人被轮换下来叫作“下线”。每一班人在下水车前都要显示一下自己的“余威”，他们喊着号子脚踏水车，奋力奔跑。这时候如果有人体力差、跟不上，就会被同伴们戏称为“吊黑鱼”。

图 3-27　水车灌田

由于一塘水可能是几家农户一起使用。所以到了干旱的时候往往是几架水车同时抢水，甚至相互之间还会因为抢水大打出手。靠河沿岸的农户如果遇上大旱天气，往往要三四级水车来提水，通常办法是“卖线”。这样既能提高工效，又能招来大批劳动力。但是在多级水车提水灌田的时候，各级水车都不能落后。这个时候如果是下级水车落后，供不上水，就会被上级水车把水提干；如果是上级水车落后，下级提上的水就会淹了上级水车的小龙头，这样踏起车来就会感觉越来越重，这是很没面子的事情。所以各级车水的人为了不落后，都是拼命地踏水车。不少人因此伤了元气，有的人甚至当场累得吐血。

在北方一些地方，当人们在用辘轳提水浇地的时候，一个辘轳旁一般会有三四个人来操作。如果是四个人操作，一般是两人一组，各持一边，进行比试。比试到高潮的时候，在现场那只能听见辘轳的呼呼旋转声和水桶倒水的咣当声。一直到浇地工作结束，才能听到操作辘轳的人的笑声。可谓是苦辣酸甜尽溢于这无声和有声之中。

二、南方农业生产习俗

相比于北方，南方农业生产习俗中的水文化则更为丰富。例如对于小满这个节气，南方的农谚赋予小满以新的寓意，用“满”来形容雨水的丰沛程度。所谓“小满不满，干断思坎”，小满时节正是江南早稻追肥、中稻插秧的时候，这个时候如果农田里蓄不满水，就可能导致田坎干裂，严重影响一年的作物收成。因此在干旱年份，人们会未雨绸缪，用水车来灌溉水田。

在江南，过去用水车车水可以说是村里面的一件大事，当地农谚中有“小满动三车”的说法。《吴郡岁华纪丽》中明确指出：“三车，谓丝车、油车、田车也。”说明“三车”中包括了水车。水车按惯例是要在小满时节启动。在这之前，农户会以村圩为单位，早早相约，订好日子，举行隆重且有趣的“抢水”仪式。这种仪式在浙江海宁一带非常盛行，一般是由村长集结各家各户，确定时间，安排准备。到第二天黎明时分就开始群行出动，人们争先恐后地在水车车基旁燃起火把，拿起早已准备好的麦糕、麦饼、麦团，在水车旁先吃饱饭，待到村长以鼓锣为号令，大家敲击手中的农具以示应和。随后，人们踏上河畔上事先装好的水车开始提水。多达数十辆水车一齐踏动，共同把河水引灌到农田，场面甚是壮观。在人们的欢笑中，奔流的河水被引入田渠中，不多时河浜的水就被抽得精光。这喜庆又热闹的抢水，不再是辛苦的田间劳作，摇身一变，成了有趣的娱乐活动。

过去在浙江嘉兴一带还有祭祀水车车神的习俗，同抢水仪式一样，是农家人重视水车的另一种表达方式。当地民间传说认为“车神”是一条白龙，每到小满时节，农户会在水车的车基上放上鱼肉、香烛来祭拜“车神”。在祭品中人们还会放上一杯清水，等到祭祀的时候，这杯清水谁也不能动，而是要把它泼到田里面，因为这里有祝愿水源涌旺的意思，充分表明了农户对水利排灌的重视程度。

除了小满，芒种也是一个农户们比较重视的节气，农户往往在芒种时节，祈求风调雨顺。在皖南一带，人们在芒种节前后为了祈求秋天能有个好收成会举行安苗节仪式（图3-28）。待全村水稻栽插完毕后，由村中有资历的乡绅择定一个日子举行安苗节。举行仪式的当天早晨，在河滩或者是村前设祭坛，人们从庙里面请出黑太尉和红太尉登上祭台，祭台四周要插上旗幡，上书“风调雨顺、国泰民安、五谷丰登”十二个大字。祭台前摆放香案，供村民祭拜。

图3-28 安苗节

歙县农户在开秧门莳田之日，专门设宴拜请田公、田母。朝拜时，先燃三根香插于田埂，然后跪拜，并唱祈祷歌。有的地方还会请村寺中的僧人帮忙做法事，以示隆重。

有的地方还要抬着纸扎的黑、红太尉老爷巡田游行。村民们是持旌旗开道，黑、红两太尉分别坐在由四到八人抬的大轿上前行，后面跟着乐队。就这样，在锣鼓声、鞭炮声中，黑太尉和红太尉巡游了村子的农田之后又回到庙前，这个时候仪式才算结束。而在绩溪汪村、余村等汪姓大村所举行的安苗节仪式上，则是抬着先祖越国公汪华的神像到田间巡游，并称为“汪公看稻”。

在安苗节当天，皖南人家多以新麦面粉做包粿当餐，手巧的农妇还蒸制五谷六禽、瓜果菜蔬等形状的面品作敬神供祖的贡仪。当天，邻里还互相品尝包粿。徽商家庭主妇所作的安苗包还捏有十二个褶，以示思念丈夫之意。徽州祁门县新安镇一带在安苗节这天，家家户户蒸发糕、做米粿、磨豆腐，分送亲朋。有的村还专门搭建彩台，延请戏班子唱戏，祈求风调雨顺，五谷丰登。

除了大田作物生产，在南方的渔业生产当中也蕴含了水文化内容。例如在捕鱼方式上就很有讲究。民间捕鱼的方法有很多种。有些地方捕鱼的时候，是先用木盆猛叩水面，发出“嘭嘭”巨响。水里面的甲鱼受惊后会躲到泥土里，泛出一串串气泡，渔民循着气泡去捕捉，一般十拿九稳，俗称“击盆捕鱼”。也有人在夜里手提着“马灯”，扛着竹子编成的鱼罩下河捕鱼。当鱼见到灯光，就会向光亮的地方游动。渔民趁机用鱼罩捕捞鱼群。

国运兴于水运，水运要在河运。水衰而民困，民困而国亡的事例在我国历史上也屡见不鲜。翻开中国的农民运动史，可以发现，绝大多数的农民起义都是发生在政治十分腐败、水利年久失修、水旱灾害频繁发生的年代，如秦末陈胜吴广起义，西汉末年的绿林军起义和赤眉起义，东汉末年的黄巾军起义，唐代未年的黄巢起义，宋代的方腊起义，元末的红巾军起义，明末的李自成起义等。这些农民起义爆发的主要原因之一是水利工程失修，水旱灾害严重，或“庐舍为墟，饿殍载道”，或“赤地千里，人相食”。

盛世治水，乱世河衰。任何水利活动都是在一定的经济、社会环境下进行的。政治清明、社会安定、经济发展，能为水利事业的发展提供良好的环境。历史上秦、汉、隋、唐、宋、元、明、清等在国家统一、社会安定、政治清明的时期，水利事业发展就比较快：而在五代十国、魏晋南北朝等政权更替的时期，由于封建割据，战争频繁，水利事业就会衰退。我国著名的水利专家、工程院院士钱正英曾经说过：“在中华人民共和国成立前的 2000 多年中，我国经历了三次统一和平时期，带来了三次水利的大发展和人口的大增长。第一次是秦汉时期，由于建立了统一的政权，得以决通川防，夷去险阻，为统一治理江河创造了条件，黄河流域得到很大的开发，全国人口从 2000 万左右增至 5000 多万。第二次是唐末时期，长江流域和东南沿海得到了大规模开发，并修通了贯穿南北的大运河，全国人口发展到近亿。第三次是元明清时期，水利在全国范围进步发展，到 1840 年人口已达 4.1 亿。”[①]

二、水对治国理政的影响

在我国古代，水与国家政治有紧密的联系，国家机器是否能够长治久安，取决于它是否能够有效地处理包括水旱灾害在内的社会危机，灌溉农业系统的运作极大地影响到集权帝国的建立与稳定。中国政治需要在这样的环境中不断作出应对和调适以求稳定和发展，中国政治也由此深深打上了中国水文化特征的烙印。

第一，河流条件是历代统治者在选择政治中心时的重要考量因素。古代都城一般不仅是国家的政治中心，还是统治区域内的经济中心、文化中心。而经济中心在农业时代自然就是农业发达地区，因此往往选择在江河附近，兴水利，避水患，如我国著名的七大古都安阳、西安、洛阳、开封、北京、南京、杭州都处于江河之滨。这些地方不光经济基础好，在古代的交通条件下还可以发挥舟楫之利，便于人员和物资的运输。同时，中国古代水环境具有山水相连的特点，高山深水是天然的军事防御优势，这也是政权稳定的重要保证。

第二，中国政治与河流的密切关系还体现在中国古代的行政区划和古今许多地名称谓上。中国复杂的地理、气候、水文条件，决定了统治者不可能在全部统治区域内做到整齐划一，所以中国很早就产生了分区治理的政治思想。分区治理的前提之一是划分区域。我国的行政区域划分和地区命名与河流有着密切的关系。

---

① 钱正英：《钱正英水利文选》，中国水利水电出版社，2000，第 85 页。

早期，天下被分为九州。《吕氏春秋·有始览·有始》曰："何谓九州？河、汉之间为豫州，周也。两河之间为冀州，晋也。河、济之间为兖州，卫也。东方为青州，齐也。泗上为徐州，鲁也。东南为扬州，越也。南方为荆州，楚也。西方为雍州，秦也。北方为幽州，燕也。"其中豫、冀、兖、徐四州是以水系为分界线划分的。这种行政区划的传统一直保持到今天。即使到今天，黑龙江省因黑龙江流经省内而得名；浙江省因为钱塘江而得名（钱塘江古名浙江）；湖南省内湘江自南向东北蜿蜒而下，斜贯湖南省境，故湖南简称湘；江西省内赣江纵贯南北，故江西简称赣。此外中国人还常以河流作为地理分界线的参照系，如以长江为中心称江南、江北、江左、江右，以黄河为中心称河南、河北，以济水为中心称济源、济南、济宁等。

在古代交通不畅、信息不发达的情况下，中国统治者用河流作为行政区划和地方命名的依据，易被人民理解和接受，且各地的地理气候特征往往已涵盖在以河流水系命名的地方名称和区域名称之中。这为分区治理、因地制宜提供了便捷。

第三，兴修水利、趋利避害成为中国统治者政治生活的重要内容，大规模的水利事业促使我国古代形成和巩固了中央集权制国家。马克思在探讨东方社会的独特道路时，曾对水利事业与东方社会的政治关系产生过浓厚的兴趣，指出东方社会的一个显著特征，就是水利事业作为国家的公共工程，在东方社会的生产方式和国家的政治活动中具有十分重要的地位。马克思认为"节省用水和共同用水是基本的要求，这种要求，在西方，例如在弗兰德斯和意大利，曾使私人企业家结成自愿的联合；但在东方，由于文明程度太低，幅员太大，不能产生自愿的联合，所以就迫切需要中央集权的政府来干预，因此亚洲的一切政府都不能不执行一种经济职能，即举办公共工程的职能。"美国学者卡文·魏特夫，在《东方专制主义》一书中认为：中国历史上的中央集权与大河流域的生产关系密切相关。中国特殊的地理、气候和水文条件，决定了中国农业不能依赖雨水灌溉，必须兴建治水工程进行人工灌溉，以克服供水的不足与不调。这样的工程时刻需要大规模的协作，这样的协作反过来需要纪律、从属关系和强有力的领导。大禹治水 13 年，形成各个部落之间的统一目标、统一指挥、统一建设，这也让大禹集名望和权力于一身，治水就像化学反应中的催化剂一样，促进了国家的产生。最终，禹的儿子启继承了他的权力，建立了中国第一个奴隶制国家。而后的任何一个统一的王朝，都在不同程度地兴修水利，发展农业生产，从而稳定政治，促进国家发展。

第二节　明君治水与国家兴盛

明君治水与国家兴盛

纵观我国历史，历代善治国者均以治水为重，每一个有作为的统治者都把水利作为施政的重点。我国历史上出现了一些盛世局面，无不得力于统治者对水利的重视，得力于水利建设及其成就。秦始皇重视水利迎来了"席卷天下，包举宇内，囊括四海，并吞八荒"的全国大一统；汉武帝统治时期，水利事业得到较快发展，水利建设为这一时期的经济繁荣、政治稳定奠定了基础，西汉王朝出现了前所未有的繁荣昌盛局面；明太祖通过兴修水利工程来改善农业生产条件，使明王朝的经济达到鼎盛；康熙、乾隆重视水利建设，并能身体力行参与治水实践，推动了清代经济向前发展，迎来了后人称颂的康乾盛世。

一、秦始皇治水与大一统的确立

作为我国历史上第一个皇帝，秦始皇修筑长城、统一全国的事迹众所周知。可是却很少有人知道，在秦始皇实现统一大业的过程中，水利发挥了重要作用。秦始皇在水利上干了两件大事：一是修郑国渠，二是修灵渠。

秦国从一个荒蛮小国发展为国富民强的春秋五霸之一，再到战国七雄之首，最后扫平诸侯，一统天下，原因是多方面的，但有一点可以肯定，就是秦国的强大与大兴水利有密切的关系。比如，秦始皇的曾祖父秦昭王时，蜀守李冰建成都江堰（图 4-2)，变岷江水害为水利，成都平原一跃成为旱涝保收的“天府之国”，成了秦国的粮仓，大大增强了秦国的国力。

图 4-2　都江堰

嬴政登上王位后，加紧推进国家统一的进程。为了满足战争对粮食物资的巨大消耗，年轻的嬴政十分重视发展关中水利，建成了以泾水为源、横贯渭北平原的郑国渠，从而打造出关中的粮仓。关中平原是秦国的政治、经济、军事中心。这里地处渭水流域，土地肥沃却缺乏灌溉水源，粮食产量不高。因此，发展关中水利，增加粮食生产，已经成为秦国的迫切需要和必然选择。秦国的东邻韩国投其所好，派遣水工郑国去秦国，游说秦始皇兴建一个水利工程，把泾水和洛水沟通起来，以灌溉关中平原北部的大片土地。

韩国的本意是引诱秦国把大量的人力、物力和财力集中到这一规模浩大的水利工程建设上，从而无法发动兼并战争，借此保全韩国。但这一方案和秦始皇借水利建设发展农业经济、富国强兵、一统天下的理想不谋而合，他便委任郑国主持修渠。经过郑国和成千上万民众的艰苦努力和辛勤劳动，几年之后大渠终于修成了。工程建成之后，引来含有泥沙的泾水灌溉关中北部的盐碱地 4 万多顷，每亩可以收获粮食 6 石 4 斗。从此关中成为肥沃的田野，再也没有荒年。秦国也因此富强起来，吞并了各个诸侯国，统一了天下。关中地区的老百姓为了纪念郑国的业绩，就把这条渠命名为“郑国渠”。

灭六国后，秦始皇又派 50 万大军向岭南进军。但由于山高水险瘴气重，援兵和粮草接济不上，致使秦军屡遭败绩。为了打通中原通往岭南的运道，秦始皇命史禄在湘江（属长江支流）与漓江（属珠江支流）之间开凿灵渠。秦始皇三十三年（前 214 年），渠成。此渠初名秦凿渠，后来称零渠、灵渠，因在广西兴安境内，又称兴安运渠。秦军得水运之利，一鼓作气荡平岭南。秦在岭南设置桂林、南海和象郡三个郡，从此，五岭之南这片化外之地被纳入了大秦帝国的版图，促进了民族融合和社会经济的发展。

二、汉武帝治水与国家的强盛

汉武帝刘彻是我国历史上颇有建树的君主。在他统治期间，推行了很多强有力的政治、经济措施，并致力于巩固边疆、开拓疆土，使西汉王朝呈现前所未有的繁荣昌盛局面。汉武帝统治时期是我国历史上水利事业得到较快发展的阶段之一。汉武帝重视水利，主要干了三件大事：一是开关中漕渠，解决漕粮入京问题；二是兴建关中灌溉工程群；三是亲临现场指挥瓠子堵口会战。

1. 开关中漕渠，解决漕粮入京问题

西汉时期，关中虽然富庶，但毕竟地狭人众，特别是大规模用兵匈奴，粮食物资支出浩大，漕转山东之粟势在必行。由于渭河自咸阳以东过于萦回曲折，为了打通都城至潼关一带的漕路，汉武帝接受大司农郑当的建议，“令齐人水工徐伯表，悉发卒数万人穿漕渠，三岁而通”（《史记 • 河渠书》）。槽渠长 300 多里，工期 3 年，引渭水沿终南山北麓向东至黄河，与渭河平行，使潼关到长安原来需要 6 个多月的漕运时间缩短为 3 个月，不但节省了时间和运费，而且可以利用渠水灌溉民田 1 万多顷。这条人工运河一直延续使用到唐代，成为京师长安给养运输的生命线。

2. 兴修关中灌溉工程群

汉武帝在位时，“用事者争言水利”，形成了一个史无前例的水利建设高潮。龙首渠是开发洛河水利的首次工程，征调了 1 万多民工，挖通自今澄城县到今大荔县的渠道。渠成引水成功后，重泉以东的 1 万多顷盐碱地能得到灌溉，每亩能收 10 石粮。经十余年的施工，基本建成。由于开挖渠道时挖到了“龙骨”，被命名为龙首渠。不过由于当时井渠未加衬砌，通水后坍塌严重，因此没有发挥多大效益就报废了。但在 2000 多年前，确实展现出当时测量、施工技术的高水平。六辅渠是从冶峪、清峪、浊峪等几条小河引水，开挖 6 条小水渠，灌溉郑国渠旁边地势较高的田地。白渠是从靠近郑国渠渠首

极大的心血，曾说过这样的话："朕听政以来，以三藩及河务、漕运为三大事，夙夜廑（同勤）念，书而悬之宫中柱上。"所谓"三藩"，指的是清初被封为藩王的三个显赫人物——吴三桂、耿精忠和尚可喜。他们自恃对清王朝有功，盘踞云南、广东、福建等地，不听号令，搞独立王国，成为清朝的心腹大患。所谓"河务"，指的是黄河的防洪问题。所谓"漕运"，指的是通过运河进行南粮北调问题。除"三藩"属政治问题外，"河务"和"漕运"都属水利问题。康熙皇帝一度将河务、漕运与平定三藩并列，作为施政的三件最要紧的大事，足见其对治水的重视已达到无以复加的程度。

针对当时黄河决溢频繁，淮、运皆病的严峻局面，他任用能臣靳辅为河道总督，实施黄、淮、运综合治理。康熙晚年，调集大量民工挖掘了一条 200 多里长的新河道，使浑河洪水分流下泄，从此安流，水患不再，两岸农业生产得以恢复。为了纪念治水成功，他将浑河改名为"永定河"。

康熙治水极富实干精神，特别注重调查研究，除了对治水作一般政策性指导外，他还亲自钻研水利理论，并开展广泛的实地调查。自康熙二十三年（1684 年）至四十六年（1707 年），他六次南巡河工，以苏北宿迁至淮安的黄河河道、洪泽湖及高家堰、高邮上下运河为重点，时间最长的一次乘船调查长达 20 多天，航程数千里，所到之处无不仔细考察。根据考察结果，他提出了上下游兼顾的治理方略，有力促进了治水工作的开展。后人把他的治水言论汇编成书，取名为《康熙帝治河方略》，成了后代治水的经典参考书。

他重视学技术，精于水工测量。康熙三十八年（1699 年）春，他巡行到苏北的里运河，亲操仪器，测量出宝应清水潭运河水位高出运西诸湖一尺三寸九分，当即指示陪同的治河官员应加紧建造石堤。

因为重视水利，所以康熙皇帝对治水官吏的考察也十分严格。对于堤防修筑工程质量特别好的，立即给予重赏，对治水中瞒上欺下、一味空谈等行为严厉训斥，对治水失职的官员则严惩不贷。在视察苏北溜套工程时，以张鹏翮为首的负责河务的地方官员只知歌功颂德，而对治河工程全然不晓，康熙皇帝对此行为大为恼火，严加训斥，不久即下令对渎职官员分别予以革职降级处分。由此可见，康熙对治水官员奖惩分明，这些举措十分有利于治水事业。

在中国历史上，许多皇帝在任期间都关心水利建设，然而能身体力行参与治水实践并能提出治水理论的却屈指可数。康熙皇帝做到了这一点，是十分难能可贵的。他对中国水利事业的发展做出了贡献，推动了清代经济向前发展，迎来了后人称颂的"康乾盛世"。

五、乾隆治水与多民族国家的巩固

乾隆皇帝是清朝继康熙之后又一个较有建树的皇帝。他文治武功兼修，勤政安民，巩固了多民族国家的统一，奠定了近代中国的版图，是统治成绩最辉煌的君主之一。作为清朝第六位皇帝，也是整个清朝寿命最长的皇帝，乾隆几乎经历了整个 18 世纪，他把治水归为民道之基，反对靠天吃饭和单纯依赖赈济，主张以预防为要，兴修水利，去除水患，提出了“自古致治以养民为本，而养民之道，必使兴利除患，水旱无虞，方能使盖藏充裕，缓急可资”的治水思路。

乾隆继位之后，全国各地水旱灾害频频发生，如广东、河南等地常发大水，陕西、云南等地时有旱灾，而河北、山东等地则水旱灾交替，成为社会的隐患。乾隆认识到水旱灾害的严重性，水利对农业关系重大，所以要求大臣们以预防为主，兴修水利、去除水患。他下令各省督抚平时就要讲求疏导之方和灌溉之利，反对靠天吃饭和单纯依靠朝廷赈济来应对水旱之灾。针对各地水利设施年久失修的实际情况，他要求地方官员把水利作为一项长期的和经常性的任务来做。

为了掌握第一手资料，乾隆皇帝重视调查研究，多次派鄂尔泰等大臣到全国各个重要的水利施工现场调查水道的实际情况，又派户部侍郎赵殿等大臣勘察卫河、运河、金沙江等河流，命直隶总督孙嘉淦筹划水利，为进行大规模的治水活动打下坚实的基础。接着，乾隆在前代治河成就的基础上，动用大量人力、物力和财力对淮扬运河和淮河入江水道等进行了疏浚和整治。在前后30多年中，他六次巡视江南。每次下江南（图4-4），乾隆必到洪泽湖流域巡查河防工程。六次巡视江南中，乾隆共发出数百条治水命令，五次阅视黄淮治理工程，四次勘察浙江海塘，指示清理杭州西湖。在乾隆的旨意下，河南、安徽、江南、云贵等地的地方官员都纷纷从各地实际出发，疏浚河道，加固堤防，修建陂塘沟渠、圩埂土坝等大量水利工程，较大的有：河南南阳至商丘黄河河堤新筑170余里，清口及江南运河疏浚，江南淮阳运河挑浚，清河千里堤岸培筑。此外，在他的关心下，修建了江苏宝山至金山242里长的块石篓塘和浙江金山至杭县五百里海塘。这些水利工程起到了防洪、保护农业生产的作用。乾隆尤其重视京城周围地区的水利建设，仅对永定河进行的大规模治理活动就达17次之多，还多次亲临现场指导治河工作，大大提高了永定河的防洪抗灾能力。

图4-4 清代绘制的乾隆下江南长卷局部

乾隆在兴修水利的过程中，深刻体会到水利人才对水利建设的重要性，所以比较注意培养和选拔水利人才。他规定，担任过河官或者熟悉治水业务的地方官员，可以在履历中注明，优先提拔使用，如浙江按察使完颜伟因为熟悉浙江海塘事务并主持兴建金山海塘有功，乾隆将其提升为江南河道总督。正是由于这种办法的激励，乾隆时期有更多的官员重视水利、热心水利，从而促进了这一时期中国水利的发展。

贤吏治水与国家富足

第三节　贤吏治水与国家兴盛

如果说大型水利工程是举全国之力来治水，那么根据当地所需而进行的地方性水利建设则是地方政府发挥职能的重要体现。同时，河堤、河渠等水利工程的日常维护和管理也需要地方承担主要责任。在我国历史上，有不少的能臣贤吏在地方建设中重视水利建设，为官一任、造福一方，以水带动地方富足，如孙叔敖、西门豹、马臻、范仲淹、林则徐等。

一、西门豹与引漳十二渠

西门豹（生卒年不详），战国时期魏国人，是我国历史上著名的政治家和水利家。

公元前422年，魏文侯任命西门豹为邺令。邺为魏国要地，临漳水，常有水灾。为防治水患，西门豹破除封建迷信，取缔了“河伯娶妇”的迷信活动，并发民凿十二渠，引河水灌民田。引漳十二渠（图4-5）渠首位于邺城西18里处的漳河上。他在12里长的河段上修建拦河低溢流堰12道，堰上游南岸各开一个引水口，并设闸门控制。每一个引水口连接一条水渠，共12条渠道，可灌溉漳河南岸农田近10万亩。漳水浑浊多泥沙，可以落淤肥田，提高产量，邺地因此富庶起来。东汉末年曹操据邺，按原形式整修，十二堰称为十二登，改名开井堰。东魏天平二年改建为天平渠，并成单一渠首，灌区扩大。隋唐以后这一带形成以漳水、洹水为源的灌区。唐代复修天平渠，并开分支，灌田十万亩以上。清代、民国还有修复利用。1959年，国家在漳河上动工修建岳城水库，安阳市随后开挖漳南总干渠，引库水建成大型灌区——漳南灌区，设计灌溉面积达120万亩，代替了古灌渠。

引漳十二渠工程，是我国历史上最早的大型引水灌溉工程。从全部工程的布局设计和规模来看，具有相当的科学技术水平。进水闸工程全部用石头垒砌，口门能蓄能泄。旱时可以灌水肥田，大水时能排涝和防洪。这种巧妙的工程建筑受到后人称赞，至今安阳县高穴村还有邺渠、闸门的遗迹。

西门豹死后，邺地百姓在他治水的地方兴建了西门豹大夫庙，宋、明、清三朝还为他树立了碑碣。司马迁在《史记》中说：“故西门豹为邺令，名闻天下，泽流后世，无绝已时，可谓非贤大夫哉！”

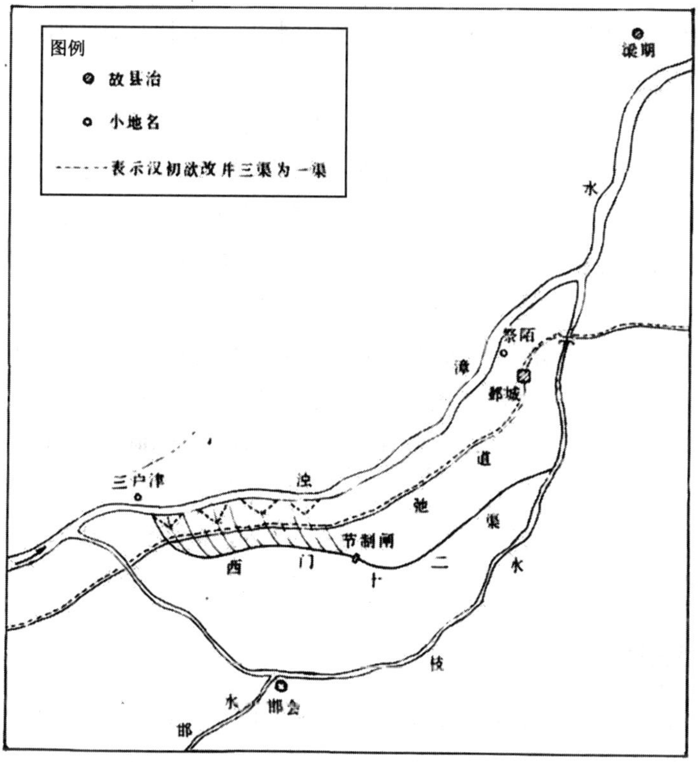

图 4-5 引漳十二渠

二、贾让治河三策

贾让（生卒年不详），西汉末年人，官居待诏。

哀帝初年（前 5—前 6），黄河水患频发，朝廷要求地方官举荐治河人才。绥和二年，贾让上诏，提供了三种可供选择的治河方案，史称“治河三策”。治河三策以“宽河行洪”为核心思想，上策主张滞洪改河，中策提出筑渠分流，下策则为缮完故堤，贾让还对此进行了对比选优和评估。贾让在上书前，曾经深入研究治河历史，并在黄河下游东郡一带勘察。

贾让提出，让黄河人工改道是解决黄河问题的上策。办法就是，“徙冀州之民当水冲者，决黎阳遮害亭，放河使北入海。河西薄大山，东薄金堤，势不能远泛滥”。这即是设想在遮害亭（今河南滑县西南）挖开河堤，让黄河向北流（实际上是偏东北）入大海。由于西面有太行山及其余脉在地形上的制约，加之东边有金堤的阻挡，黄河不会过度泛滥，不出一个月，自然会形成一个新的河道。当然，形成一个新河道是要付出代价的。代价便是数量巨大的移民，以及由此引发的社会稳定问题。

中策就是在黄河下游多开支渠，让这些支渠兼有灌溉和分洪的作用。所谓“多穿漕渠于冀州地，使民得以溉田，分杀水怒”，即是设想在遮害亭一带，沿着今天的京广铁路东侧向北修筑一条堤渠，引黄河入漳水河道。然后，再用石料加固黄河自淇口至遮害亭的堤防，并且在这段堤上建造若干水门。同时，在新筑的渠道东堤上也开若干水门。

这样，在黄河干道和新渠之间，就组成了许多分水渠。如遇干旱，则开东面的门引水灌溉；如遇大水，则开西面的门分洪。

所谓下策就是沿用既有的方法，不断地加高加固河堤。贾让认为，如不采取前两策，只是在狭窄弯曲的河道上“缮完故堤，增卑倍薄”，其后果必然是“劳费无已，数逢其害，此最下策也”。对于三策的评价历来不一，明清争论尤多。明代邱浚认为：“古今言治河者，皆莫不出贾让三策。”（《大学衍义补》）而刘天和则认为贾让的上策和中策，都不可行，并指出邱的评价“非定论也”（《问水集》）。

贾让的“治河三策”，是我国最早的比较全面、系统的治河文献。他不仅提出了防御黄河洪水灾害的对策，还涉及灌溉、放淤、治碱、通航等方面的治理措施，并首次提出了“补偿时间”和“移民补偿”概念。可以说，贾让在 2000 多年前提出的人工改河、分流洪水和巩固堤防的“治河三策”，是我国治黄史上第一个兴利除害的综合性规划。古人说：“治河之策，贾让为千古之龟鉴。”直到今天，他的许多思想和方法仍有较强的针对性和较大的适用性。

三、马臻与鉴湖

马臻（88—141 年），字叔荐，东汉顺帝永和五年（140 年）为会稽（今浙江绍兴市）太守，修建了我国古代最大的陂塘灌溉工程之一——鉴湖，为其后近千年绍兴地区的农业发展作出了巨大贡献。由于鉴湖是江南首见于记载的水利工程，马臻也因此被视作江南水利的奠基人。

鉴湖（图 4-6），即镜湖。李白的《梦游天姥吟留别》中的“我欲因之梦吴越，一夜飞度镜湖月。湖月照我影，送我至剡溪”描绘的就是浙东会稽平原的瑰丽景色。绍兴，古为会稽郡。东汉时期的会稽一带北临沧海，南傍群山，平原多沼泽。每当山洪暴发，平原即成茫茫泽国；而干旱之时却无水用于溉田。加之杭州湾时有怒潮上溯，农田常被海水淹渍，导致颗粒无收。在这样的水环境下，百姓贫困，生计维艰。

图 4-6 鉴湖

经过详细查勘，马臻提出了修建鉴湖工程的规划设计方案：把历代修筑的湖堤加高培厚，并增筑新堤，使之连成一座共长 127 里的大堤。这条大堤以会稽郡城为中心，又分为东西两大堤段，东段起五云门至曹娥江，堤长 72 里；西段起常禧门到浦阳江，堤防 55 里。这条人工大堤拦截了会稽、山阴两县三十六溪之水，形成了周长 310 里、宽约五里的狭长形大湖，这便是号称 800 里的鉴湖，又名长湖、镜湖。由于东部地形略高于西部，马臻在湖中间又修了一条 6 里长的驿道作湖堤，把鉴湖分成两部分——东湖和西湖。由于水面高出堤外农田丈余，而农田又高出杭州湾海面丈余，于是形成了自流灌溉的态势，加上斗门、闸、堰与涵道等一整套设施，使得鉴湖发挥了既能灌溉、又能排水的效用。天干时，打开放水设施，使湖水灌田。山洪到来时，关闭放水设施，把洪水蓄入湖中。鉴湖蓄满时，又可打开下泄斗门，将水泄入杭州湾。

据史料记载，鉴湖修成以后，整个会稽山北部平原从此免遭洪水之苦，曹娥江以西约 9000 顷土地平畴千里，稻香阵阵。《宋书》描述这一带的情况是："会土带海傍湖，良畴亦数十万顷，膏腴土地，亩值一金，雩、杜之间为关中膏腴土地不能比也。"除了千里平畴旱涝保收，800 里鉴湖亦是鱼肥藕白。史载，湖中"茭、荷、菱、芡之实不可胜用；鱼、鳖、虾、蟹之类不可胜食"。宋人王十朋称赞："杭之有西湖，犹人之有眉目；越之有鉴湖，犹人之有肠胃。"正是因为有了健壮的肠胃，鉴湖建成后的绍兴平原日臻繁华，成为著名的鱼米之乡。

四、范仲淹修建捍海堰及治理太湖

范仲淹（989—1052），字希文，苏州吴县人，北宋政治家、军事家和文学家。范仲淹自幼孤贫，发愤读书，终成一位精通经典、博学多才、擅长诗文的鸿儒。他的文治武功突出体现在变革朝政、捍御边隅方面，但在兴修水利、治理水旱灾害方面，范仲淹也同样做出了不朽的业绩。

宋天圣元年（1023 年），范仲淹任泰州西溪（今东台市台城西）盐仓监，亲眼目睹了海潮泛滥给百姓造成伤害的种种情景。当地的海堤因为年久失修，早已坍塌不堪，不仅盐场亭灶失去屏障，而且广阔的农田民宅也屡受海浪威胁。如果遇上大潮汐，海水甚至淹至泰州城下，成千上万灾民流离失所。虽然筑堤修坝不属于范仲淹的职责，他仍然上书给江淮漕运，痛陈海堤利害，建议朝廷在通州、泰州、楚州、海州（今连云港至长江口北岸）沿海，重修一道坚固的捍海堤堰。在当时的条件下，范仲淹的设想不仅投资高昂，而且建设难度巨大，风险很高。江淮漕运将这一想法奏报朝廷获得批准，范仲淹被委任为兴化县令兼治水"总指挥"，全面负责这项工程。

长堤自天圣二年秋季开始施工，调集通、泰、楚、海四州民夫 4 万多人参加。但治堰很快就遇到了困难，仅仅一场大海潮，就吞噬了在海边作业的一百多民工，京师震惊。但是范仲淹临危不惧，坚守护堰之役。他和同科进士滕宗谅一起，不顾被海浪卷走的危险，冲在工程的第一线。朝廷遣中使追究责任，并暂停施工。后又派淮南转运使胡令仪实地查勘，决定是否继续施工。胡令仪竭力支持范仲淹的意见。天圣四年，范仲淹因母丧回籍，但他仍惦记着海堰工程，特留书张纶，言恢复海堰之利。张纶上表朝廷，请求亲自督役，于是乃委任他兼知泰州，天圣五年（1027 年）秋再次兴工。经过近 4 年的努

在“水情”的客观规律角度，才能对水因势利导，变害为利，而治水过程中，尤其要注意的是“爱尺寸而忘千里”，即别只讲眼前而不顾长远。

六、贾鲁治河

贾鲁，河东高平县（今山西高平）人。元顺帝至正十一年（1351 年），贾鲁奉诏以工部尚书为总治河防使，进秩二品，授以银印，带领 17 万军民，治河堵决。使黄河复故道，汇淮入海。贾鲁治河是我国治黄史上的一次著名工役，对后世治理黄河影响极大。

黄河是中华文明的摇篮，但是，历史上黄河的水患，尤其是多次改道，也给中华民族和沿河民众带来深重的灾难。元朝，是黄河水灾最为严重的历史时期。据《元史纪事本末》卷十三的综合记述，元朝不过百年，黄河决口或较大漫溢就达 14 次。其中，以至正四年夏天的一次溃决最为严重，造成的灾害也最为巨大。连续降雨使黄河水猛涨，白茅堤和金堤全线溃决，泛滥 7 年之久，鲁西南一带受灾数千里，民不聊生。同时河水侵入会通河，危及运河漕运和盐场。至正五年（1345 年），黄河又在济阴决口，灾情进一步扩大。至正八年（1348 年）二月，朝廷诏令在郓城设立都水监，以贾鲁为总监，疏堵结合，引黄河东流。

从《元史・贾鲁本传》《元史・顺帝纪》及《元史・河渠志》中引录欧阳玄的《至正河防记》等记载来看，贾鲁这次治理黄河有三个突出的特点：一是工期短。治河工程从四月二十二日兴工，七月就凿成河道二百八十多里，八月将河水决流引入新挖河道，九月通行舟楫，十一月筑成诸堤，全线完工，使河复归故道，南流合淮入海，治河大功告成，整个工程计 190 天。而且，主要的工程在汛期进行，施工较困难。在这样的情况下仍能很快完工，可谓速战速决。二是工程量大。这次疏通黄河故道总计二百八十多里，在黄陵冈筑截河大堤十九里有余，修筑两岸大堤三十六里有余。特别是在专固这个地方堵塞缺口的工程非常艰巨。为了堵这个缺口而修堤三重，总长即有二十余里。三是在工程技术方面有创新，首创石船堤障水法。其中筑堤时用竹络为筋骨，填土与铺设苇索草束交互进行，这样使筑起的河堤更加坚固。在堵决口时，他把 27 艘装满了碎石的大船放在口门处，用绳索、竹篙连成方舟，在上游用铁锚固定住，又在两岸堤上钉上大橛子，橛子上绑上长长的竹篙，竹篙的另一端与大船相连，使船不能顺流而下，在船里铺上散草，装满小石头。每条船上布置两名水性好的船工，手执大斧头，站在船的首尾两端，然后，以岸上的鼓声为号，鼓响后船工一起凿船，不一会儿，船漏进水，沉入决口的地方。之后，立即在船上加高埽段，再卷大埽压住，后面的船也如法炮制。所有的船都沉入水底后，又在船后面加修三道草埽，最后在口门下两丈高的大埽堵口，充当临时堤坝。由于水势过大，堵口合龙极其惊险，修到河口一二十步时就更加艰难了，决水将大埽冲裂冲陷。这时贾鲁表现出惊人的镇定，依然命令万余人扎帮、运埽、叠埽，终于在十一月使龙口堵合，一举堵复了泛滥 7 年的决口，决河断流，大河回归故道。贾鲁在堵口技术上的重大创造——石船堤障水法取得了完全的成功。在当时没有现代化机械的情况下，这样的做法实为一种伟大的创造精神。

贾鲁治河，正值农民起义风起云涌，元王朝接近灭亡之际。工程浩大而工役酷苛，亦为前代所少有。为此引得后人诸多议论，褒贬不一。以明代曹玉珂、清人胡渭为代表持全面否定态度；以清代水利家靳辅为代表的持政治上否定，治河上肯定的态度；以明代杰出的水利家潘季驯为代表的则充分肯定贾鲁治河的贡献。对于贾鲁治河，应当充分肯定他组织这样大的治河活动，而且取得堵口复河的成功，其技术和胆识都远远超出同时代的一般治河官员。他的疏、浚、塞结合的治河思想以及工程布置、施工部署、障水堵口技术等，都有许多合理的地方，对我国的治河事业发展也做出了一定的贡献。用贾鲁故宅壁间的一首诗来概括贾鲁治河最为贴切：

贾鲁治黄河，恩多怨亦多。

百年千载后，恩在怨消磨。

七、潘季驯四治黄河

潘季驯（1521—1595），字时良，号印川，乌程（今浙江湖州）人。从嘉靖末年经隆庆到万历，四次出任总理河道大臣（明代主持治河的最高官员），主持治理黄河，前后历时 27 年，在明代治河诸臣中是任职时间最长的一位，为明代黄河治理做出了极大贡献，在治黄史上写下了光辉篇章。

嘉靖四十四年（1565 年），潘季驯首次治河。当年七月，黄河在江苏沛县决口，沛县南北的大运河被泥沙淤塞 200 余里，灾害空前。潘季驯提出了“开导上源，疏浚下流”的治河方案。此役共开新河 140 里，修复旧河 52 里，建筑大堤 3 万多丈、石堤 30 里，治河工程取得很大成功。隆庆三年（1569 年）七月，黄河决于沛县，次年又决于邳州，运河河道淤为平陆约 100 里。八月，潘季驯受命治水。他提出“加堤修岸”和“塞决开渠”的办法，并认为，根本之计在于“筑近堤以束水流，筑遥堤以防溃决”。他集民工 5 万余人，堵塞决口 11 处，先解除水患。接着，又修筑缕堤 3 万余丈，疏浚了匙头湾以下的淤河，恢复了旧堤。这样一来，河水受束，急行正河，冲刷淤沙，使河道深广如前，漕运大为畅通。

万历六年（1578 年），潘季驯第三次主持治河时，在前两次治河实践和吸取前人治河经验的基础上，进一步认识到“黄流最浊，以斗计之，沙居其六”，黄河含沙多的特点，强调治河宜合不宜分。在处理水沙方面，潘季驯提出“以河治河，以水攻沙”的方策：其一，“筑堤束水”，主要采用缕堤，塞支强干，固定河槽，加大水流的冲刷力；修筑遥堤来阻挡水势，并可利用洪水冲刷主槽；遥堤、缕堤之间，修筑格堤。由于黄河多沙，洪水漫滩，万一缕堤冲决，横流遇格即止。水退沙留，可以淤滩；滩高于河，水虽高，也不出岸，起到淤滩刷槽的作用。其二，加固洪泽湖东岸的高家堰，利用洪泽湖所蓄淮河水以清刷黄。黄淮二水相汇，冲刷力强，有利于排沙入海。这样“海不浚而辟，河不挑而深”，以达借水攻沙、以水治水之目的。

万历十六年（1588 年），潘季驯第四次治河。潘季驯鉴于上次所修的堤防数年来因“车马之蹂躏，风雨之剥蚀”而降低了防洪作用，更加重视堤防建设。他认为治河无一劳永逸之事，并提出了利用黄河本身冲淤规律实行淤滩固堤的措施。他在南直隶、河南、山东等地，对原有的 27 万多丈堤防闸坝普遍进行了一次整修加固，又在黄河两岸大筑遥堤、缕堤、月堤和格堤，共长 34 万 7 千丈，还新建堰闸 24 座，土石月堤护坝，51 处，堵塞决口和疏浚淤河 30 万余丈。这次治河对恢复运河畅通和发展农业生产都起到了很大的作用。

潘季驯一生四次治河，从四十五岁开始治理黄河，七十三岁最后离开河工，他始终心系治黄大计，在离职前还对神宗皇帝说："去国之臣，心犹在河。"潘季驯的治河理论和实践经验收集在他所著的《河防一览》一书中。书中有详细的治河全图、有关治河的奏章和关于河防险要的论说，是中国古代治理黄河经验的珍贵记录，是中国水利科学的重大创获。

八、林则徐治水

林则徐（1785—1850），字元抚，一字少穆，福建侯官（今福州）人。提起林则徐，人们很自然地会把他和禁烟运动、抗英斗争等历史伟绩联系起来。其实，这位名震中外的民族英雄同时还是一位功勋卓著的治水名臣。在他近四十年的宦海生涯中，不论是身居庙堂之高，还是地处江湖之远，他都将兴修水利、发展农业放在重要的位置。他历官十三省，从北方的海河，到南方的珠江；从东南的太湖流域，到西北边陲的新疆伊犁地区，各地都留下了他治水的足迹。他潜心研究我国历代治水方面的论著及奏章，写下了《畿辅水利议》及大批有关治水的奏折。林则徐治水时间之长，投入之多，贡献之大，是清代其他封疆大臣难以比拟的，在历史上亦属罕见。

清道光二十一年（1841 年）夏，这位因虎门销烟和抗御外侮而威震中外的民族英雄，被革职发配伊犁。时值黄河漫决，水围开封，万分危急。大臣王鼎再三力荐，道光帝始允准林则徐前往救灾。林则徐从扬州日夜兼程，41 天赶到开封。他不顾长途跋涉的疲劳，立即搬至堵口工地，协助王鼎办理堵口事宜。当时，伏秋大汛已过，林则徐建议抓紧时机，组织人力，筹集料物，并与有经验的老河工研究确定：在口门东、西各筑正坝、上边坝、下边坝三道，从两端向中间进堵；同时开挖引河一千余丈，迫使黄河回归故道。道光二十二年（1842 年）二月初七，经全力合龙成功。祥符堵口后他在诗中写道："苟利国家生死以，岂因祸福避趋之。"负责祥符堵口的王鼎以"林则徐襄办河工，深资得力"，呈请道光帝按照惯例，对林则徐赦罪免予流放。但道光帝坚持不允。王鼎听旨后，泪如泉涌，所有官员无不面面相觑，众河工个个义愤填膺。而林则徐反而心怀坦荡，神色自若。他诵出"塞马未堪论得失，相公切莫涕滂沱"，"公身幸保千钧重，宝剑还期赐尚方"的诗句，告慰大家，便从容揖别上路了。

林则徐一行昼行夜宿，经洛阳，过西安，翻六盘山，涉黄河，穿河西走廊，越戈壁沙漠，于道光二十二年（1842 年）十一月初抵达伊犁。他在新疆总共不过 3 年，却对新疆作出了很大的贡献。他兴修水利，开发屯田，从修渠引水入手，开凿了长 240 里的伊犁河渠（湟渠）。湟渠于 1844 年 6 月兴工，历时 4 个月完竣。湟渠的开挖，使得伊犁城东的大片荒地得到开垦，当年即获得大丰收，百姓感激不尽。湟渠流水淙淙，流淌至今，伊犁人民吃水不忘开渠人，他们今日仍习惯将湟渠称为“林公渠”。道光二十四年（1844年）十一月，冰天雪地之时，林则徐带领两个儿子从伊犁上路奔赴南疆开展屯田工作。他们历时一年，往返三万公里，“周历南八城，浚水源，辟沟渠”“凡垦田六十八万九千七百八十亩”，创造了奇迹。在伊拉里克，他协助少数民族大修沟渠，使高山雪水穿过沙漠，灌溉农田。在吐鲁番盆地，林则徐大力推广坎儿井（图 4-9），使许多久荒的土地变为沃土。为感念林则徐，当地人民把坎儿井改称为“林公井”，誉他“吾乡之伟大人物哉”，并树立碑刻，世代传颂。

图 4-9　坎儿井

水与国祸民殃

第四节　水与国祸民殃

治好水、利用好水，可以使国家兴盛、地方发展。但如果治理不当，则会带来政权的不稳定，甚至导致国家倾覆，给老百姓带来巨大的灾难。

一、水与政权不稳

无论是封建时代还是现代社会，政府能否有效地处理包括水旱灾害在内的社会危机，势必影响到民众对政府的信心和信任。封建社会受天人合一传统思想的影响，大灾往往与帝王失德联系在一起，是上天对皇帝的警示。如果再救灾无力，必将民心涣散，甚至影响到国家政权的稳定。

元朝末年，阶级矛盾尖锐，民族矛盾也达到了白热化，水、旱、蝗、雹、地震等多重天灾连年发生，时疫流行。翻开《元史·顺帝本纪》每年每月无不充满着饥馑、死亡和人吃人的记载，真是“沟中人咬尸，道上母抛儿”。要不要修治黄河？元廷内部曾引起过尖锐的争论。贾鲁积极主张：“必塞北河，疏南河，使复故道。役不大兴，害不能已。”工部尚书成遵则坚决反对，他主要从政治上考虑：“山东连岁饥馑，民不聊生，若聚二十万众于此地，恐他日之忧，又有重于河患者。”三年后，元顺帝在宰相脱脱的坚持下任命贾鲁治理黄河，既是为民除害、为国拯民，也是出于政治上打通运河大动脉，便于江南漕粮顺利入京的需要。治河征用黄河沿岸汴梁、大名等 13 路饥饿民夫 15 万人，征发庐州等地军士 2 万人，共计 17 万人（《庚申外史》称为 20 万人，《草木子》称为“濒河起集丁夫 26 万余人”）供役，通计所花中统钞 184.5 万多锭，可谓“不惜重费”。当时，湖广、河南、山东各省农民起义不断，更为重要的是，元朝政治极为腐败，治河款项被上下官吏中饱私囊。他们低偿甚至无偿地征用劳动力，肆无忌惮地霸占民田，低价或无价征调巨额物资，加剧了原来已白热化了的社会矛盾。蓄谋多年而欲举大事的韩山童、刘福通等，便利用了这样有利的客观条件，他们“诈凿石人止一眼，仁其背曰：‘莫道石人一只眼，此物一出天下反’，预当开河道埋之。掘者得之，遂惊乱。”（钱谦益《国初群雄事略》）

此外，山东李二、赵君用起义，也是借贾鲁治河作为导火线的。“贾鲁挑黄河，所在废民业，民心不安，芝麻李与邻人赵君用谋起事，曰：‘朝廷妄兴土木之事，百姓贫苦无告，吾闻颍上香军起，官军无如之何，当此之时，是真男子取富贵之秋也。’”（权衡《庚申外史》）安徽郭子兴起义，也以治河作为起义的导火线。

“湖广熟，天下足”是清朝时期的谚语，意味着两湖地区是全国的大粮仓。但是这个大粮仓在 1909 年和 1910 年，因长期降雨造成水患，粮食作物大减产，武汉、长沙米价持续上涨，长江流域出现了超过 400 万灾民。大粮仓的危机也严重影响了江浙地区的生活。1910 年年底，江浙地区米价上涨 50%。1911 年，山东、江苏、浙江、辽宁等地都出现了水灾。于是，革命党利用几百万灾民起义，清廷拨了一部分钱粮赈济灾民的同时，开始派出军队镇压。领兵统领袁世凯和革命党领袖孙中山达成了一致，逼迫宣统皇帝退位，清朝灭亡。

二、治水与百姓负担

兴修水利工程本是一件利国利民的大事，但耗资巨大，需要考虑国家和百姓的承受能力。清朝全盛时期，丰年全年税收征收仅 4000 万两，而河工几乎消耗了 1/3。因此，水利工程建设时机不当，会搞得国力衰竭，增加老百姓的负担，加剧社会矛盾。

隋代开凿大运河就是个典型的例子。隋代是我国历史上第一个大规模开凿人工运河的王朝。杨坚、杨广父子两代相继，先后开浚了广通渠、通济渠、山阳渎、江南河与永济渠等长距离通舟运河。其中山阳渎与江南河的开拓穿通，在南北大运河中占有十分重要的地位。

隋朝发动的运河开凿工程，经历了杨氏政权约 2/3 的时间，规模空前。开皇四年（584 年）五月，开凿了广通渠；开皇七年（587 年）四月，开浚山阳渎；大业元年（605 年）

三月，开凿通济渠，同年又开拓山阳读；大业四年（608 年）正月，开凿永济渠；大业六年（610 年）十二月，穿江南河。至此，长江南北运河工程全部功毕。唐代诗人皮日休在《汴河铭》中说："在隋之民不胜其害也，在唐之民不胜其利也。"它既批评了隋炀帝为了开凿大运河施加在隋代人民头上的苛役重赋，肯定隋代人民在开凿大运河工程中的重大牺牲与贡献，同时又认识到了大运河开通后对后世的社会经济及水上交通运输发展的重大历史作用。

全长 1000 多公里的南北大运河，是隋代千百万劳动人民的伟大创举。当时参加大运河建设的民丁军卒，多达 300 余万人。正是他们的奋斗、拼搏，才在地球上开凿出了最长距离的人工运河。隋炀帝作为南北运河开凿工程的发动者，其积极作用也应该予以充分地肯定。但是，杨广在开河过程中专横独断，急功近利；竣工以后，骄奢淫逸，挥霍无度，胡作非为，又铸下了殃民的过失。过度征摇，严重地摧残和消耗了社会劳动力。如大业元年开浚山阳渎，开凿通济渠，建东都洛阳三大工程同时进行，共征调民丁 300 多万，"年十五以上五十以下丁男"都在征调之列（《炀帝开河记》，见涵芬楼本《说邪》卷四），所征丁夫占全国丁男的三分之一以上。河渠开到今徐州境内时，所役丁夫经劳累折磨而死者，就达 150 多万人，"下寨之处，死尸遍野"，造成了"天下死于役而家伤于财"的惨痛局面，大量地耗费了社会财富。在开凿运河的同时，杨广又强令人们沿河修筑御道，遍植翠柳，建造离宫、释馆，加重了各地人民的经济负担。杨广乘龙舟游江都时，又强征吴、越各地民间年十五六岁的女子 500 多人充当殿脚，以彩绸为缆挽舟，一时锦帆相映，舳舻千里。陪同南游的有宫妃、皇族、朝臣、官吏、僧道、名流、水手、卫兵几十万人。所过州县，500 里以内尽献珍食。这样的暴政，终于招致了运河沿岸人民的反抗。隋末大运河两岸各地人民的相继起义，正是对杨广暴政的有力惩罚。最终，运河凿成七年后，隋炀帝被杀，隋王朝随之灭亡。

三、治水与吏治腐败

在小农社会里，一家一户的生产模式下，水利作为资金和人力投入密集的工程，通常只能由国家来组织实施。作为具体组织实施者，官吏的责任心、清廉和治理能力等决定了水利兴修的成败。由于缺乏完善的监督和处罚机制，古代社会的任何领域均存在吏治贪腐的影子。"天下事，　事立则一弊生。"投资巨大的水利工程，更无法避免吏治腐败。这个毒瘤甚至阻碍治河的顺利进行，进而导致河患频发。

清代有"黄河决口，黄金万斗"的说法。治河经费成为官吏眼中的唐僧肉，官吏们乐于从事治河。清雍正时期的治河总督齐苏勒奏称："将领去银营私肥己，兼以请银之时转详之道员，批发之总河各扣十分之一二，以致领银入手已耗十分之五六。"治河经费层层盘剥，经过道员和总河的克扣，贪污治河经费至少已经有五六成，即使河员到手银子全部用于治河，也只剩四五成。何况这笔钱还要再经过各级治河官吏的层层盘剥，真正用于治河的费用可能还不足两成。这还是雍正年间，雍正素以吏治严苛著称，到了嘉庆后，治河克扣更甚。

1900 年，李鸿章召见了受聘为中国开滦煤矿工程师的胡佛，胡佛后来出任美国第 31 任总统。李鸿章请他考察黄河水利情况。胡佛在给李鸿章的报告中详细分析了清政府治理黄河水患收效不大的原因。胡佛认为“中国河吏是有能力的，尤其精湛于保持河道不断被维修”，但那只是一种灾后防御的消极治河措施，无法根除黄河流速过快造成的分流过快、黄河淤堵、悬河运行等问题。胡佛还认为清王朝已经衰败，吏治腐败，官员贪污项目拨款，影响了黄河的治理。官吏贪污是治河无力的根源之一。

明末清初学者顾炎武在名著《日知录》中写道：大禹时代能够治水而宋明以后黄河反而灾害频仍，其原因主要有三：其一，王朝中心地区人口剧增，生存空间严重侵蚀河道，结果“非河犯人，人自犯之”。其二，朝廷的治河方针以“转漕要路”和“宗藩所在”的安全为核心目的，所以“左顾右盼，动则掣肘”，而根本不能从国民生命财产价值和国民经济安全的角度来谋划治河的整体方略。其三则更加怵目惊心，吏治的极度腐败，各级官吏凡与治河有瓜葛，无不要从黄河决口的巨大灾难中借机贪污，于是黄河在修治以后仍不断决口竟然成了他们私利的来源，结果只能是频年修治，频年冲决。

古代中国历朝历代的政府都在治水问题上下过大功夫，几乎是倾全国之力，但是效果不等，有的功在当代利在千秋，有的却劳而无功。

第五节 水与古代城市建设

水是城市建立、发展、繁荣的重要条件。自古以来，人们在城市选址时都将水源作为重要因素来考虑。历史上，水与城市自身发展相依相伴。不仅如此，水还影响到城市文化的发展，同时，人类在治水、用水、赏水等过程中创造的优秀水文化，对城市发展、城市形象带来重要影响。

一、水与城市之间的关系

水与城市兴衰

1. 城市因水而建

水是城市形成的最普遍、最重要的因素。中国早期历史文献《管子·乘马》就提到城市选址与水资源的关系：“凡立国都，非于大山之下，必于广川之上。高毋近旱，而水足用；下毋近水，而沟防省。”指出城址的选择要有利于供水和防洪。而《诗经·公刘》中的“逝彼百泉，瞻彼溥原”“既景乃冈，相其阴阳”等记载，则是周人先民在依山傍水、负阴抱阳的地方勘察地形、选择家园的情景。为了生产、生活用水的便利，许多城市往往就在自然形成的河流、湖泊之滨发展起来，进而沿着水系不断向外扩张。当然，也有城市在建城时先行开河，然后依照河水的走势进行谋划，布街辟路、修房建舍。

2. 城市因水而兴

水的开发，赋予城市活力与魅力，运河城市的兴起便是这样的例子。京杭大运河的开通，沟通了钱塘江、长江、淮河、黄河、海河五大水系，承载着南来北往的船只，成为历史上南北交通的大动脉，同时也造就了沿岸无数充满活力的运河城市。例如山东临清，原来不过是一个普通的村镇，由于大运河的开通，一跃发展成为明清时代的中心城市。康熙时曾任临清知州的贺王昌《题清源》诗云：“舟车辐辏说新城，古首繁华压两京。”而北方境内水运的发展同样促进了沿线城市的繁荣。汴河是北宋物资转输的重要枢纽，江南等地的物资通过水路被运送至开封、洛阳，支持了当地人口的消费，促进了当地的繁华。而因水而兴的城市内部，河流沿线又往往成为城市生活的中心地带。唐代开元年间，王维途经河南荥阳，写下《早入荥阳界》：“泛舟入荥泽，兹邑乃雄藩。河曲闾阎隘，川中烟火繁。因人见风俗，入境闻方言。秋野田畴盛，朝光市井喧。渔商波上客，鸡犬岸旁村。前路白云外，孤帆安可论！”这里沿河一带人家众多，商业发达，生机盎然，号称“雄藩”。而不论是水上往来的渔商，还是岸旁走动的鸡犬，都让诗人颇感兴奋。

3. 城市因水而废

有史以来，水曾经造福于人类，造就城市的发展与繁荣，但也曾给人们带来消极影响与深重的灾难，造成城市的衰落甚至消亡。缺少了水，城市的发展就会失去活力，并逐渐走向衰落；而因受洪灾等因素困扰，还有一些城市则逐渐成为地下古城。黄河沿岸曾是中国早期文明的重要发源地，但黄河也曾毁灭沿河多座城市。在今天开封市地下，埋藏着北宋时期的古都汴京。在明代的一次黄河洪灾中，这座曾风光一时的城市被无情的洪水淹没。如今，唯一露出地面的是位于开封市东北隅的铁塔，只有它曾经见证过北宋逝去的繁华。另外一个例子是古代的泗州。古泗州城位于今江苏境内淮河北岸，南与盱眙隔河相望。泗州城始建于北周，其兴起与隋代开挖的通济渠息息相关。通济渠的开通使泗州处于交通要冲的位置，泗州城因此经历了长时期的繁荣。然而到了清康熙年间，淮河下游淤塞，洪泽湖水位进一步抬高。至康熙十九年（1680 年）夏、秋之交，因泗州一带连降暴雨，使得洪泽湖水位猛涨，堤坝溃决，最终导致泗州城淹没于滔滔洪水中。

4. 城市在发展过程中推动新的水系不断发掘、利用

城市选址邻近天然水系，使人们用水得到很大便利，但随着城市规模的发展与社会环境的变迁，人们又在不断考虑城市新水系的规划与建设。比如，随着城市人口的增加，为便利人们生活，便根据城市附近的自然条件修建工程，沟通城外水系，使城外的活水源源不断流入城中。元朝定都大都（今北京），为解决当地水资源供应紧张的问题，统治者不遗余力地开发、建设了若干水利工程。其中，郭守敬主持开凿的通惠河，将昌平白浮泉水引入大都，堪称壮举。再如，出于城市防御的需要，往往在城墙外开挖城壕，于是产生了护城河。如南通的濠河，始筑于后周显德五年（958 年），今已成为国内保存最为完整的古护城河之一。

二、水与古代定都

水与古代定都

都城作为国家的政治和经济中心，是人口聚集的大城，众多人口用水和取水的问题，是都城选址的重要考虑因素。

《管子·乘马》中说：“凡立国都，非于大山之下，必于广川之上，高毋近旱，而水用足，下毋近水，而沟防省。”强调都城选址要注意水源问题，防止干旱，以便于就近取水，同时又要注意排涝问题。

因此，中国古代在都城选址的时候均会把水的因素考虑进去。

1. 漕运兴衰与长安

长安可能是中国历史上最著名的都城。它的影响导致日后的明清人也往往在诗作里用“长安”来指代北京城。选择长安为都城的原因很多，最重要的一个原因是它的地理位置。就军事关塞而言，长安周边东有潼关、西有大散关、南有武关、北有萧关，四座关口控制着进出长安的通道，都是易守难攻。就地理而言，长安处于一个安全的地带。长安城不是只有一座，历史上有两座长安城：汉朝的第一长安在今西安市的西北；隋唐的第二长安才坐落于西安市中心，它是隋文帝所建，当时不叫长安，而叫“大兴城”。

西汉为何定都长安？当时刘邦与群臣都想建都洛阳，但张良认为长安地势险要，有函谷关和崤山作为天然屏障，关中平原土地肥沃，临近巴蜀天府之国，水路交通便利，利用黄河和渭水河道，天下粮食可供应京师。地方反叛，顺流而下，能够及时平叛。刘邦听后采纳张良主张，建都长安。长安这个地方自古素有“被山带河，八水绕长安”之说。它地处关中平原，汉时水资源非常丰富。有著名的泾水、渭水、洛水、灞水、浐水、沣水等河流，还有鹤池、盘池、冰池、镐池、初池、麋池等大小 17 个湖泊。由于湖泊众多，被称为陆海。因此，除西汉外，从公元前 770 年开始，东周、西汉、隋、唐、后唐等 13 个朝代先后在这里建都。

那为什么后唐以后长安就再也没有被选为一个统一中央王朝的都城呢？这也与水有关。其中一个重要原因就是航运不便利，带来漕运运输供应困难。这个问题在唐代中后期已经出现。唐初，长安所处关中地区，经济富饶，京城一部分消费可就地解决。另一部分由北方如山东等地供应，从洛阳到三门峡再经由人工漕渠到达长安。三门峡这一段，船过不去，只能靠牛车走崎岖的山路，非常艰险，运量也很有限。安史之乱后，经济中心南移，再加上北方地方军阀割据，漕粮由江淮提供，漕渠作用降低，堵塞不用。东南转运漕粮到长安路途遥远，且必须经过渭水河道。而此时渭水水浅泥沙多，航运条件差，费时费力，以至常常因为转运不及时，造成京城长安缺粮的窘境，导致皇帝不得不驻扎洛阳就食。到了唐高宗时代，政府规模急剧膨胀，长安城人口也跟着增加，粮食就成了大问题，最后竟然到了几乎要断顿的地步。一遇到关中歉收，李治和武则天就带着文武百官到洛阳吃洛口仓的粮食。当然，长安还是首都。等到荒年过去，李治他们还回来，整个就是一副逃荒的样子。有的时候逃荒还逃得间不容发，狼狈不堪。永淳元年（682 年），跟随皇上逃荒去洛阳的扈从之士，居然一路走，一路饿死，沿途有许多饿殍。到了武则天时期，她做出了更大胆的决定，将洛阳定为帝国真正的首都，改称“神都”，地位越了长安。武则天执政 25 年，在长安只住了 2 年，有 23 年是在洛阳度过的。此外，玄宗在位 25 年，也就食洛阳 5 次，居住 9 年之多。

晚唐的历史就是一部运河争夺史。能控制住运河，能保持住漕运，帝国就能生存，长安还能苟延残喘，否则就会崩溃。至于洛阳，到唐末残破至极，最糟糕的时候，整个城市人口不满百户，恍若鬼城。在争夺运河的过程中，汴州（如今的开封）脱颖而出。它控制着汴河到黄河的入口，是运河的一个关键点。控制它就可以截留漕运的财富。最终，军阀朱温以汴州为基地，灭了唐朝，建立了后梁。随后，中国的东西大动脉就此变成了南北大动脉，这个格局一直持续到了清朝。

2. 河运兴衰与开封

开封是我国六大古都之一，素有“七朝古都”之称。开封兴起于春秋战国之际，发展于隋唐时期，鼎盛于北宋时代，衰落于金、元以后。历史上开封所处的三个兴盛时期，也正是中原地区运河发达的时期。北宋以后，由于运河的湮废，开封也走向衰落。可以说，开封的盛衰，与运河的兴废息息相关的。

隋炀帝开凿了通济渠（唐名广济渠，即汴河）。疏通了一条以洛阳为中心的，北经永济渠抵达琢郡（今北京），南达杭州的大运河。据《来南录》《北行日录》及唐、宋时代有关文献记载，通济渠自洛阳西苑引谷水、洛水东流至巩县洛口入黄河，自板诸（又名板城清口，在今荥阳县西北牛口峪）引河入淮，东流至河阴县（今荥阳县东北），东南流，历中牟、汴州（开封），经陈留、雍丘（今杞县）、襄邑（今睢县）、宁陵、宋州（今商丘县南），下流经谷熟（今商丘东）、永城、宿县、灵壁，至泗洲临淮县入淮河。这就是历史上著名的汴河，是隋、唐以后我国南北水运交通干线。这条航道进一步缩短了黄、淮间的航程，加强了都城洛阳与全国各地的联系。

对唐中央政府来说，汴河如血管，从长安、洛阳经汴州伸向江南，唐王朝就是靠这条血管维持生命的。而汴州（今开封），正扼这条血管的中枢，控制了汴州，就能控制南北运道，从而掌握了主动权。

开封在北宋被作为都城，完全是因为汴河。其实开封地处平原，无险可依。宋辽对峙，辽国铁骑只需几天时间便可越过平坦的华北平原直达开封。开封作为都城还有一个缺点是不利于排涝。因为地处平原，地势较低，排水困难，很容易积水，发生水灾。因此，宋初关于都城的问题，最高统治集团内部曾进行过长时间激烈的论争。宋太祖极力主张建都洛阳乃至长安。但是，晋王（宋太宗）等人认为，都城所需的巨量粮食和物资只能通过漕运从江南地区输入。开封有漕运之利，是理想的都城所在，主张建都开封。

北宋定都开封后，为了沟通京城与全国各地的水运交通，除了对原来的五丈河、汴河等大加疏浚外，还开凿了金水河和惠民河，全称东京“四大漕渠”。穿（京）城河道有四：“南壁曰蔡河（又名惠民河），自陈、蔡由西南戴楼门入京城缭绕，自东南陈州门出。中曰汴河，自西京（洛阳）洛口分水入京城，东去至泗洲入淮，运东南之粮。凡东南方物，自此入京城，公私仰给焉。东北曰五丈河，来自济、郸，般挽京东路粮解入京城。西北曰金水河，自京城西南分京、索河水，从西北水门入京城。”（《东京梦华录》卷一）“四大漕渠”在京城附近呈辐射状分布，可与全国各地相联系，各地的粮食和物资通过四大漕渠调运至京城及北方各地。

北宋时代的开封，无论是城市规模、经济发展水平及人口数量，都超过了隋、唐时期的长安与洛阳，不但是全国政治、经济和文化中心，也是世界上最繁荣的城市。真宗时，“京城资产百万者至多，十万而上，比比皆是”；城内店铺，“彩楼相对，绣饰相招，掩翁天日”，“每一交易，动即千万”；城市的规模“比汉、唐京邑，民庶十倍其人矣”，人口达一百七十多万。

北宋末年，由于黄河主流向东南摆动，黄河和淮河间的河流与湖泊大多是这时期因黄河的决口泛滥而渐趋湮废的。同时，战乱频生，政治腐败，导致了运河管理机构的瘫痪及制度的松弛，运河因日久失修而渐淤废，运道时断时续。乾道年间的运河，“几与岸平，军马由其中行，亦有作屋其上者”。其他如五丈河、惠民河等也大体是在同一时期湮废的。运道废，交通中断，昔日凭借水运有利条件发展、繁荣起来的开封，自然走向衰落。元代建都北京，大运河及海运开通，政治中心与交通路线发生转移，开封赖以发展、繁荣的两根支柱业已倾毁，所以，元、明之际，开封由一个具有全国意义的城市，沦为一个地区性的政治、经济中心。

三、水与市镇繁荣

不仅是都城发展，其实不少城市、村镇的发展都和水有着密切的关系。运河的开通与兴盛，带动运河沿线都城和城市商业的繁荣，淮安、扬州、镇江、无锡、苏州、杭州、开封、沧州、临清、济宁、天津、北京等城市因水而兴。还有不少古镇也因水而兴，因水而衰。

朱仙镇，离开封 20km。今天大家来到朱仙镇觉得它就是一个普通的北方村镇，但是宋、明清时期的朱仙镇可是舟船往来、商业繁华之地。

北宋以前，朱仙镇就是一个居民点，居地利之便，因西蔡河的开凿与汴河相通而迎来了自己的第一次繁荣。它由村落而驿站，进而成为集镇，舟楫穿梭，人流往来，甚是繁荣。金、元时期，随着开封地位的衰落、运河的变迁，以及黄河改道，朱仙镇也随之衰落。元代，贾鲁开通贾鲁河，也复兴了开封一带的漕运，沿河商业随之很快兴盛，朱仙镇就是在这之后迅速繁荣，盛极一时，成为当时华北地区最大的水运码头，曾是享誉全国的四大商业名镇之一。朱仙镇在康熙年间达到极盛。然而，好景不长，从清代嘉庆、道光以后，因黄河漫溢贾鲁河，朱仙镇趋于衰落。清光绪二十六年（1900 年）贾鲁河终被沙填，航运完全不通，加之京汉铁路、陇海铁路先后通车，交通路线大转移，朱仙镇水运优势不再。至 20 世纪初，朱仙镇沦落为一个极端残破的集镇，不仅商业急剧萎缩，商人四散，而且昔日的市镇也因洪水、风沙等原因而成断垣残壁。至 1906 年，镇内民、商仅存 3000 余户、15000 余口。今天的朱仙镇虽已在不断修复中，但早已繁华不在，风流难觅。

四、水与城市文化

不少城市的发展史与水密切相关，两者相互促进，相互制约，形成一个动态的互动发展过程。同时，城市的文化也因不同的水而形成自身特点，并逐渐发展成为城市的文化象征与文化记忆。

1. 城市得名与水相关

城市与水关系密切，不管是在丰水地区还是在缺水地区，从城市的名称当中，我们不难发现，其中不少地方都蕴含着丰富的水文化。其中，有些城市直接以河流、湖泊等名称来命名，如云南丽江市、黑龙江牡丹江市、浙江湖州市等均属此类；也有许多城市因与水相邻，其地名中便含有与水相关的字眼，比如“宁波”地名的由来就与其地处沿海有关。明太祖洪武十四年（1381 年），明州府（宁波旧称）人单仲友奏称，明州与国名相同，请求改名。他认为明州府既有定海县，采“海定则波宁”之义，可将明州改为“宁波”。明廷于是下诏以鄞县县治为宁波府治。又如，河南境内水资源曾经十分丰富，不少地名便与水相关：开封古称“汴州”，因城临汴水而得名；洛阳因地处古洛水之北而得名；濮阳之名始于战国时期，因位于濮水（黄河与济水的支流，后因黄河泛滥淤没）之阳而得名；济源则因济水而得名……诸如此类，不一而足。另外，还有一些城市，过去是人类利用当地水系建设水利工程，这些地名便往往直接以工程名称来命名，如四川都江堰市、河南三门峡市等，都是如此。

2. 水影响城市的空间布局

历史上，影响城市架构形成的因素多种多样，其中水系是一个重要的因素。各种建筑沿着河流走向布局，河流沿线往往发展成为城市生活的中心地带，并形成城市各自特点的整体格局，从而构成城市文化的一部分。江南地区水网纵横，这种沿河布局的特点更为明显。例如我国南宋平江府城，以河流水系作为城市脉络，架构“三横四直，前街后河”的空间格局。又如，常熟古城依据自然山水的特点设计，将虞山东南角融入古城，而虞山脚下平行的琴川七溪，犹如古琴的七条琴弦，这些独特的山水构成了古城“十里青山半入城，七溪流水皆通海”的城市风貌。因古城水道丰富，水上交通便利，因此影响了街坊的构成，使当地形成了沿河构屋、特色鲜明的江南城市街巷空间格局。

今天，有些大城市也开始在水上做文章，发挥水便利，建造生态的空间布局。武汉就是古云梦泽的所在之处，在历史上是一块沼泽地，择水而居、与水共生，背靠大江大湖，地势低又排水不畅，与生俱来就面临着兴利除弊的难题。城市的诸多地名与建筑，是治水的见证与缩影。晴川阁为纪念大禹治水而建，张公堤既阻挡了洪水，又圈出了汉口的雏形。龙王庙是抗洪的望哨，江滩公园的武汉防洪纪念碑更是这座城市同舟共济的精神象征。武汉共有 166 个湖，今天的武汉城市建设正在做“大湖+”的文章，打造特色滨湖空间。

近 10 年来，武汉市围绕构建“大东湖”生态水网，持续不懈治水，还东湖一汪碧波。数据显示，东湖水质持续向好，近年来东湖整体水质基本稳定在Ⅲ至Ⅳ类。目前，东湖绿道三期已完成。武汉以长江为带，以东湖为心，百公里生态绿道串联成网，将东湖打造成武汉市民亲近自然的城市生态“绿心”。在国外，绿道通常建在郊野，人们必须开车前往游玩。而东湖绿道（图 4-10）就在城市中心地带，人们游玩非常方便，出门不远即可享受绿色生活。这也是武汉市利用东湖来进行城市空间布置的原因。

图 4-10　东湖绿道秋景

3. 水与城市韵致

不同的水有不同的特性，汩汩流淌的溪流，让人觉得温顺柔美；而波涛汹涌的激流让人觉得冷漠无情，甚至面目狰狞。壮美的水性，使一些城市给人留下粗犷壮美的印象。提到江浙水乡，人们脑海中往往浮现出小桥流水与临河青石板铺就的街巷，会想到“吴侬软语”，想到“杏花烟雨”，想到“枕河人家”。水乡似乎就是充满诗情画意的江南城市的代名词。水充满不同的灵性，城市的物产、风光因而呈现出多姿多彩的风貌。“江南好，风景旧曾谙。日出江花红胜火，春来江水绿如蓝。能不忆江南？”唐代诗人白居易的这首《忆江南》之所以脍炙人口，其中一个重要的原因就在于水所造就的美景让人神往。当然，水对城市灵性的塑造并不受地域的限制，北方同样拥有因水而秀美的城市。河南信阳地区山清水秀、人杰地灵，南湾湖风景区（图 4-11）的自然风光还使信阳享有“江南北国”“北国江南”“豫南小苏州”等美誉。

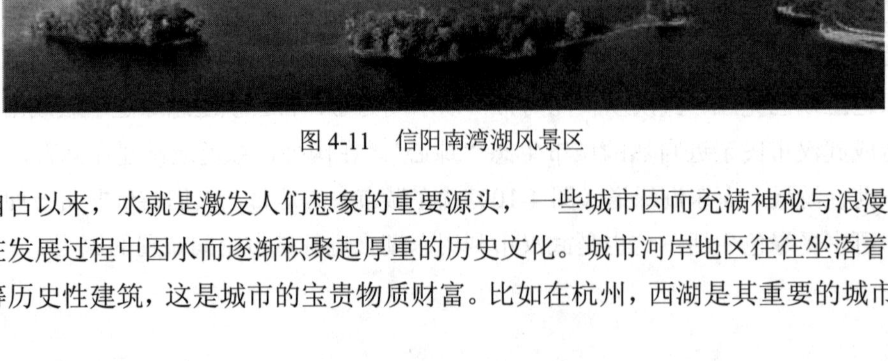

图 4-11　信阳南湾湖风景区

自古以来，水就是激发人们想象的重要源头，一些城市因而充满神秘与浪漫色彩。城市在发展过程中因水而逐渐积聚起厚重的历史文化。城市河岸地区往往坐落着古桥、古塔等历史性建筑，这是城市的宝贵物质财富。比如在杭州，西湖是其重要的城市名片。

以西湖为中心，便产生了不少或真或假的情事：万松书院梁山伯和祝英台的千古绝唱，断桥、雷峰塔许仙和白蛇的美丽传奇，慕才亭里埋葬的六朝名妓苏小小对爱情不渝的追求……发生在西湖之畔的这些凄美而浪漫的爱情传说与真实故事，给这座城市增添了温柔浪漫的色彩。就连邻近的建筑，也与这些动人的故事紧紧联系起来。建于吴越时期的雷峰塔，同样是杭州这座城市浪漫色调的调和剂。坐落在西湖南岸夕照山上的雷峰塔，每当黄昏之际，塔身与落日相映生辉，被命名为“雷峰夕照”（图 4-12），成为著名的“西湖十景”之一。流传不衰的《白蛇传》等神话传说，更使美丽的雷峰塔声名远播、家喻户晓。而白居易在杭州刺史任上修建了白堤，苏轼在杭州时又在西湖修建了苏堤，白居易、苏轼与西湖之间的关系，都使西湖的古典文化气息更加浓厚。同样地，那些临海城市的现代气息也很有城市的韵味。上海、厦门、北海、海口等都因为水让城市显得与众不同，别有韵致。

图 4-12　雷峰夕照

第五章　水与战争

水上争雄

第一节　水上争雄

水是一切生命的源头，是影响社会发展的重要因素，而战争则是人类进入阶级社会后，为了一定的政治目的而进行的武装斗争，是阶级斗争和民族矛盾激化的产物。水与战争，因水的特性和功用，产生了天然不可分割的联系。纵观中国五千年的文化发展史，水与战争的关系源远流长。中国见诸于记载的第一次战争——黄帝和蚩尤的涿鹿之战，就是一场综合运用以水代兵、以水助战等水战战术的著名案例。自此以后，战争的水文化底色和意蕴日益浓厚，水文化与军事文化、战争艺术交相辉映，共同谱绘了波澜壮阔、异彩纷呈的中国战争史诗和战争画卷。

我国大江大河众多，湖泊、沼泽密布，又临近渤海、黄海、东海、南海及太平洋。这些地形被开辟为与陆地相对应的水上战场，甚至成为各方英雄豪杰逐鹿争雄的主战场，水战应运而生，并与陆上步战、车战并列为中国古代战争的三种作战形式。

提起水战，最著名的是赤壁之战（图 5-1）。“大江东去，浪淘尽，千古风流人物。故垒西边，人道是，三国周郎赤壁”就是苏轼站在赤壁古战场而发出的人生慨叹。赤壁之战奠定了魏蜀吴三国鼎立局面，也是中国历史上第一次在长江流域进行的大规模江河作战，标志着中国的军事政治中心不再限于黄河流域。在这场战争中，运用了反间计、苦肉计、连环计、火攻计等多种战略计谋，囊括了野战、攻城、遭遇、火攻、退却、追击等多种作战形式，为后世研究、实施各种作战形式及协同作战提供了有益的借鉴。

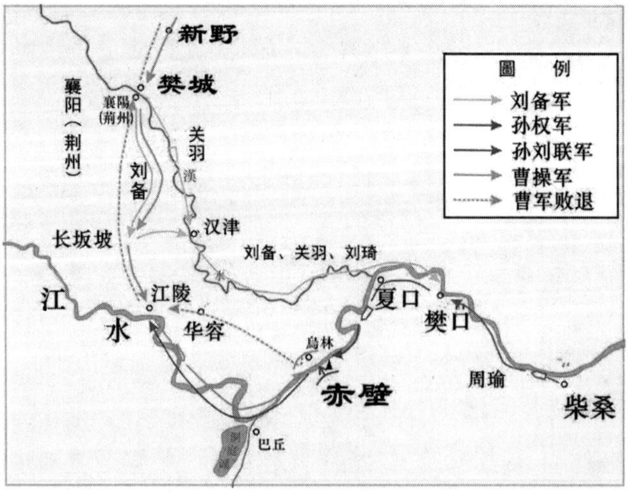

图 5-1　赤壁之战示意图

由于赤壁之战对当时政局的决定性影响，这场战争后来激发了我国历代文人墨客的创作灵感，他们对赤壁之战情有独钟，或登临怀古，或掩卷咏怀，或挥毫泼墨，或丹青绘画，留下了无数歌咏赤壁之战的诗词书画，成为中国文学艺术史上一道独特的风景线，这也让赤壁之战成为我国古代战争史上最具文化底蕴、文学意蕴、书画风韵的一场战争。除了苏轼的《念奴娇·赤壁怀古》（图 5-2）非常有名，其实还有一首词大家也很熟悉，就是明代杨慎的《西江月》，被罗贯中置于《三国演义》的卷首语，当代又被谱成电视连续剧《三国演义》的主题曲，传唱甚广。

图 5-2 苏轼《念奴娇·赤壁怀古》

我国史书中有记载的最早的水战发生在公元前 549 年夏。《左传》中记载：“楚子为舟师以伐吴”，即楚国乘战船以水兵攻打吴国，但最后无功而返。这是有明确年代记载的中国古代最早的一次水战，也是关于战船与水军最早的可靠记载。春秋时期，南方的吴国、越国、楚国和面临东海的齐国等诸侯国的实力逐渐发展壮大，纷纷逐鹿中原争霸，相互间战争也不断发生。这些国家纷纷建立和发展舟师水军，改装战船，水上争雄，水战也应运而生。

三国时期吴国水师舰队已经扬帆驰骋于渤海、黄海、东海、南海之上。至此，水军就作为一支重要的军事力量活跃于战争舞台，而水战也以更大的规模在更广的水域上屡屡上演。江河上的淝水之战、黄天荡之战，湖泊上的鄱阳湖之战、湖口大捷，海洋上的白江口之战、唐岛之战、崖山之战、梁海海战、马江海战、甲午海战都是著名的战例。明代时郑和率庞大舰队七下西洋的壮举，可谓是不战自威、不战而战。

水战的威力对于不善水上之利的少数民族而言尤为明显。南宋绍兴三十一年（1161 年），完颜亮以“立马吴山第一峰”的雄心，意欲吞并南宋。金军轻易突破淮河，直抵长江北岸。采石之战中，宋军以海鳅船和戈船在长江上打败金军，并将敌船封锁于杨林河口，用克敌弓射之，并焚其战船。此战中，南宋兵力远少于金军，金军“兵号四十万，马数倍之”，南宋“兵止万八千人，马数百而已”。若两军在陆地对垒，胜负不言而喻。南宋取得此战的胜利完全依靠水军优势。金军在采石大败后，完颜亮奔至瓜洲渡，企图由此渡江。虞允文调集军队战船，与金军在镇江对峙，并以车船在中流上下回转如飞，使金军大为震慑，失去斗志，而完颜亮又逼迫诸将限时渡江，反被部下所杀。宋军不战而胜。

因自然条件差异，水上争雄与陆上作战差异很大。首先，水战要有专门的武器装备，如战舰及钩据、拍竿、火器等。战舰大致可分为大型和小型两大类，大型战舰有楼船、福船、广船等，小型战舰主要有艨艟斗舰、走舸等。其次，要训练水军，使其具备驾驶战舰，掌握必要水文与天文知识，严守军纪、熟悉水性等技术技能。再次，也是最为重要的，水战有专门的战法、战术。

清代著名思想家、历史学家、文学家魏源所著专题性史书《圣武记》中将水战要领概括归纳为“大胜小，坚胜脆，顺风胜逆风，顺流胜逆流，防浅、防火、防风、防凿、防铁锁。”由于古代水战的主要方式为撞击战和接舷战。顾名思义，撞击战就是船与船之间的撞击；接舷战，双方战船靠拢，登船近身格斗的战法。所以水战的战法，主要包含三方面：

一是物质条件，战船的大小和质量会影响战争的结果。西晋灭吴，主要依赖的是水军和巨型船舶。据《晋书》卷四二《王浚传》记载：“武帝谋伐吴，诏浚作舟舰，浚乃作品船连舫，方百二十步，受二千余人，以木为城，起楼橹，开出四门。其上皆得驰马往来……”面对如此巨大的战舰，曾经称雄水上的孙吴水军也无力抗击。正如唐人刘禹锡《西塞山怀古》一诗所说：“王濬楼船下益州，金陵王气黯然收。千寻铁锁沉江底，一片降幡出石头。”孙吴水军在江面之上横拦铁锁以拒敌船的被动做法根本无济于事，结果只能是投降。南宋时期，钟相、杨幺起义军则在洞庭湖大展身手。南宋初年，在钟相的号召下，各地民众纷纷响应，队伍迅速扩大到数十万人，洞庭湖周围鼎州、澧州、荆南（湖北江陵）、潭州、峡州（湖北宜昌）、岳州（湖南岳阳）所属 19 个县均被起义军所占。钟相死后，起义民众在杨幺、杨华、杨钦、黄诚、周伦等八十余人的领导下继续开展斗争。杨幺虽是钟相手下众多起义军首领中的一个，由于他斗争坚决，作战机智勇敢，逐步巩固和发展了自己的势力，成为继钟相以后最主要的首领。杨幺自称“大圣天王”，拥立钟相幼子钟仪为太子。他根据当地的地形特点，逐步形成了一套陆耕水战的战略方针，并制造了适宜于在湖上开展水战的车船，使起义民众完全掌握了洞庭湖上水战的主动权，多次大败官军。

二是自然气候条件，能否占据江河上游或上风，也会影响战争的结果，历史上的晋灭吴之战，隋灭陈之战，元取临安之战等都是从长江的上游顺江东下，直取南京取胜的。

三是战略战术。这主要包括：

（1）火攻。这是我国古代战争中常见的战术。明代抗倭名将戚继光认为“夫五兵之中，惟火最烈；古今水陆之战，以火成功最多”（《练兵实纪杂集》）。由于古代战船都是木质结构，船本身及其上的蓬、索、桅、帆、板等均为易燃物，故极易燃烧。火攻的一种是向敌船投射燃烧物的远射武器，如火箭（箭头绑上燃烧物或者火药包）、投石机、霹雳炮等；另外一种就是火船，即载满易燃物的战船，作战时将其点燃，然后借助风势冲向敌人舰队，实现烧毁敌船的目的。在赤壁之战中，孙刘联军就是使用后一种方法，大败曹操军队。

（2）设障拦截。对于防守一方而言，在敌方船队必经水道设置种种障碍，阻止战船通过，比较常见的有设置木栅、铁锥、铁索、铁链锁江、建造浮桥、斗楼等。而对于进攻一方而言，就要想方设法破除这些障碍。

（3）凿穿船底。在《水浒传》中高俅率军讨伐梁山，专门监造了百只海鳅大船，然而到了梁山水泊，阮氏三兄弟等人潜入水中，凿穿船底，瞬间令高俅军战船毫无用武之地，高俅也被梁山好汉们合力擒下。

具体到每一场战争，往往是多种战术的运用，而且任何一种条件的变化都会影响战争最后的结局。

（1）利用风向与火攻。水上战斗中，善于把握风向，可使战局朝有利于己方的方向发展。但风向有时突然发生改变，则会使这种有利与不利的双方发生戏剧性转换，从而直接影响作战结果。比如，北宋灭南唐采石之战，宋军攻克采石后，后主李煜飞诏驻扎在湖口的大将朱令赟率军东下，试图撞毁采石浮桥，切断宋军增援部队，直下金陵解围。朱令赟在皖口（今安庆西南 15 里）附近遭遇宋军王明水师和刘遇步兵，点燃火油机焚烧宋军船队。当时江面上正好刮着强劲的西南风，宋军处于下风口，火油机直扑宋军，宋军惊恐万状。而朱令赟指挥的南唐舰队则精神抖擞，士气高昂。谁知突然风向大变，东北风起，南唐舰队改处于下风口。火油机狂卷火舌，被风力反推回来，直扑南唐舰队，南唐战船密集，一时无法疏散，顿成一片火海，朱令赟本人也被大火烧死，南唐十万水军就这样全军覆没。

同样，在宋金采石大战中，完颜亮初率船队攻采石时，也是乘着江风，70 余艘战船很快抵达大江东岸。但忽然之间，江风停止，金军后续战船的速度就慢了下来。虞允文抓住这个稍纵即逝的机遇，命令预驻中流的水军进行反击。第二天，完颜亮又督军至杨林河口，准备再攻采石，宋军用火箭和霹雳炮焚烧金军船只。江上突然刮起大风，金军正好处于下风口，风助火势，火借风威，连完颜亮的龙凤舟也被点燃，金军的 300 多艘战船被烧掉一半，剩余的也都是残缺不全。完颜亮吞并江南的雄心就这样付之一炬，虞允文因此挽救了南宋江山，一战成名天下知。

（2）利用轻舟与火攻。元末朱元璋与陈友谅双方在鄱阳湖水面展开的激战便是一个典型的例子。至正二十三年（1363 年）四月，陈友谅率水、陆大军号称 60 万围攻洪都，久攻不克。朱元璋率军 20 万援救洪都。陈友谅围攻洪都 85 天后，听说朱元璋援军将至，遂解洪都之围，率汉军东出，进入水域辽阔的鄱阳湖，准备先灭朱元璋援军，再破洪都。

鄱阳湖古称彭蠡、彭泽、彭湖，位于洪都东北、江州东南，整个湖面呈不规则葫芦形状。湖面南端水域宽阔，有康郎山（今康山）矗立其中；北部水域狭窄多弯曲，南康（今江西星子县）东之罂子口，位于湖身收缩处，为鄱阳湖入长江的咽喉要道；北端的湖口，有大孤山翼障于口门，形势险要。湖内洲渚星布，水深不一，涨水时，除近岸、近洲外均可行船；落水时，湖水甚浅，大船难于行动。

朱元璋水军抵达湖口后，分别部署一部兵力扼守泾江口（今湖口东北，长江北岸）和南湖嘴（今九江东北 40 里，临鄱阳湖口），并调信州之兵守武阳渡（今南昌东南），威胁汉军侧后。他亲率主力进入鄱阳湖与陈友谅决战。两军在康郎山水域相遇。陈军兵多将广，“舟大，乘上流，锋甚锐”，并以巨舟战船联结为阵，楼橹高 10 余丈，旌旗戈盾，望之如山；船队一字排开，绵亘数十里，犹如水上长城。朱元璋的水师战船则均为小舟、渔船，兵力甚弱，一些将士为陈友谅水军之气势所惊惧。

朱元璋采纳诸将意见，在军中招募“敢死队”，30 多名勇将以及 300 多名善水战、勇悍无畏的水兵纷纷报名参加。夜幕初垂，敢死队分乘大小渔舟数十只向陈友谅帅营进发。船上遍插白旗，除载有 350 多名将士外，还暗藏火药、桐油等易燃易爆物品。敢死队诈降陈营后，把握战机，按约定于深夜纵火焚烧陈营，火袭敌方水军船队，刹那间火苗蹿伸，碧焰迸溅，辛辣的烟雾滚滚四散，随风传布，湖面上顿时形成一片火海。敢死队在敌方水军船阵中穿梭突击，各自为战，见敌船就焚火，见敌人就搏杀，对陈友谅水军造成很大打击。而鄱阳湖大战的最终胜利，奠定了朱元璋平定江南的基础，为其统一中国创造了有利条件。

（3）综合利用战船、军器、河道、火攻等多种因素。黄天荡之战是南宋初年宋军抗击金军的重要战役，也是我国历史上著名的水战之一。1129 年，金军南下攻宋，奔袭临安，掳掠了大批财物，然后沿长江准备北归。南宋抗金名将韩世忠（图 5-3）在镇江周密部署，截击金军，双方在江上展开激战。韩世忠的夫人梁红玉亲自擂鼓助威。因宋军海船体积庞大，往往是金船的数倍，因此在水战中占据上风，且金军不谙长江水道，在宋军追击下，仓促驶入建康东北的死水港黄天荡。韩世忠命船队封锁荡内唯一入江水道，并针对金军多操轻舟的特点，令工匠赶制大批铁绳、铁钩，待金军轻舟自黄天荡冲出，即以海船分两路夹击，海船撞击轻舟，并命骁健军士抛掷铁钩将其拖翻。金军几次突围，均被宋军击退。金军被迫求和借道，韩世忠不允。

图 5-3　韩世忠雕像

金军被围将近一个月，后重金收买当地乡民，得知附近有老灌河故道可通长江，于是连夜开掘，才重回长江江面上，可水战依然不是宋军对手，损失很大，终不能渡江，被困 48 天。

金军突围无望，出重金求破宋军海船之策。福建人王某教金军在舟中填土，上铺平板，以防止轻舟在风浪中颠簸及宋军用铁钩钩船；在舟之两侧置桨，以加快行船速度，便于机动作战；连夜赶制火箭，并命兵士在建康西南白鹭洲开掘新河，乘韩世忠不备，率船队迂回至宋军上游。一日，金军以轻舟载善射兵士靠近宋军船队，用火箭射燃宋军船篷，矢如雨下，烟焰蔽日，宋军损失惨重，金军得以逃脱。

黄天荡之战（图 5-4），韩世忠依托长江天险，利用大船坚固的特点，使用恰当的兵器和战法，以 8000 水军抗击 10 万金军，围困金军达 48 天之久，使金军从此之后 30 年不敢渡江，创造了南宋抗金的奇迹。而金军因势用兵，适时改造战船、疏通河道、突出重围，相机实施火攻，终绝处逢生，突围北上。黄天荡一战，双方统帅不仅斗智斗勇，而且斗勇斗技，演出了扬长避短、克敌制胜的精彩一幕。

图 5-4　黄天荡古战场

以水助战

第二节　以水助战

水具有不同于于其他物质的特性，即水是自然界中唯一一种以液态、固态、气态同时存在的物质，而且这三种形态在一定气象水文条件下可以相互转化。水的这种特性对军事行动会产生影响，甚至会决定战争的胜负。中国古代军事家对水的这种特性予以高度重视，不但在理论上深刻阐述，而且在实践中充分利用。《墨子》就曾主张，守城时要将城外水井“尽窒之，无令可得汲也”。时至北宋，在集历代兵书之大成的《武经总要》中，曾公亮更强调保障饮用水的重要性：如守城时，“城外五百步内悉伐木断桥，焚弃宿草，撤屋埋井，有水泉，皆投毒药”，也就是通过破坏城外水源削弱敌方战斗力。“以水助战”出奇制胜，创造出了很多著名战例。

一、以降雨助战

液态是水的最常见形态，它广泛存在于江河、湖泊、海洋、沼泽、井池中，同时以降雨、凝露、潮汐等天气水文现象出现。古代战争中，降雨对军事行动有着重大影响，积极的影响有掩护行军等，但消极的影响更多。如在冷兵器时代，弓箭被雨淋后，弦松弹力下降，导致射程缩短，杀伤力减弱。宋人李焘在《续资治通鉴长编》中就记载了一则因天气缘故导致契丹骑兵无法正常使用弓箭而被宋军击败的战例。宋真宗咸平四年（辽圣宗统和十九年，1001 年），“十月甲寅，北面前阵钤辖张斌与契丹遇于长城口”，因“时积雨”，契丹骑兵“弓用皮弦，皆缓湿。斌击败之，杀获甚众”。而在热兵器时代，火器及火药被雨淋后不能燃放。降雨给部队行军、军粮运输、宿营扎寨等也带来极大的不便，暴雨引发的洪水灾害甚至冲毁道路，冲决河堤，淹没营垒，吞没大军。《金史》卷 117《时青传》记载，金宣宗元光二年（1223 年）二月，金军趁“淮水浅狭”的机会，渡过淮河侵入淮南；而在五月北撤途中，因为一夜暴雨，淮河水暴涨，导致金军全军覆没。我国古代战争史上黄帝战蚩尤的涿鹿之战，三国蜀将关羽水淹七军等战例都是成功利用降雨的战例。而古代的海战或渡海登陆作战受潮汐、降雨等影响也较大，郑成功收复台湾之战，施琅攻克澎湖之战等都是充分利用风势和潮汐涨潮的成功战例。

施琅（图 5-5）攻克澎湖，进而平定台湾之战是一次成功利用潮汐的渡海登陆作战。

图 5-5 施琅

1683 年 6 月 22 日，清朝太子太保、福建水师提督施琅率领水兵 2 万余人，大型战船 300 余艘，中小战舰 230 余艘，从福建铜山海域扬帆起航，一路乘风破浪，锋芒直指台湾的战略前哨澎湖列岛。这时的澎湖已经是郑氏军队外围防御的唯一屏障。郑军主帅刘国轩将主力全部摆在澎湖，并建立了坚固的防御工事，他在各个要冲加筑炮城 14 座，沿海铸造高墙深沟 20 余里，安设铳炮，准备与清军决战。面对郑军的严防死守，施琅将清军兵分三路，以左右两翼牵制敌人，自己亲率 56 只大型战船组成的主力部队正面进攻娘妈宫。娘妈宫是澎湖一处重要的军事据点。清军利用有利的西南风向条件，使用五点梅花阵，用多艘战船围攻郑军一艘，集中兵力作战。澎湖一战，施琅督清军拼死力战，合力出击，用火船乘风纵发，共焚毁、击沉和俘获郑军大船 37 艘，赶缯船及其他船只 107 艘。郑军主帅刘国轩却坐等飓风，数次失去主动出击的良机，最终惨败。郑军死伤各级头领 300 余员，士兵约 1.2 万名，浮尸遍海，仅余 31 艘小船逃回台湾。

施琅一战定澎湖（图 5-6），歼灭了台军精锐部队，打开了台湾岛的门户。7 月 27 日，郑克爽向清政府上表投降。1864 年，清廷设立台湾省，隶属福建省，驻兵筑城戍守。台湾和内地实现完全统一。

图 5-6 施琅攻克澎湖

此战清军之所以能够全胜，除战船装备精良，将士作战勇敢之外，与施琅正确的作战指挥分不开。《清史稿·施琅传》中记载，施琅治军严整，通阵法，尤善水战，谙海中风候。施琅在作战中，先在渡海时间的选择上，一反在东北风季节渡海的传统，选在西南风始发的 6 月中旬渡海，保障了清军水师在发起总攻前的安全锚泊。在渡海路线的选择上，一反从金门、厦门出航的惯例，而从铜山出航。清军水师出航后可利用西南风，直取澎湖以南郑军未设防的诸岛屿，作为前进基地，然后向北转入澎湖海域，这样便始终处于顺风顺流的有利阵位。施琅攻克澎湖之战是利用潮汐水文的典型案例，对此后的渡海登陆作战提供了有益的借鉴。

现代战争中，水依然能够帮助人们在战争中夺得主动。沙家浜湖荡中芦苇密布，成为对抗入侵日军的重要基地。1939 年 5 月，新四军六团以“江南抗日义勇军”名义挥师东进，集结在苏南的阳澄湖水网地区，以芦苇荡作掩护，开展抗日游击战。新四军六团团长叶飞回忆，“这儿港汊星罗，水网密布，颇像《水浒传》里描写的梁山泊。当地同志介绍说，这芦苇荡里的地形十分复杂，没有人带路根本进不去；就是进去了也出不来。”现代京剧《沙家浜》就是以此为背景而创作的。今天的“沙家浜”（图 5-7）早已成为常熟的代名词，甚至其知名度还胜过常熟。

图 5-7　沙家浜芦苇荡

二、以冰雪助战

当气温降到一定程度时，江河、湖泊就会结冰，出现降雪、结霜等天气。严寒及伴随而出现的冰、雪、霜等都会对战争产生非常不利的影响。我国古代军事名将充分利用其对己方有利的一面和对敌方不利的一面，灵活用兵，出奇制胜，创造了诸多经典案例。三国时期，曹操在统一中原的战争中，曾与西凉马超大战于陕西潼关。当时，由于渭河两岸多是河石，无法筑堡扎营，因此曹军每次渡过渭河，还没有站稳脚跟，就遭到马超骑兵的骚扰，只得返回。曹操正束手无策时，一位名叫娄子伯的谋士向曹操献计说，今晚天气寒冷，可用沙子筑城，将水灌到沙子里，水冻成冰，就能在一夜之间筑起一座冰城。曹操听后觉得有理，于是吩咐士兵准备好运水工具。等到夜间，派出先头部队渡过渭河，在河滩上用沙子加水的方法筑起一座城堡。天亮的时候，冰城坚固如山。于是，曹军顺利渡过渭河，在冰城里站稳了脚跟，后来终于打败了马超。

唐节度使李愬雪夜袭蔡州同样是利用天气因素出奇制胜的典型案例。李愬对叛军情况经过长期侦察，对贼中虚实已了然于胸。由于己方兵力少，远离后方，供应不便，天又大寒，但是将士斗志旺盛，这就决定了必须速决而不能持久作战。所以他欣然赞同降将李佑建议，决定出其不意、攻其不备，采取雪夜奔袭的策略，最终将这场战斗的主动权牢牢把握在自己手中。

宋真宗咸平二年（999 年）冬，契丹军队“南伐”，辽、宋双方战于遂城。当时天气十分寒冷，滴水成冰，宋军即巧妙利用了当时严寒的气候环境，灌城为冰，不仅破坏了契丹军队的攻城计划，并最终迫其撤军（图 5-8）。据《宋史》记载：“咸平二年冬，契丹扰边，延昭时在遂城。城小无备，契丹攻之甚急，长围数日。契丹每督战，众心危惧，延昭悉集城中丁壮登陴，赋器甲护守。会大寒，汲水灌城上，旦悉为冰，坚滑不可上，契丹遂溃去，获其铠仗甚众。”本来，这种寒冷气候对契丹骑兵更为有利，但由于被宋军“巧用”，因而使战局发生逆转，造成契丹骑兵败北。

图 5-8 杨延昭智退辽军雕像

北宋末年，金军进攻开封城，也是成功利用了降雪天气，取得了成功。北宋靖康元年（1126 年）闰十一月，开封地区异常寒冷。宋人汪藻《靖康要录》记载，当月二十四日夜，“大雪深数尺”。宋人徐梦莘《三朝北盟会编》记载，二十五日，大雪不止。金军统帅完颜宗翰对其手下说：“雪势如此，如添二十万新兵。”金军乘大雪天气对开封城展开猛烈攻势。最终，开封城沦入金军之手。

三、以雾助战

水在气态上体现为水汽凝结而成的雾。在艺术家眼里，雾是美的象征，但在军事家的眼中，雾，尤其是浓雾，对军事行动的影响则是致命的。雾使能见度降低，影响发现敌方目标以及对敌实施有效攻击。当然，雾也有有利的一面，便于隐蔽自己，摆脱敌人的攻击，或者使敌人摸不清意图。有的传说认为，黄帝与蚩尤的战争中，蚩尤曾作大雾弥漫三天三夜，对黄帝造成很大影响。黄帝之臣风后在北斗星的启发下，发明了指南车，这才带领部队冲出大雾。家喻户晓、广为人知的诸葛亮草船借箭（图 5-9）便是巧借雾天达成军事行动的目的。《三国演义》将诸葛亮写得出神入化。东吴的周瑜因诸葛亮料事如神而心生嫉妒，打算杀掉诸葛亮，于是设下计谋，委派诸葛亮十日内造十万支箭，却又在材料、时间上刁难，使之不能按时完成任务。诸葛亮识破周瑜之计，通过观察天象，得知三日之内有大雾，可以趁机“借箭”，所以允诺。周瑜误以为诸葛亮“自送死”而窃喜。但诸葛亮却用草船“借”到曹营“送”来的十万支箭，使周瑜的计谋破灭。当周瑜见到诸葛亮借得十万支箭时，慨然而叹：“孔明神机妙算，吾不及也！”

围城导致的严酷现实会迫使西夏国主李安全妥协，于是派人前去城中交涉。都城中极度严峻的情况因此暴露给了蒙古人。西夏国主李安全将其一女奉于成吉思汗，成吉思汗这才撤兵。

2. 在河流上游或下游人工筑堰或者堤坝，利用其形成的水位差以水代兵

地形低洼或靠近河道，可以给城市交通与居民生活带来诸多便利，但在战时则为敌人实施水攻开了方便之门。

在我国的史传阶段，大约距今 5000 年前的黄帝时代，就有了最早的以水代兵。传说黄帝的长子叫应龙（图 5-10），他能张开巨口喷水。江河般的涛涛水流自上而下喷射出来，会把敌人冲得溃不成军。黄帝和蚩尤僵持不下时，应龙就秘密到蚩尤城南的灵山河谷上游蓄水，待河水蓄积到一定程度，应龙决堤放水，水淹蚩尤城，给蚩尤造成不小的损失。

图 5-10　神话传说中黄帝的长子应龙

春秋战国时期，诸侯之间展开了激烈的兼并战争。敌对各国不但“壅防百川，各自为利”，以邻为壑，而且交战双方还以水作为战争的有力武器。因此，水攻的情况十分普遍。公元前 279 年，秦将白起攻打楚国鄢城（鄢城在今湖北宜城东南），遭到楚军顽强抵抗，屡攻不克。白起利用夷水（今长江支流清江）从楚国宜城西山长谷出而流向东南的有利地势，在鄢城西边百里的宜城西山溪谷间修筑堤坝拦水蓄水，并修建从西山到鄢城的长渠，然后决堤灌城，城中军民溺死数十万人，楚军遭受重创。

晚唐以后，这类事例更为普遍。据《资治通鉴》记载，光化元年（898 年）三月至九月，吴越钱镠攻昆山。昆山守将秦裴以三千兵力防御。吴越将领顾全武经强攻和劝降都不奏效，遂“引水灌之，城坏，食尽裴乃降”。由此可见，晚唐各割据势力，对决河灌城的战术都是比较熟悉的。

北宋时期在河北境内修筑的“水长城”，就在防御辽进攻当中发挥了重要作用。最早提出“水长城”建议的，是六宅使何承矩。沈括《梦溪笔谈》载：“瓦桥关，北与辽人为邻，素无关河为阻。往岁六宅使何承矩守瓦桥，始议因陂泽之地潴水为塞。”何承矩在瓦桥关任六宅使时，正是雍熙北伐遭遇失利，朝野震动之时，他饮酒赏花、作诗绘画，明为游玩取乐，实为勘察地形，绘制了水势地图。雍熙四年（987 年），宋太宗召集群臣问边防之计。朝臣宋淇提出或决黄河北堤，以水设防；或仿秦皇之举，在沧州和定州（今河北定州市）之间筑长城。很显然，沧州到定州间皆系平原，不像山地那样傍山之高，取石之利；而平原又湖泊棋布，河渠纵横，沟网交错，屯土筑城也是一个劳民伤财的主意。至于决黄河以水设防，又会造成关南黄泛，千里沃野尽失，人民流离失所。何承矩认为这两个办法都不高明，所以他主张："若于顺安砦（今河北雄安新区安新县）西开易河蒲口，导水东注于海，东西三百余里，南北五七十里，资其陂泽，筑堤贮水，为屯田，可以遏敌骑之奔轶"。何承矩自幼随父征行，不仅熟悉河北边防的水势地形，而且了解契丹族的习性。契丹族本是遂水草而生的游牧族，擅长骑马射箭，所以只适合平原长驱，不便水战。何承矩提出这样的建议，深深打动了赵光义。由于有皇帝的支持，"水长城"计划当年就完成。这对于契丹骑兵来说，显然是一道深不可渡、浅不可涉的水上屏障。接着又在这道水长城上"置砦二十六，铺百二十五，廷巨十一人，戍卒三千余，部舟百艘，往来巡警，以屏奸诈"。这支兵船百艘的水军，第一次出现在潴水为塞的河北沿边，对不善水战的契丹骑兵形成威胁。

3. 决开黄河等河流上游堤防直接冲淹敌军或城池

战国时期的"晋阳之战"是以水进攻的重要战例。公元前 455 年，晋国的智伯率韩康子与魏桓子大举进攻赵襄子。赵寡不敌众，退守晋阳城。智军猛攻晋阳城三个月也未能攻下，继续围困该城一年多仍无果。公元前 453 年，智伯命令士兵在晋水上游筑坝，形成水库，放库水灌晋阳城，晋阳城被淹。此时，智伯以为胜利在握，得意地说："吾乃今知水可以亡人国也。"韩、魏二人听后，担心智伯以后会用同样方法用水灌韩、魏的城池，于是反戈与赵联合，并决开晋水河堤用晋水冲智军，大败智军，杀智伯，并灭智氏宗族，瓜分其土地，史称"三家分晋"。

公元前 225 年，秦国攻打魏国，因魏都大梁（今开封）久攻不下，大将王贲掘开黄河堤坝，引黄河、鸿沟之水淹灌大梁城。3 个月后，大梁城破，魏国灭亡。

魏晋南北朝时期，水攻的情况更是频繁出现。尤其是南北朝时期，双方交战运用最多的方式就是以水灌城，仅梁代就发生 9 次，其中梁武帝期间以水代兵战例就有 7 次。陈朝也先后 5 次以水代兵，以弥补兵力不足。南朝萧梁末年的侯景之乱，就是因利用湖水而获得了成功。梁太清三年（549 年），侯景决玄武湖水灌台城，俘获梁武帝。梁武帝因此被活活饿死。五代时期，统治阶级为了争权夺利，经常以水代兵，不惜人为扒河决口拒敌，给人民带来严重危害。《新唐书》记载，后梁贞明四年（918 年），"二月，梁将谢彦章帅众数万来迫杨刘，筑垒以自固，又决河水，弥漫数里，以限帝军"。

从五代到北宋末，兵祸天灾让滔滔的黄河曾经有三次大的决口。滚滚河水倾泻到梁山脚下，并与古巨野泽连成一片，形成了一望无际的大水泊，号称"八百里梁山泊"，即《水浒传》中所描绘的"港汊纵横数千条、四方周围八百里"的梁山泊（图 5-11）。当年梁山好汉正是凭水泊天险啸聚山林、筑营扎寨、抗暴安良、杀富济贫、替天行道，演出了一幕幕惊天动地的侠义故事。

图 5-11　水泊梁山

崛起于东北地区的女真人建立金国后，很快挥师中原，掳走北宋徽宗、钦宗两位皇帝，北宋宣告灭亡。南宋高宗建炎二年（1128 年）冬，南宋东京留守杜充为阻止金兵南下，在今河南滑县境内的李固渡掘开黄河大堤，实施“以水当兵”的防御措施，致使黄河东流，历史记载中记述为“由泗入淮”。但黄河“由泗入淮”非但丝毫没有挡住金军的进攻，反而给黄淮等地人民带来了深重灾难，而且造成黄河夺淮入海的大改道，影响十分深远。

掘开黄河以水代兵最典型的莫过于明朝末年的明军和李自成的互灌。1642 年，李自成起义军第三次攻打开封城。李自成采取了长期围困的策略，而明军拼死固守。在起义军四个半月围困下，开封城中一片惨状，粮草耗尽，官兵以山药、茯苓、何首乌、当归、桂皮、车前子等各味中药为食，而城中百姓只能以水草、水虫、粪蛆、胶泥、马粪等充饥果腹，继而发展到人吃人的地步。后来，开封守军见解围无望，决开朱家寨黄河大堤，企图一举淹没李自成起义军，扎营在开封城东南的起义军溺死万人。李自成以其人之道还治其人之身，派人决开马家黄河大堤，互相攻灌。再加上时值金秋九月，天降大雨，黄河两口并决，水声如雷，冲垮开封北门而入，穿过东南门而出，整个开封城陷入一片汪洋之中，37 万城内军民，有 34 万多被淹死。包公祠、开封府、明朝周王府等众多历史古迹都与开封城一起被无情的黄河水瘀埋于地下。这是中国有史以来溺杀人数最多的一次水攻。

在我国近现代历史上，蒋介石为抵挡现代化日军的快速进攻而扒开花园口黄河大堤，也是以水代兵的一个典型例子。1938 年 6 月上旬，日军侵占开封，逼近郑州，准备会攻武汉。为了阻止日军的进攻，蒋介石下令扒开郑州市北的花园口河堤（图 5-12）和中牟西北的赵口河堤，企图利用洪水阻敌西进。这场人为制造的大洪水虽然暂时阻滞了日军西进，但是付出无比惨重的代价。滚滚黄河水倾泻而下，使河南、安徽、江苏三省的 44 个县（市）约 54000km^2 的土地变成了荒无人烟的黄泛区，89 万人葬身鱼腹，1250

万人流离失所，无家可归（图 5-13）。其惨烈场面恰如杜甫在《兵车行》中写的“牵衣顿足拦道哭，哭声直上干云霄”“新鬼烦冤旧鬼哭，天阴雨湿声啾啾”。

图 5-12 黄河花园口掘堤扒口处

图 5-13 花园口决堤后逃难的民众

在中国古代战争中，采用以水代兵的方法，在对对方城池、军队造成威胁和破坏的同时，又往往给双方人民的生产生活、生命财产带来损失和灾难。古代的政治家们也曾尝试盟约禁止水攻。但这些禁令，在当时及以后历朝历代的战争中并没有得到真正的遵守，以水代兵反而愈演愈烈，成为我国古代战争中的一种常见的作战方式。

第六章　水与工程

司马迁（图 6-1）在《史记》中写下了“壮哉，水之为利害也”“自是之后，用事者争言水利”。这是中国历史上首次有人完整提出了水利具有兴利、除害的概念。从此“水利”一词就具有了灌溉、航运、防洪等含义。从古到今，中华民族建造的水利工程不计其数。本章主要是从灌溉工程、运河工程和堤防工程这三个方面认识水利工程中所蕴含的水文化内容。

图 6-1　司马迁

灌溉工程

第一节　灌溉工程

灌溉工程是为了灌溉农田而修建的各项工程和设施的统称。中国古代十分注重农业生产，为了保证和促进农业生产，古人曾建造了数以万计的水利工程来灌溉农田，积累了丰富的工程技术经验。中国古代灌溉或用河水，或用湖水，或用陂塘，或用井泉，种类繁多。大体上说，北方以引河灌溉为主，南方则多以引陂灌溉。无论是引河还是引陂，都须修建、开凿引水渠道，营造分水设施。

一、都江堰

在中国众多的灌溉工程中，都江堰是最为著名、最具代表性的灌溉工程（图 6-2）。都江堰的名称不同历史时期的叫法不一。最初的名字已无从考证，汉魏以后称为湔堋、湔堰、都安大堰，唐代又名楗尾堰，到宋代时才史称都江堰。

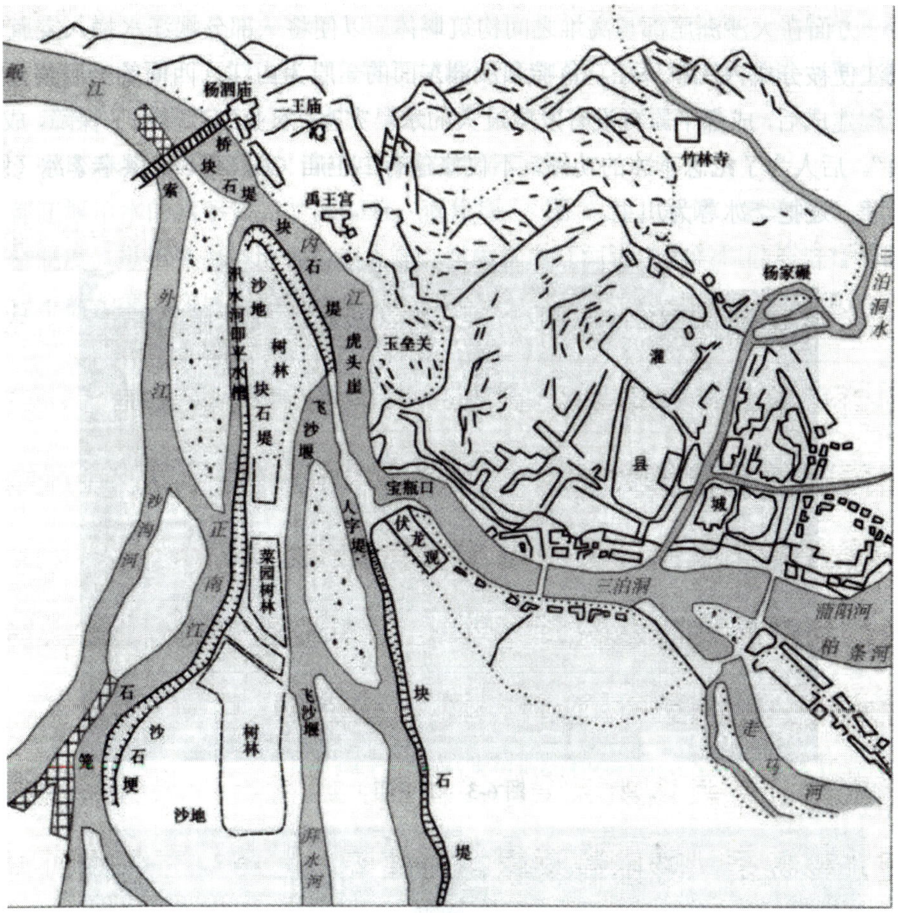

图 6-2 都江堰渠首位置示意图

都江堰坐落在四川省灌县（今都江堰市）境内岷江进入成都平原的起始段。作为现存世界上历史最长的无坝引水水利工程，这座修建于公元前 256 年的水利工程，历经两千二百多年时间，至今仍然是生机勃勃，发挥着滋润大地、惠泽苍生的作用。

但是在都江堰修建前，成都平原一带却是水旱灾害十分严重的地方。岷江古称汶江，又称成都江或都江，是四川境内长江支流中水量最丰富的河流，但自发源地到灌县的上游河段落差很大，在 340 千米中，落差达 3000 多米，水流湍急。从灌县起，岷江进入成都平原，落差骤减，流速变慢，上快下慢，流水四溢，经常发生水灾。据说严重的时候，有如尧舜时的洪水泛滥。所以早在春秋时期，居住在这里的古蜀国百姓就开始在岷江和沱江之间凿了一条新的河道，把它取名叫汗沱，以便把一部分岷江水疏导到沱江里去。

大约在公元前 256—前 251 年，李冰在被任命蜀郡郡守时，成都平原由于盛夏多暴雨，仍然常有洪涝灾害发生。所以李冰在担任蜀郡郡守的六年间，组织当地各族人民大力兴建都江水利，以发挥这里的有利条件，克服不利条件。当时的主要工程项目有：壅江作堋，穿郫江、检江，凿离堆等。其中，壅江作堋就是在岷江上建立大堰，以便将一部分岷江水拦到玉垒山以东，发展成都平原的灌溉和航运。当年大堰的结构比较简单，但很巧妙。它充分地利用了岷江江心的沙洲，一方面把沙洲顶部改造成鱼嘴形，便于分

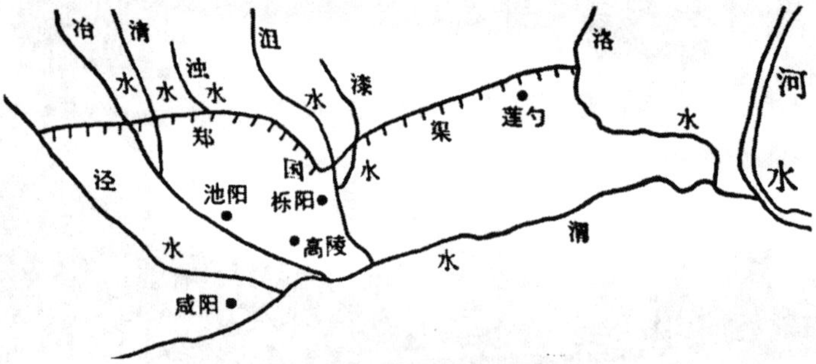

图 6-10　郑国渠示意图

公元前 3 世纪中叶，秦国日益强盛，威逼东方诸国。弱小的韩国慑于秦国的强大攻势，不得已采用“疲秦”之计，派水工郑国作为“间谍”赴秦国，策动秦国大兴水利工程。韩国图谋以此来消耗秦国的人力、物力，“毋令东伐”[①]。据说当时郑国肩负重任，潜入秦田，不能贸然去见秦王。先化妆成普通老百姓，踏遍关中山川河流，观察地形地势，作出兴建引泽灌溉的大型水利工程的规划设想，然后才能求见秦王。

秦国中计，但在施工过程中发觉了郑国的阴谋。秦王欲杀郑国，郑国说：“始臣为间，然渠成亦秦之利也。臣为韩延数岁之命，而为秦建不世之功。”[②]秦王认为郑国所言极是，继续派他主持施工。经过成千上万劳动者十年左右的艰苦劳动，终于建成了规模宏大的引泾灌溉工程，并以郑国的名字命名为“郑国渠”。

有关郑国渠的情况，最早载于《史记·河渠书》，但很简略。《史记·河渠书》称：“凿泾水自中山邸瓠口为渠，并北山，东注洛，三百余里。”这里仅仅提示了郑国渠渠首位置（图 6-11）和干渠方位、长度及其终点。

图 6-11　郑国渠渠首遗址

① 《史记·河渠书》
② 《汉书·沟洫志》

从地貌来看，郑国渠干渠“并北山”布置，大致沿海拔450.00～370.00m的高程，自西向东，修建在渭北平原二级阶地的最高线上，位于渠南的广大平原都在它的控制范围之内，从而最大限度地保证了整个灌区的自流引灌，获得了良好的灌溉效益。

郑国渠对沿线交叉的天然河流，采取了不同的处理方法。有的利用原始的“立交”技术，彼此隔开，避免干扰；有的将河水全部引注入渠，成为灌溉水源；有的通过渠、河汇流，利用河川的常流量，将其洪流退入下流河道。这一系列措施，增加了郑国渠的水源，并使渠道得以正常运行。

郑国渠是我国古代最大的灌溉工程之一。整个灌区西起泾河，东至洛河，北自原脚，南抵渭河，方圆约1100km^2。据《史记》记载，当时灌溉农田4万余顷，可见这是一个相当大的灌区。当时土地未经平整，采用的可能是大水漫灌，实际浇灌面积已约占土地总面积的70%左右。这是很不容易的。关中地区属于黄土地带，黄土本身含有丰富的钾、磷和石灰，具有良好的自然肥效。一经灌溉，其潜在的肥力就得以发挥出来，成为膏腴沃壤。

郑国渠不仅引来泾水滋润着大片土地，而且“用注填阏之水，溉泽卤之地”[①]。泽卤之地即盐碱地，填阏之水即多泥沙的河水。“用注填阏之水既泽卤之地”，就是引用水沙资源来淤灌盐碱地。泾水是一条高泥沙含量的河流，多年平均含沙量高达180kg/m^3。这种从陇东高原流下来的泥沙含有丰富的有机质和速效性的氮、磷、钾。因此，引泾淤灌后，增加了土壤地力，改善了卤性土壤，使大片“不可以稼”的“泽卤之地”也成为高产良田。

由于郑国渠引泾灌溉，具有施肥、浸润和改良盐碱地的多种效益，所以自郑国渠建成后，渭北平原便成为“千里沃野”，旱地农业转变为灌溉农业，农作物产量大幅度地提高。据《史记·河渠书》所载，当时灌区“四万余顷”，“收皆亩一钟”，可见其产量之高。

司马迁对郑国渠建成的意义曾这样评价：“渠成，……关中为沃野，无凶年，秦以富强，卒并诸侯。”[①]其后班固也评价说：“秦开郑国渠，以富国强兵。”[②]“汧陇以东，商雒以西，厥壤肥饶。……此所谓天下陆海之地。秦之所以虏西戎，兼山东者也。”[③]这些论述深刻揭示了郑国渠灌溉工程在政治上、经济上的深远影响。虽说秦国统一六国有多种多样的因素，但郑国渠的建成，使关中成为沃野，农业兴盛，富饶无比，从而极大地增强了秦国的经济实力。于是，秦国以成都、关中两大经济区为支柱，连年出兵，平服西戎，兼并诸侯，终于在公元前221年完成统一天下的大业。

三、坎儿井

在遥远的新疆少数民族聚集区也有一处著名的灌溉工程，这就是坎儿井（图6-12）。

---

① 《史记·河渠书》
② 《汉书·息夫躬传》
③ 《汉书·东方朔传》

坎儿井主要分布在新疆的哈密和吐鲁番盆地。由于规模宏大，最盛期总长度达到了 10000 里，所以有人把它誉为“地下万里长城”，并把它和万里长城、京杭大运河并称为中国古代三大工程。

图 6-12　坎儿井俯瞰图

新疆地缘广阔，水资源稀缺。坎儿井所在的哈密和吐鲁番盆地虽然是位于天山南麓，地下蕴藏着丰富的雪水。盆地还有一定的坡度，凿渠将盆地北缘地下的雪水开发出来，便可进行自流灌溉。但是这里降水量极为稀少，全年只有 20mm，而气候干燥，年蒸发量高达 3000mm，蒸发量是降水量的 150 倍。所以如果采用明渠引水灌溉，渠水多被蒸发。为了减少水分蒸发，当地人就变了个法子，在地下挖沟渠，让水从地下流。

每条坎儿井的长度，一般长约 3km。最长的坎儿井往往是几条坎儿井相连的总和，甚至长达几十甚至是上百公里。一般是由暗渠、竖井、明渠和涝坝四部分组成（图 6-13）。其中，暗渠（图 6-14）是坎儿井的主体，其作用为拦截地下水，并将其引出地面，所以水在暗渠这段是在地下流动。竖井是施工人员在修筑暗渠过程中出土、通风、采光和确定暗渠流向和坡度用的。当地人在暗渠每隔一二十米，就在上面立一竖井，井深从几米到上百米，视含水层深浅而定。每条暗渠的竖井，少则几眼，多则三百余眼。明渠（图 6-15）是暗渠出水口到农田之间的水渠，用来将暗渠的地下水引出导入农田。在明渠和暗渠交界处还建有“涝坝”。涝坝实际上就是蓄水池，就建在暗渠的出口处，当地人将冬季从暗渠中流出的水储存于此。涝坝的作用有三：一是蓄水。由于新疆冬季气温太低，农业生产在此时停顿，而坎儿井却在继续出水。涝坝便可将冬水储存起来，供来春继续使用。二是晒水。由于流经坎儿井的地下水，主要来源是融雪，水温很低，如从暗渠引出，立即循明渠灌溉农田，低温水便会严重影响庄稼发育。引出的水，只有先储存在涝坝中，经过晾晒后，再灌溉农田，才利于作物生长。三是便于统一调配农田用水。

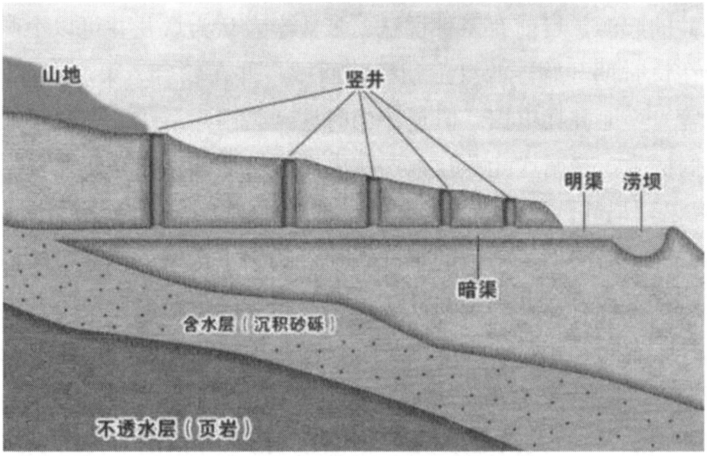

图 6-13　坎儿井结构示意图

图 6-14　暗渠

图 6-15　明渠

关于坎儿井的起源，目前有三种说法。多数学者认为坎儿井可以上溯到西汉。理由是，自汉武帝在位时期开始，西汉王朝经营西域，并在轮台、渠犁（今库尔勒境）、车师（今吐鲁番境）等地驻兵屯田。但是在当时这一带雨量稀少、空气干燥，屯田时必须兴修水利。他们认为，穿凿坎儿井技术，在屯田西域之前，在兴建龙首渠（图 6-16）时即已掌握。《史记》记载，汉武帝在位时，人们在今陕西大荔县靠近洛河的商颜山附近挖掘引水渠道。由于洛河沿岸常被河水冲毁，影响引水渠道的修建。所以在当时，智慧的工匠们便发明了一种开“井渠”的方法，即每隔一段距离挖一口竖井，井深达四十余丈，然后再在井底之间互相打通，让水从地下暗渠流过。这样既能控制地下水源，又能防止沿岸崩垮塌方。这条渠道在《史记》中就被称为“龙首渠”。这种开挖地下渠道的技术，史称“井渠法”。待到汉通西域后，工匠就把“井渠法”传给了当地百姓，后经过各族人民的改造，最终发展为适合新疆地理条件的坎儿井。

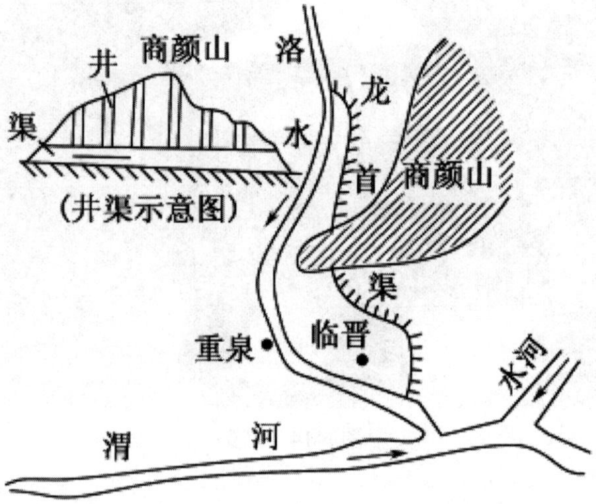

图 6-16　龙首渠示意图

还有学者认为坎儿井的建造技术是从中亚传过来的。在古代波斯，公元前 500 年之前就已经使用了坎儿井，与新疆相邻的阿富汗、巴基斯坦和中亚诸国都使用坎儿井。古代西域地区的坎儿井技术是当时沿着丝绸之路从古代波斯传入的。

近年来，国内越来越多的学者开始支持第三种说法，即认为吐鲁番盆地的坎儿井是当地古代劳动人民的创造。吐鲁番地区维吾尔族学者和著名的坎儿井工匠都认同这种观点。他们指出，坎儿井与汉代关中井渠有本质区别：井渠是暗渠，而坎儿井是将地下水引至地面的取水工程。坎儿井是利用地形的坡度与地下水水力坡度的相关关系，将地下水自流引导至地面。

从历史上看，坎儿井在新疆获得大发展是在清代后期，准确地说是在林则徐（图 6-17）、左宗棠等人的努力下，坎儿井的规模才得以迅速扩大（图 6-18）。

图 6-17 林则徐

图 6-18 新疆坎儿井分布示意图[①]

林则徐在远调新疆期间，曾受伊犁将军布彦泰之命，与喀喇沙尔办事大臣全庆共同建设南疆水利。他们在那里大力扩展坎儿井工程，从吐鲁番扩大到托克逊、伊拉里克等地。后来，林则徐虽被清政府调回内地，但他发展坎儿井的做法，仍然得到后任的重视和支持，终于使吐鲁番盆地的官修坎儿井由原来的 30 多条，增加到 100 多条，而民间也在官方的鼓励下纷纷修建这种工程。这使得吐鲁番的大片荒野变成了良田，当地人感念林则徐，所以也亲切地叫坎儿井为“林公井”[②]。

坎儿井第二次大发展在 1878 年左宗棠（图 6-19）粉碎阿古柏入侵之后。由于左宗

① 伊朗为坎儿井报“世遗”我国急需保护农业遗产（EB/OL）. http://news.xinhuanet.com/politics/2006-12/01/content_5416053.htm，2006-12-01.

② 胡月明：《吐鲁番探秘》，中国文联出版社，2003，第 39 页。

棠把恢复、发展当地水利，作为善后工作的重要内容之一，所以在短短的三年中，便已取得了显著的成绩，除修复吐鲁番的官修坎儿井外，又再新建官坎 185 条。当时百姓重建民坎的积极性也很高。十年以后，木沁以西的吐鲁番盆地上，建成的“坎儿井以千百计”。

图 6-19　左宗棠

吐鲁番地区坎儿井最盛时期达到了 1237 条，总长度超过 5000km，灌溉农田果园达到 47 万亩，占到当地总耕地面积的 67%[①]。这相当于京杭大运河长度的 1.5 倍，苏伊士运河长度的 28 倍，巴拿马运河长度的 60 倍。如此规模，难怪林则徐初见坎儿井后，写下了“诚不可思议”的感叹。作家茅盾考察了坎儿井后，赞叹说“工程之大，不难想见”[②]。

新疆坎儿井既是独特、宏伟的地下水利灌溉工程，也是中国古代水文化的象征之一。这里的维吾尔族人民把坎儿井称为“江布拉克”，意思是“生命之源”。从古代以来，围绕坎儿井，吐鲁番盆地的人们形成了独特的生态文化。在维吾尔族人特有的一种大型传统音乐——“十二木卡姆”（图 6-20）当中就描述了关于坎儿井的掏挖、使用，以及当地人与坎儿井之间的紧密关系。近年来的研究也发现，1949 年以前这个地区维吾尔族乡村的社会结构、生计方式、涉及婚姻丧葬的民俗、土地资源使用的方式，均与修建坎儿井、坎儿井水的使用有着密切的关系。有了坎儿井才有了吐鲁番的绿洲和绿洲文明。因此，吐鲁番文化就是坎儿井文化。在吐鲁番地区，从乡镇到行政村，再到居民点，许多都是以坎儿井的名字来命名的。当地人说田亩的亩不说“亩”，说“井”。比如十亩田当地人说是十井田。由此也证明了坎儿井在人们心中的重要地位。

① 何星梁：《采取有效措施保护新疆坎儿井》，《中国文物报》2008 年 3 月 14 日第 3 版。
② 潘江涛：《清泉汩汩坎儿井》，《中国经济报》2007 年 7 月 21 日第 B2 版。

图 6-20　十二木卡姆

运河工程

第二节　运河工程

水利工程也能为人们的交通出行提供便利，尤其体现在运河工程方面。运河是指借助部分天然河流或其他沟渠，采取人工挖掘的方式修建的人工水道。

中国地势西高东低，黄河、淮河、长江、珠江等主要大江大河都是自西向东流，东西水上交通比较便利，但南北水运困难。这就要求人们穿凿一些南北走向的运河。好在这些大江大河有不少南北流向的支流，且各江河的支流往往相距不远，诸如黄河支流与淮河支流、淮河支流与长江支流、长江支流与珠江支流等。再加上这些大江大河的中下游土地平坦、湖泊众多，稍作改造和连缀，便可形成人工河道。因而我国的运河多以南北走向为主。

中国是世界上最早开凿运河的国家之一，我们拥有悠久的运河开凿历史。当时的运河修建多是出于军事目的。例如在春秋末年，南方的吴国开始强盛。为了能够北上争霸中原，吴王夫差命人开凿了中国历史上最早的运河——邗沟，把长江和淮河两大流域给连接起来了。

到了战国时期，魏惠王也是为了战争需要，两度开挖鸿沟（图 6-21），又把黄河和淮河两大水系给沟通起来。到了秦统一六国后，又是为了征战需要，修建了另一条著名运河，这就是灵渠。

图 6-21　鸿沟遗址

一、灵渠

灵渠（图 6-22），坐落在广西桂林的兴安县境内，和郑国渠、都江堰并称为是“秦代三大水利工程”。郭沫若先生曾赞誉灵渠：“与长城南北相呼应，同为世界奇观。”这样一处秦代修建的水利工程也有其建造的历史背景。

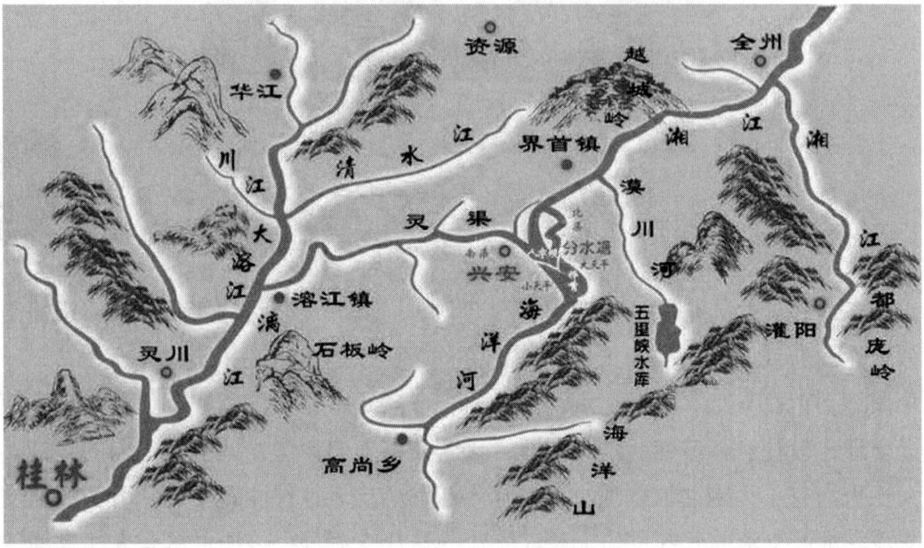

图 6-22　灵渠地理位置示意图

始皇二十六年（前 221 年），秦始皇派遣五十万秦军，分兵五路向南推进，“一军塞镡城之岭，一军守九嶷之塞，一军处番禺之都，一军守南野之界，一军结余干之水”①。向岭南推进的秦军，遇到当地越族首领们的顽强抵抗。秦军“三年不解甲弛弩”②，战争打得很艰苦。广西、湖南交界处，山路异常崎岖，在交通运输上遇到很大困难。当时，监御史禄是负责转运军队粮饷的秦朝将吏，他对这个问题束手无策，找不到解决的办法。

始皇二十八年（前 219 年），秦始皇南渡淮水，跨越长江，来到了接连前线的湖南地区，亲自部署统一岭南的战争。为了解决粮运问题，从统一和开发岭南的需要出发，始皇帝作出了“使监禄凿渠运粮”③的重大决定。古代有以官职为姓的习惯，因此，这个名叫禄的监御史就被称为史禄④。史禄率领官兵，翻山越岭，勘察地形，经过五年的艰苦建设，他们终于凿成了灵渠。灵渠不仅打通了湘江和漓江两条河流，也让长江和珠江两大水系能够连接在一起，解除了秦军粮饷供应的困难，随后秦始皇迅速统一岭南，完成了统一大业。在《淮南子·人间训》中就提到：“使监无以转饷，又以卒凿渠而通粮道。”这是史籍中关于开凿灵渠的最早记载。

① 《淮南子·人间训》。
② 《淮南子·人间训》。
③ 《史记·主父偃传》。
④ 《史记》和《汉书》都称之为监禄，大概在唐代才使用史禄这个称呼。

据文献资料记载，秦代以后直至清代，共整修灵渠二十六次。其中东汉一次，唐代两次，北宋三次，南宋三次，元代两次，明代三次，清代十二次。历代对灵渠都有完善的工作。灵渠工程包括南渠、北渠、铧嘴、大小天平石堤、秦堤、陡（斗）门、大小泄水天平。这些工程设施配套结合，构成了灵渠工程整体（图 6-23）。

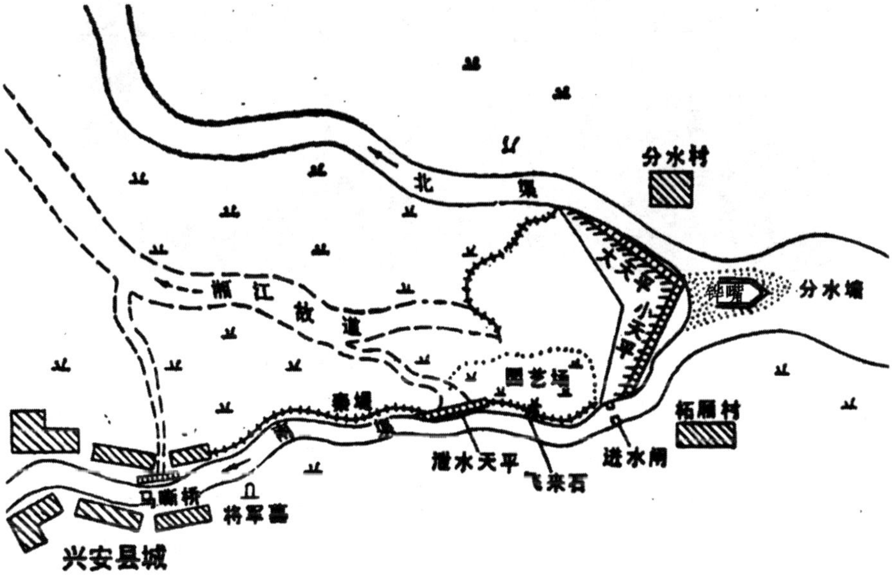

图 6-23　灵渠渠首示意图

南渠和北渠，是运河的主体结构，总长约 34km。铧嘴和大小天平石堤呈“人”字形结构，是激水分流、引湘入漓的关键工程。铧嘴位于“人”字形石堤前端，因为它前锐后钝，形似犁铧而得名铧嘴，其作用与都江堰鱼嘴相似，用作分水。大小天平石坝位于铧嘴之后，与铧嘴一并起到堵水、分水、泄水的作用。因石坝“秤水高下，恰如其分”，而得名天平。石坝先通过堵截江面，抬高水位，再通过大小天平 108° 夹角将湘江上游河水三七分开。正常水位下，70%的湘江水被分入北渠，北上湘江，30%的河水被分入南渠，南下漓江，形成“三分漓水七分湘”的分水格局。汛期到来时，铧嘴还可以减轻洪水对大小天平的冲击力，把压力分向两岸。高出坝面的洪水则排入湘江故道，起到调整水位和平衡水量的作用。

南渠有两个泄水天平，一大一小。大泄水天平设在南渠东岸渠堤上，略低于渠堤。渠内多余的水量，从大泄水天平流出，经一条小沟而汇入湘江故道。实际上这是一个排洪闸，只是没有调节水量的闸门。当洪水大涨，大小天平不能把洪水全部排泄，流进南渠的水量过多时，大泄水天平就担负起再排泄的任务，以免洪水漫堤，造成水患。小泄水天平在兴安城内（图 6-24），长约 12m，实际上也是一个排洪闸。南渠水流到这里，刚好与从西南来的双女井溪会台。双女井溪从马氏桥下流过，东流入湘江故道，枯水时流量甚小，暴雨期间，如果不解决双女井溪的洪水排泄问题，让全部洪水注入南渠，势必泛滥成灾。设置小池水天平，主要是用来排泄双女井溪的洪水。

州）的联系，在大业元年（605 年），朝廷征集民工百余万人，开通了通济渠。通济渠起自汴河，经淮河与邗沟相接。这样，船只可从洛阳直达江都。为了加强北方的边防，隋炀帝把涿郡作为军事重镇把守，大业四年（608 年），征集河北诸郡百余万人开永济渠。永济渠南引沁水进黄河，北至今天津后折向西北，到达琢郡（今北京南）。大业六年（610 年）隋炀帝又动用大量民力在三国东吴已有运河河道基础上，开凿了江南运河。从京口（今镇江市）直达余杭（今杭州市），把长江与钱塘江两水系接通。

元代定都大都（今北京）后，政治中心转移到了这里，隋代开凿的运河就显得不适用了。为了缩短大都和东南地区的交通距离，使江南的粮食和物资得以迅速运到大都，著名水利专家郭守敬提出了改造大运河的规划。按照这个规划，元代开凿了济州河、会通河、通惠河等运河。京杭大运河的全线贯通，把原来张开如折扇状的南北大运河改造成直线运道，无需再绕道洛阳，向西拐一个大弯（图 6-31）。沿京杭大运河从北京南下，直达杭州，比原来缩短了 700 多 km。

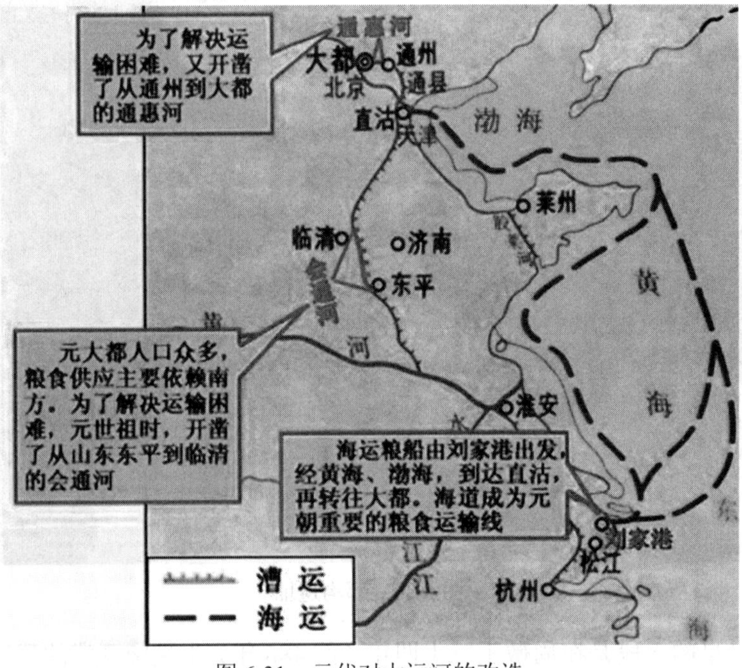

图 6-31　元代对大运河的改造

京杭大运河由不同朝代分段挖掘连接而成，每段都有自己的名称：天津至临清，叫南运河；临清至台儿庄，叫鲁运河；台儿庄到淮阴，叫中运河；淮阴到扬州段，叫里运河；镇江到杭州段，叫江南运河。

在大运河工程技术中蕴含有很多古人的智慧。例如白浮引水就是郭守敬的杰作。在至元十二年（1275 年），元朝廷开始修筑京杭大运河，但从大都到通州和从山东御河到汶河这两段没有现成水道可以利用，需要开挖新河。郭守敬奉命勘察了今山东西南的泗水、汶水、御河等主要河流，设计了京杭大运河山东段的河道线路，为运河的全面沟通奠定了基础。

虽然会通河开通，但是漕运货物只能抵达通州，从通州到大都还得靠陆路畜力拉送。这段旱路不仅效率低，而且耗费大。历代曾多次在这一地区兴办水运，都因地形西高东低、河道水量不足且含沙量大，均告失败。至元二十八年（1291 年），郭守敬在认真总结前人经验教训的基础上，提出了开凿大都至通州运河的建议。他经过详细勘测，发现大都西北神山（今凤凰山）的白浮泉（今龙泉）水清量大，不必引用永定河的浑水；但是，大都与昌平之间有沙河和清河两条河谷低地，使泉水不能径直向东南引至大都。面对这种地形条件，郭守敬设计的渠线不是把白浮泉水直接引向东南，而是向西至西山麓，然后大体沿 50m 等高线南下，避开河谷低地，沿途拦截沙河、清河上源及两山诸泉，再向东南注入瓮山泊（今昆明湖），沿渠修筑堤堰——这就是白浮堰，往下再向东南流入高梁河，进大都城内的积水潭，以积水潭为停泊港，再经金代的闸河故道东流穿过通州城，到城南的高丽庄与大运河相接。这一工程不仅便利了漕运，而且还解决了大都城的洪水及其郊区的灌溉问题。工程完工时，恰逢元世祖忽必烈从上都返回大都，他当即给这段运河取名为“通惠河”（图 6-32）。

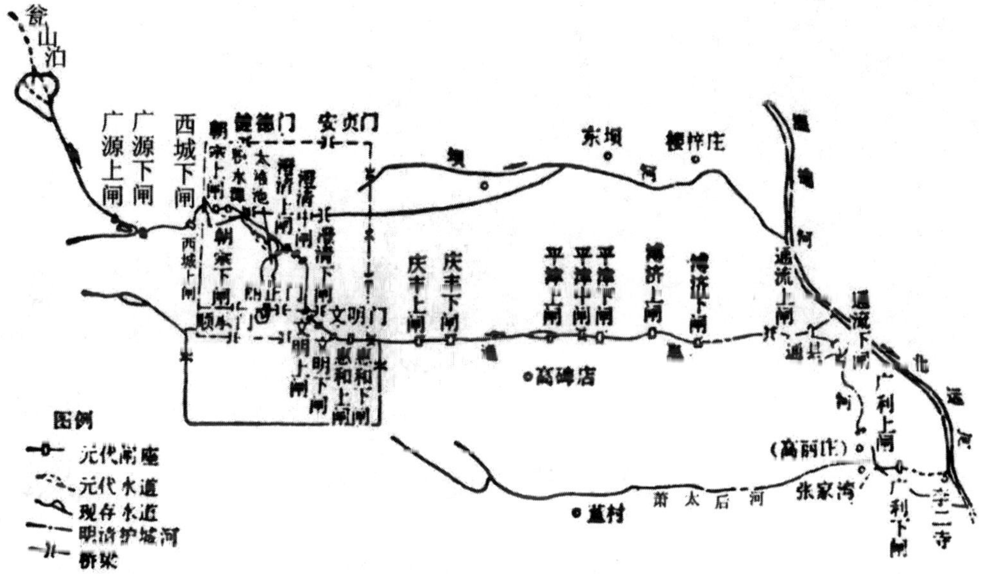

图 6-32　通惠河闸位置图

大运河将历代京都和最富庶的地区紧密地连接起来，对经济的发展、文化的交流、国家的统一，发挥了巨大的作用。大运河不仅促进了商品贸易的繁荣，还潜移默化地改变了沿河两岸的风俗民情。《马可·波罗游记》（图 6-33）记载：“元代银锭桥、烟袋斜街一带，最盛时，积水潭舳舻蔽水，盛况空前。”大运河两岸的锦绣繁华加上温润灵动的河水吸引得无数文人墨客慕名前往（图 6-34）。他们在流连忘返当中，留下了大量与大运河有关的诗词歌赋。例如清朝的乾隆皇帝一句“运河转漕达都京，策马春风堤上行”道不尽对大运河的惊叹之情。

图 6-33　马可·波罗

图 6-34　《姑苏繁华图》

堤防工程

第三节　堤防工程

在远古时代，人们虽然近水而居，但为了能躲避洪水，只能是选择高处居住。后来随着人口增长、土地开发，人们开始小规模修筑堤埂、抵御洪水，这就是原始形态的堤防工程。

到了西周时期，堤防工程出现在古籍当中。当时有一个故事，讲的是召公规劝周厉王实行开明政治，要允许老百姓发表意见，说如果压制老百姓讲话，那就像堤防洪水一样，“防民之口，甚于防川，川壅而溃，伤人必多”。这句后来被收录在《国语》中的名言激励着一代代封建统治者。

到了春秋战国时期，各诸侯国在黄河、淮河流域都有堤防兴建。相传在春秋五霸之首的齐桓公称霸期间，楚国侵犯宋国和郑国，并且在睢水上修筑拦河坝，导致上游泛滥。身为霸主的齐桓公于是出兵干涉，拆除拦河坝，并胁迫楚国签订和约，其中就有“毋曲堤”的条款，意思就是不允许修建危害别国的堤防。

自堤防诞生以来，历代兴筑不断，规模也是越来越大，几乎遍及全国主要江河水系。并逐渐形成了黄河大堤（图 6-35）、长江大堤、淮河大堤、永定河大堤等堤防工程。

图 6-35 黄河大堤俯瞰图

一、黄河大堤

在各大江河堤防工程当中，尤以黄河流域堤防发展最早，堤防规模最大，堤防系统也最为完整。

黄河下游平原，流域面积大约 25 万 km^2。这个广大平原是由于黄河泥沙淤积形成的，所以也属于冲积平原。由于黄河泥沙多，河床淤高，以至于洪水高出两旁田地数十公尺，黄河的河道也成了南北的分水岭。在郑州以东，除了东平、平阴山地有河流流入黄河之外，没有其他支流。黄河以北的水都是通过流入卫河、徒骇河等河流入海，黄河以南的水都是通过颍河、涡水、泗水等河流汇入淮河后入海。也就是说，黄河以北的地面坡度是从黄河向东北逐渐下趋，黄河以南的地面坡度是从黄河向东南逐渐下趋。这说明黄河一旦决口，就有改道的危险。向北决口可能会侵卫河到天津入海，南决可能会夺淮河入长江。在过去 3000 多年时间里，黄河泛滥、决口多达 1500 多次，光大规模的改道就有 26 次，其中有 6 次规模最大。对下游平原的百姓造成了严重威胁。

所以从远古时代大禹的父亲——鲧障洪水以来，历代在治黄过程中不断完善黄河堤防体系。在春秋战国时期，尽管诸侯国各自为政导致堤防工程颇不合理，但还是为黄河下游堤防系统打下了基础。秦始皇统一中国后，开始“决通川防，夷去险阻”，对不合理的堤防进行调整。汉代又进一步加强了堤防工程，把许多河段修成了坚固的石工，被称为“金堤”。特别是汉武帝在位期间，黄河在瓠子（今河南濮阳西南）决口。为了堵口，汉武帝是亲临黄河堵口现场，沉白马、玉璧以示决心。最终在官民合力之下，洪水被制服了。为了纪念这次堵口成功，汉武帝（图 6-36）创作了《瓠子歌》两首，表达了自己的激动之情。司马迁也是在亲历了瓠子决口、堵口后，被壮观的场景和汉武帝的《瓠子歌》所感动，才发出了“甚哉，水之为利害也”的感慨。

图 6-44　1998 年抗洪抢险

当然，由于千百年来荆江大堤附近洪灾频发，为保平安，也逐渐产生了一系列信仰崇拜文化。每年的农历三月三，是传说当中龙王爷的生日，这对于生活在荆江边的人来说可是件大事情。因为每年这个时候人们都要祭祀龙王，祈求风调雨顺。在祭祀活动中，人们会请来道士诵读祭文，朝着长江拜三拜，然后点燃祭文抛向江中。他身旁的百姓，赶紧把事先准备好的鳝鱼、泥鳅抛到江中放生，还有人会把衣服也抛入江中。为什么要往江里面抛衣物呢？实际上，这些衣服都是家里面小孩子不穿了的，抛入江中是为了告诉龙王爷，穿这衣服的孩子就当您已经收了，以后他们再到江边玩水，就请保佑孩子们平安。

在灾害频发的年景里，百姓们也因为洪水肆虐而祈求神灵能够镇锁江流、降伏洪魔。现如今，在荆江大堤上还保留着几具造型独特的大铁牛。这些大铁牛便是荆江大堤上著名的镇江铁牛。清乾隆五十三年（1788 年），与沙市一街相连的荆州被淹。洪水退后，乾隆皇帝特下旨铸铁牛九头。之所以用铁牛镇守，据《荆州万城堤志》记载：清乾隆五十三年十一月，上谕："向来沿河险要之区，多有制造铁牛安置水滨者。盖因蛟龙畏铁，又牛属土，土能制水，是以铁牛肖形，用示置铁"。随后湖广总督毕沅奉旨铸造镇水铁牛九具，分别置于万城、中方城、上渔埠头、李家埠、中独阳、杨林矶、御路口、黑窑厂、观音矶等九处险要堤段。道光二十五年（1845 年），又铸铁牛一具置于李家埠堤上。到了咸丰九年（1859 年），荆州知府唐际盛又铸造铁牛一具，放置在江陵郝穴上。现如今毕沅所铸铁牛均已不存在，唯道光和咸丰年间所铸铁牛尚存，即今天的李家埠铁牛和郝穴铁牛（图 6-45）。

其中，郝穴铁牛因所处地段原为镇安寺湾，故又名镇安寺铁牛，为荆州知府唐际盛所铸。其形状为独角兽形，前立后蹲，高踞堤岸，俯视长江，身长 3m，高 1.8m，外实内空，重约 2t。牛背有铭文 126 字（图 6-46）："嶙嶙峋峋，其德贞纯；吐秀孕宝，守捍江滨；骇浪不作，怪族胥驯；医千秋万代兮，福我下民。"

图 6-45 郝穴铁牛

图 6-46 郝穴铁牛背上铭文

在荆州南门外西侧城墙脚下，有一处长 35m、宽 22m 的土堆。这个土堆被当地人称为“息壤”，上有四个石柱作为保护标志，相传是大禹埋工具的地方。当年大禹治水，自长江上游一路来到江汉，引水入江，导江入海，使江汉地区一片汪洋变为良田绿洲。当他来到荆州的时候，发现有一处水穴往外冒水，而日日夜不停。这水穴连着长江，如果不把穴口及时堵塞，江汉的良田绿洲又会变成一片汪洋，治水之功弃于一旦。于是大禹毅然将治水工具投入穴中，封土盖严，穴水即止。

在《山海经》中就有“禹以息壤堙洪水”的记载。《玉堂闲话》关于息壤的记载更为详细。指出：“江陵南门之外雍门之内城垣下，有小室一所，高尺许。询其州人，曰：‘此息壤也，禹堙洪水，兹有海眼泛溢。无恒，禹镌石造龙宫填于穴中，以塞水眼。’”息壤，意即长生不息的土壤。明代陈士元所著《江汉丛谈》称：“息者生也，言土壤生长不已也。”据说在清康熙年间，天旱求雨，当地人试图挖息壤，结果“其夜大雨不止，历四十余日。大江泛溢，遂决万城，几陷荆州”。

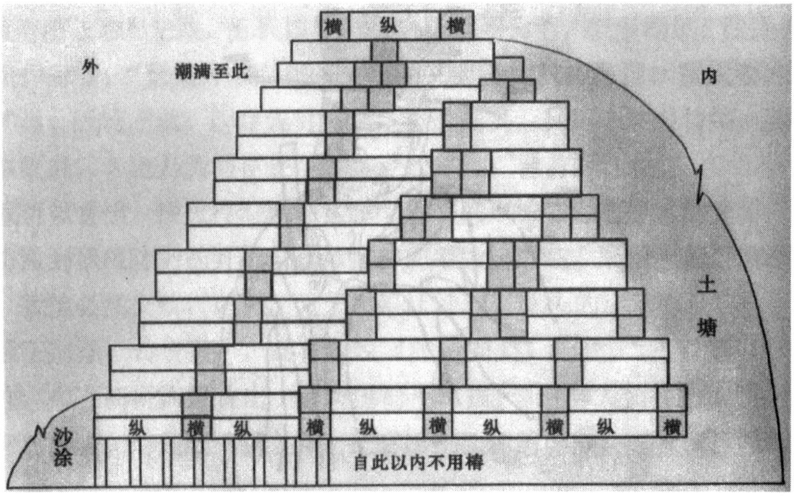

图 6-52　五纵五横鳞塘

在明代，对于海塘修筑的方法是多有改进，从洪武的外纵内横，到黄光升的五纵五横，逐渐完备起来。以后筑塘时不仅考虑到当地的土质，而且还考虑到当地的潮势。这样对于海塘的格式就能根据不同地点、不同条件而灵活运用了。

到了清代，浙江海塘经明代海盐修建纵横叠置石塘以后，积累了大量经验，为后来海宁沿岸大修石塘创造了条件。不过清代海宁、仁和鱼鳞塘的兴建，并不是始于清代初期，而是在康熙五十九年（1720 年），而这一年正是南大门封闭的一年。

由于清代的塘工面临着最艰巨的一段，所以采用的工程措施就应是以更为坚固的建筑来防护海岸。因此清初的施工人员，一方面吸取了明代的筑塘经验，另一方面也锐意创造了新的方法。一方面注意了防水，另一方面也开始针对水流改变它的流势，另外也对河线进行改造。在海塘工程中，出现了最坚固的鱼鳞塘、石坦水的建筑工程，还出现了挑引水溜的石坝工程，以及改造河线的引河切沙工程。虽然，后者没有能够长久维持，但是通过中小门切沙所取得的资料仍然是非常可贵的。

清代在海宁、仁和间海塘塘身的建筑规格，主要为鱼鳞大石塘。暂时性建筑有抢修石塘在鱼鳞塘主体工程未完成以前修建之碎石护坡土塘、柴塘，不是顶冲之地的缓修塘等。除塘身之外，又于塘脚修坦水工程，使粉沙不致直接受到海潮冲刷，而在塘内又帮修土戗，防止海水入渗。鱼鳞大石塘是我国塘工中的重型海塘。每一丈海塘上，所用石料达 17.5m^3，重达 47t 以上，且石料都为条石。它在明代纵横叠砌之法基础上，吸收了康熙四十年江塘工程中油灰抿嵌石缝、铁锔连扣块石的方法，使得小石连成大石，整个海塘石方连成整体，从而成为我国最坚固的海塘。

鱼鳞塘的修建，起始于康熙，考验于雍正，而大规模之兴修则在乾隆年间（图 6-53）。康熙五十九年，始建鱼鳞塘五百丈。乾隆年间的第一次大规模修筑，全长六千九十七丈八寸；第二次大规模修筑，全长三千九百四十丈；第三次大规模修筑全长二千一百二十丈。改造的鱼鳞石塘，在乾隆朝总共六百四十一丈一尺九寸。从康熙到乾隆年间，在杭州到海宁之间，总共修建了一万三千三百多丈的鱼鳞石塘。

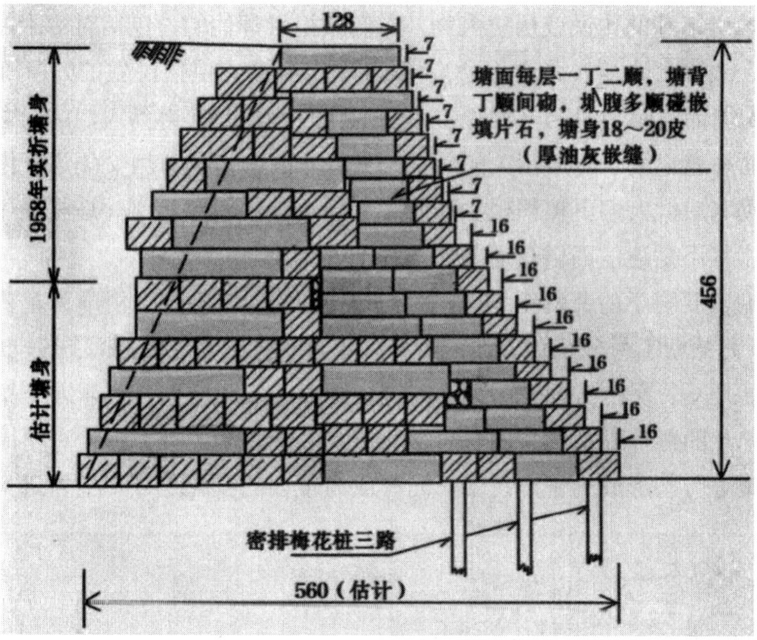

（单位：尺）

图 6-53　清代鱼鳞塘

有清一代，浙江海塘修筑的重点是在仁和、海宁。而仁和、海宁海塘，基本完成于康熙、雍正、乾隆三朝。自从鱼鳞石塘的体系完成之后，仁和、海宁一带少有海患。有时也受到风潮冲击，造成局部塘身倾圮，或坦水的坍卸。除少数几次外，一般都不太严重。到了清后期，因外患频发、国库空虚，已无力对海塘修筑投以资金支持，以致若干地段险象环生。所幸鱼鳞塘一般都较坚固，未酿大患。

钱塘江古海塘的形成持续时间较长，钱塘江河口两岸人民在建设海塘、经营海塘的过程中也创造了丰富的文化遗产，产生了丰厚的文化积淀。综合起来，钱江海塘具有文学、民俗、科技、生态等诸多文化价值，其价值综合，影响巨大。

在文学遗产价值方面，钱塘江河口涌潮汹涌澎湃，蔚为壮观。唐宋以来，无数文人墨客留下了大量吟咏自然风光、描述水旱灾难、歌颂治理开发建设成就的文学作品。其中有不少与古海塘有关，题材有诗、词、曲、赋、游记等。

千年海塘在发展过程中，围绕海塘本身，进而影响到沿线地域，孕育了丰富多彩的民俗文化，主要表现在传说故事、崇拜祭祀、生产习俗、禁忌风俗、特色物产、地名印证等方面。这些文化内涵是重要的海塘遗产组成部分。

钱塘江海塘一线为河口地区，北为太湖平原一部，南为宁绍平原，为典型江南水网地区。历史上，治水减患、改造田地、兴修水利、发展交通向来都是要事。由此，产生大量与水有关的故事传说等，宁绍地区尤其是萧山地区的水神故事充满乡间。而为除海患兴建海塘、镇压钱塘江潮，同样伴生大量故事传说。这些故事传说，一方面反映了历史上人们的治水愿望，另一方面反映了人们对治水镇潮历史人物的怀念，还有就是通过这些传说，无疑也记录了海塘发展的过程演变，因此，具有较高的遗产价值。

为纪念治水镇潮的传说或历史人物，人们祭祀崇拜他们，包括对治水的大禹等，镇潮的伍子胥、钱镠、张夏（张老相公），以及安定海潮、保佑民生的妈祖等。此外，为修筑、管理海塘而贡献力量乃至牺牲生命的历代人物，同样得到人们的纪念。这些祭祀崇拜，一方面补充记载了海塘相关的历史，另一方面丰富了海塘文化遗产内涵。更重要的是，其激励着后世人们更加积极主动而又科学合理地管治钱潮、造福民生。因此，海塘相关祭祀崇拜不是迷信旧俗，而是历史遗产。

修筑海塘需要科学的劳动组织，在劳作过程中，塘工生产习俗成为重要的历史陈迹和遗产内涵。海盐塘工号子是这方面的重要代表，一方面其内涵包括了劳动的组织程序，记载了建塘的历史；另一方面，唱词、腔调、旋律等成为文学、音乐乃至舞蹈的组成表现，其完整记录的影片更是优秀的综合文化产品。除建塘之外，围绕海塘周边海洋产业的晒盐、捕鱼等劳动形成的生产习俗，同样成为重要的文化遗产，值得进一步整理、挖掘和提升。

调水工程

第四节　调水工程

调水是解决水资源时空分布不均的最重要且最有效的方式。所谓调水工程，是指满足供水、灌溉、生态需水等需求所兴建的跨流域、跨区域的水资源配置工程。中国是世界上建设调水工程最早的国家之一，像前面讲到的都江堰、坎儿井都具有调水的功能。中华人民共和国成立后，一批调水量大、调水距离长的调水工程相继开工建设，如红旗渠和南水北调工程。

一、红旗渠

红旗渠修建在河南林县，现在叫林州市。林县坐落在太行山区河南、山西、河北三省交界处。虽然有一条漳河流过，但是因为崇山阻隔，就是引不来水。所以在历史上这里严重干旱缺水。据史料记载，从明朝正统元年（1436 年）到中华人民共和国成立的 514 年中，林县共发生自然灾害 100 多次，大旱绝收 30 多次。有时大旱连年，河干井涸（图 6-54），庄稼颗粒无收。甚至干旱严重到人吃人的境地。所以“水缺贵如油，十年九不收”，这是旧林县的真实写照。

从林县 1944 年 10 月全境解放直至 50 年代末，中共林县县委先后领导群众进行了大规模的水利建设，取得了显著成就。但由于缺乏足够的水源，缺水的问题仍未能彻底解决。于是人们把寻水的目光移向了浊漳河水。

20 世纪 60 年代，林县人民开始修建红旗渠，想把漳河水从山西境内沿着太行山给引过来。1960 年 2 月 11 日是农历正月十五，3.7 万名林县民工浩浩荡荡地从全县 15 个公社同时出发（图 6-55）。他们扛着工具，挑着行李，推着小推车，赶着马车，向着晋、冀、豫三省交界的浊漳河汇集，向着太行山开战了。

图 6-54　林县枯水井

图 6-55　修渠大军

红旗渠从开始修建的那一天起，就决定了它是一场艰苦卓绝的奋战。当时，全国正处在三年经济困难时期，林县人民却要白手起家、自力更生、艰苦创业，在没有任何机械设备、每天口粮很少的情况下苦战。缺少资金，林县人民就投工折款，出工按受益面积分配，群众自带工具、自带口粮，不足部分从生产队储备粮中补助，节约每一分钱。没有物资，林县的“土专家”就用土法，自己研制炸药（图 6-56），烧制石灰（图 6-57），生产水泥（图 6-58）。没有房屋住宿，民工们就住山崖（图 6-59）、石庵、石洞（图 6-60）、打土窑、搭席棚、风餐露宿。由于这项工程前所未有，没有参考资料，林县的技术人员就跋山涉水，不畏严寒酷暑，进行实地勘测，设计图纸。

图 6-56　自制炸药

图 6-57　自制石灰

图 6-58　自制水泥

图 6-59　住山崖

图 6-60　住石洞

在红旗渠修建的过程中，林县人民劈山挖渠、开洞架槽，处处体现着团结协作、无私奉献的精神。渠首大坝截流时，民工们奋不顾身，跳入冰冷的河水中，筑成“人墙”抗拒激流，从而使截流成功（图 6-61）；大战鹦鹉崖时，总指挥部根据勘测情况，决定组织 15 个公社大会战，由 5000 余名热血青年组成攻坚大军，在 3000m 长的鹦鹉崖工段，硬是用钢钎、铁锤打出了几百个炮眼；青年洞是红旗渠的咽喉工程，红旗渠要从陡峭如削的狼牙山悬崖绝壁上穿过，必须凿通一条长达 600 多米的隧洞。坚硬如钢的石英砂石，

壁的方法。在总干渠跨越浊河的地方，他昼夜思考，虚心拜访附近山村老人，全面掌握河道地质基础和水文资料后，和其他工程技术人员一起研究，科学地设计出“空心坝”，让渠水从坝心通过，河水从坝顶溢流，解决了渠水与河水交叉的矛盾。

1960 年 2 月，红旗渠工程动工后，吴祖太担任工程股副股长，负责工程设计。他既要依据勘测实况，绘制每项工程设计图纸，还要考虑每个工段施工的安全措施，工作十分忙碌，但他不叫一声苦。他没日没夜地在工地上奔波，恨不得能生出三头六臂。有一天他跑到盘阳村南边的凤凰山工地，发现已经挖了五六天的渠道，竟不是测定的渠线，自己感到非常内疚，及时讲明情况，予以纠正。这件事给他的教训，深深地刻在他的心里。

在红旗渠施工过程中，他发现王家庄隧洞有几处裂缝，当即和民工研究防险办法。为保证施工安全，他把原设计的“单孔洞”改为“双孔洞”。这样既能缩小洞顶跨度，又能确保隧洞更加坚固。

被称为“飞虎神鹰”的任羊成（图 6-64），1958 年他响应县委“重新安排林县河山”的号召，和全村 90 多名社员奔赴南谷洞水库。在工地上哪里有艰险他就往哪里闯，什么活苦就拣什么干，并在工地加入了中国共产党。

图 6-64　任羊成

在施工过程中，要点放许多山炮，经常有松散石头掉下来，给在崖下修渠的民工带来很大危险。为了保证施工安全，领导决定成立除险队，任羊成第一个报名，被大家推选为除险队队长。从此，他终日带领队员们腰系大绳，飞崖下崭，凌空除险（图 6-65），扫除障碍，所以被群众称为“飞虎神鹰”。有一次，他爬上通天沟除险，失足掉在圪针丛里。当他挣扎着爬起来的时候，脊背上扎满了尖尖的枣刺儿，他忍着疼痛，又爬上山崖，继续坚持除险。晚上，房东老大娘和儿媳妇给他挑刺，连续挑了一个钟头，圪针挑了一手窝，他却一声不吭。又一次，在虎口崖除险，当快要扑进凹檐里的时候，不巧檐顶掉下块石头，砸在他的嘴上，三颗牙齿横在嘴里，一阵钻心的疼痛，鲜血顺着嘴角流下来。他拔掉牙齿，忍着剧痛，一直坚持到完成任务，才从崖崭下来。第二天，他戴着口罩，背上大绳又上山继续除险。就这样，他长年累月在山崖间飞来荡去，腰部被绳子勒出一圈血痕，经常是血肉模糊地粘在身上，连衣服都脱不下来。他这种不顾个人安危的奉献精神，一直被大家称颂。1965 年和 1966 年，总干渠和三条干渠竣工通水典礼时，他被评为红旗渠模范和特等模范。

图 6-65 凌空除险

尽管修建艰辛，但红旗渠建成后给林县人民带来了巨大的经济效益。同时，红旗渠精神也成为一笔珍贵的文化财富。

中华人民共和国成立以后，很多大型水利工程都是国家投资，但是在红旗渠建设过程中，国家投资很少，主要是依靠集体经济力量，通过自力更生创造了这样伟大的奇迹。林县人民不等、不靠，只抱定一个坚定志向，那就是“苦干一辈子，给后代创造幸福”。这体现了中华民族艰苦创业的勇气和智慧，以及新时代劳动人民主动创造历史的主人翁精神。周恩来总理称赞红旗渠是“人工天河”，认为它和南京长江大桥同为新中国社会主义建设成就的杰出代表。2006 年，红旗渠作为当代水工程，被列入全国重点文物保护单位，足以证明它的重要文化价值。

红旗渠精神是民族精神的丰碑。当年红旗渠的建设者把红旗渠精神总结为四句话：“为了人民，依靠人民；敢想敢干，实事求是；自力更生，艰苦创业；团结协作，无私奉献”。党和国家领导人称赞红旗渠精神体现的是“中华魂，民族魂”。在精神价值上，红旗渠不仅属于林州一地，更属于新中国全体人民。红旗渠精神培育和鼓舞了一代又一代创业者。每年有数十万人到红旗渠参观、旅游，他们从工程的伟大气概和豪迈精神中受到鼓舞和振奋。红旗渠的建设，体现了为民造福、带领人民创造新生活的执政理念；体现了建设者既满怀雄心壮志，又尊重科学的精神。红旗渠表明，中国人民不愧为伟大的人民，拥有豪迈的意志和无限的创造力。红旗渠蕴涵的中华魂、民族魂，在实现民族复兴的宏伟大业中是一座永恒的精神丰碑。

红旗渠精神虽然形成于 20 世纪 60 年代，但是现在已经积淀为一种文化传统，培养了一代又一代红旗渠儿女。当年的林县人民是“千军万马战太行”。改革开放以后，他们是“十万大军出太行”，凭借着精湛的建筑工艺和认真负责的精神，他们在全国各地甚至是海外承包建筑工程，使现在的林州成为了负有盛名的工匠之乡，创造了良好的经济效益，促进了林州的第二次腾飞。到 21 世纪初，林州人民又开始“千军万马美太行”，投身绿化、水土保持、节水、蓄水，发展生态农业和旅游。当年的红旗渠精神已经成为一种文化传统，由一代又一代林县儿女来发扬光大。

二、南水北调工程

南水北调工程是缓解我国北方水资源严重短缺局面的重大战略性基础设施，它是目前世界上规模最大的调水工程，是我国继三峡工程之后的又一个重大的建设项目。可以说，南水北调对中国社会的进步和可持续经济发展有非常重要的意义。南水北调是一项极其浩大的工程，它的建设对我国合理地配置水资源，提高水资源的综合利用率，增强环境的保护意识和提高社会的公益责任等各个方面，都提出了更高的要求。

早在中华人民共和国成立之初，毛泽东主席就提出了南水北借的宏伟设想。自此，在中国历史上拉开了南水北调工程的规划研究序幕。经过近 50 年的勘测、规划和研究，我们的规划设计人员在对比分析 50 多种规划方案的基础上，分别在长江下游、中游和上游规划了 3 个调水区，形成了南水北调工程的东线、中线和西线调水路线，并获得了一大批富有价值的成果。通过这 3 条调水线路与长江、黄河、淮河和海河四大江河的联系，构成我国中部地区水资源“四横三纵、南北调配、东西互济”的总体格局。

南水北调工程主要解决我国北方地区，尤其是黄淮海流域的水资源短缺问题。规划区涉及人口 4.38 亿，东、中、西三路干线总长度达 4350km。经论证，规划到 2050 年，南水北调东线、中线和西线工程多年平均调水规模分别为 148 亿 m^3、130 亿 m^3 和 170 亿 m^3，合计为 448 亿 m^3。

其中，东线从长江下游扬州附近抽引长江水，利用和扩建京杭大运河逐级提水北送，经洪泽湖、骆马湖、南四湖和东平湖，在位山附近穿过黄河后可自流，经位临运河、南运河到天津。东线解决了中国华北地区的水资源匮乏问题，具体分为：苏北除里下河腹部及其以东和北部高地外的淮河下游平原；安徽省蚌埠以下淮河两岸、淮北市以东的新汴河两岸及天长县部分地区；山东省的南四湖周边、韩庄运河和梁济运河侧、胶东地区部分城市及鲁北非引黄灌区；河北黑龙港运东地区；天津市及近郊区。东线工程的供水范围涉及苏、皖、鲁、冀、津五省（市）。目的是缓解苏、皖、鲁、冀、津等五个省（市）水资源短缺的状况，并兼有航运、防洪、除涝等综合利用效益。

中线从汉江丹江口水库引水，输水总干渠自陶岔渠首闸起，沿伏牛山和太行山山前平原，京广铁路西侧，跨江、淮、黄、海四大流域，自流输水到北京、天津，输水总干渠长 1246km，天津干渠长 144km。中线工程的供水范围涉及北京、天津、华北平原及沿线湖北、河南两省部分地区，主要任务是城市生活和工业供水，兼顾农业及其他用水。输水总干渠不结合通航。

西线包括雅砻江、通天河、大渡河三条引水线。西线调水工程从长江上游干支流调水入黄河上游。引水工程拟定在通天河、雅砻江、大渡河上游筑坝建库，采用引水隧洞穿过长江与黄河的分水岭巴颜喀拉山入黄河。西线工程的供水范围包括青海、甘肃、宁夏、内蒙古、陕西和山西六省（区），主要任务是补充黄河水资源的不足和解决西北地区、华北西部地区工农牧业生产和城乡人畜用水的问题，必要时也可向黄河下游补水。

南水北调工程是中华民族集体智慧的结晶，是造福人民的综合性生态工程。它极大地提高了沿线区域的水资源与水环境承载能力，向沿线100多个城市供水，同时把城市挤占的一部分农业用水和生态用水返还给农业和生态。从某种意义上讲，这就是工业反哺农业、城市反哺农村，是科学发展观在水资源安全方面的生动体现。

南水北调，把长江流域充沛的水资源调剂到北方，缓解北方地区水资源短缺和生态环境恶化状况，不仅是国家为统筹区域与经济社会发展、人与自然和谐发展做出的重大战略决策，也是人水和谐的最完美体现。

从战略决策文化上看，南水北调工程可以说是一大创新。1952年10月30日，毛泽东主席视察黄河，在听取黄河水利委员会主任王化云关于引江济黄设想的汇报后，说："南方水多，北方水少，如有可能，借点水来也是可以的。"由此第一次提出南水北调的宏伟设想。1953年2月，毛泽东从武汉至南京视察。19日，在听取长江水利委员会主任林一山汇报长江治理工作时，毛泽东又提出：南方水多，北方水少，能不能从南方借点水给北方？毛泽东还用铅笔指向地图，最后指向汉江和丹江口，每一处都问到引水的可能性。毛泽东指示要对汉江引水方案作进一步的研究，要组织人员查勘，一有资料就立即给他写信。22日，毛泽东对林一山说："三峡问题暂时还不考虑开工，但南水北调工作要抓紧。"①

1958年3月，毛泽东在成都召开的中央政治局扩大会议上再次提出引江、引汉济黄和引黄济卫的构想，即"打开通天河、白龙江与洮河，借长江济黄。丹江口引汉济黄，引黄济卫，同北京连接起来。"周恩来总理本着务虚与务实、理想与现实、目标与步骤、远景与近期、战略与战术相结合的精神，具体进行了讨论与部署。同年8月，中共中央在北戴河召开的政治局扩大会议上，周恩来在北戴河会议上部署说："江水北调有四条线路，长江上中下游都可以设想，要搞一个全面规划。"②会议通过并发出《关于水利工作的指示》，明确指出："全国范围的较长远的水利规划，首先是以南水（主要指长江水系）北调为主要目的，即将江、淮、河、汉、海各流域联系为统一的水利系统规划。"这是"南水北调"一词第一次见诸中央正式文献。1958年到1960年3年中，中央先后4次召开全国性的南水北调会议，制订了1960年至1963年间南水北调工作计划，提出在3年内完成南水北调初步规划要点报告的目标。

改革开放后，面对我国北方地区日益严峻的水资源短缺局面，党中央、国务院站在

---

① 杨树清：《论南水北调由来、发展和优化》，2004年1月28日，http://www.paper.edu.cn/releasepaper/content/200401-82。

② 宋孝忠：《南水北调：新世纪水利史上的新篇章》，《华北水利水电大学学报（社会科学版）》2004年第1期。

历史发展的潮头，从全局和战略高度继续论证南水北调工程。1979 年 12 月，水利部正式成立部属的南水北调规划办公室，统筹领导协调全国的南水北调工作。1991 年 3 月召开的七届全国人大四次会议通过《国民经济和社会发展十年规划和第八个五年计划纲要》，明确提出"'八五'期间要开工建设南水北调工程"。1999 年 6 月，江泽民总书记在黄河治理开发工作座谈会的讲话中指出："为从根本上缓解我国北方地区严重缺水的局面，兴建南水北调工程是必要的，要在科学选比、周密计划的基础上抓紧制定合理的切实可行的方案。"[①]

由此看出，总体规划以及总体可行性研究报告的审定，工程建设领导机构的组建、资金的筹措等，都是逐步议定批复的。每一项工作都要经过很多环节，经过多部门、多省市的协调，所有这些工作如果没有中央领导同志的支持，是很难推进的。

水利工程移民是世界性难题，具有被动性、时限性、区域性、补偿性等特征。在中国过去几个重大水利工程移民当中，三峡工程农村移民 37 万人，搬迁用了 17 年；小浪底工程移民 14.6 万人，用 11 年时间完成搬迁。国务院南水北调工程建设委员会确定了丹江口库区移民约 33 万人（其中河南省移民 16.2 万人，湖北省移民 18.1 万人）"四年任务、两年基本完成"的决策。由原计划的 2013 年提前到 2011 年完成，使得移民工作具有较大的难度（图 6-66）。

图 6-66 南水北调移民

南水北调工程移民精神中首先体现的是移民干部、群众顾全大局、舍家为国的爱国主义精神以及持续提升的自力更生、敢于担当的牺牲奉献精神。南水北调宣传中心职工胡敏锐认为"爱国"是移民精神的核心，奉献是移民精神的根本[②]。《光明日报》副总编辑李春林则认为，以爱国主义为核心的民族精神是"淅川移民精神"产生形成的心理基础[③]。

① 《江泽民文选》第 2 卷，人民出版社，2006，第 355 页。

② 胡敏锐：《建设和谐社会的生动体现——关于南水北调丹江口库区移民精神的思考》，载程殿龙主编《南水北调精神大家谈》，中国水利水电出版社，2013，第 59-61 页。

③ 刘先琴、周晓菲：《专家淅川研讨"移民精神"》，《光明日报》2013 年 12 月 25 日。

“故乡难离，故土难弃”。何谓家乡？有乡才有家，才有可耕的田地，可帮衬的亲人，可祭拜的先祖，可听懂的乡音。那随水而逝的，是千万个移民的灵魂！故乡和土地，对于有深厚泥土情怀的人们是心中永远难以割舍的眷恋，家又是何等的重要。因为搬迁，移民失去了原有的房屋和土地等财产，这些可以在短时期内恢复，甚至比以前更好。但搬迁打破了他们的社会网络和地缘亲情，这种无形资产和情感却是难以用数字来衡量，难以用金钱来补偿的。在五十多年前，丹江口库区广大移民就已经以国家利益为重，舍小家，为大家，离别家园，做出了无私的奉献与牺牲。然而在五十多年后的今天，移民大爷的一句“北方人渴了，不搬不行！”其中虽有些许无奈，但亦有自豪，更是深情，那是对祖国、对北方人民的一份真情和大义。淅川县 91 岁的老人为了“解北京之渴”，拉着棺材搬迁，“北京人能喝上我们的丹江水，我心里就感到自豪。”淅川移民发自内心的话是无私大爱的体现，是淅川移民朴实善良真情实感的自然流露。

50 多年来，几代淅川移民在“国家需要”时，用自己的全部来报答祖国，这种精神力量是道德的力量。淅川县仓房镇沿江村村民何兆胜搬迁了半个世纪，23 岁那年（1958 年），由于丹江口水库开始修建，他远赴青海。几年后，因当地生存环境恶劣，一家人历尽艰辛回到淅川；1964 年 11 月，丹江口一期工程复工，他在 30 岁那年（1966 年 3 月 8 日）带着父母、妻子和三个孩子共 7 口人再次离开故乡，迁入湖北荆门十里铺公社黎明大队 14 生产队，住进了土坯垒墙、茅草为顶的“统建房”。几年后，因为生活窘迫，何兆胜再次返乡。2010 年 6 月 26 日，在他 75 岁高龄之时，因南水北调第三次离开家乡，和镇上的几千名移民一起搬迁到 500km 外黄河以北太行山下的辉县常村镇沿江村。老人一生辗转三省四地，堪称新中国“移民标本”、丹江口库区移民的“活字典”。老人在家乡仅仅享受了一年多的小洋楼，就带着从故乡挖来的韭菜根搬迁到辉县，临走的时候只说了句“这儿就是座金山银山，国家需要，就得搬”。

香花镇号称淅川县的“香港”。生活在香花镇鱼关村 70 岁高龄的村民吴姣娥，当年是从湖北大柴湖逃难来的。这次大移民，她的 9 个孩子中有 6 个将分别迁往 3 个安置地。深明大义的老人忍住骨肉分离之痛，对孩子说：“北京能喝上咱家的水，也是咱的光荣，不要让国家作难了，走吧。”为了国家利益、为了重点工程建设，为了北方人喝上甘甜的长江水，在面临“小利”和“大义”的选择时，移民群众舍“利”取“义”，顾大体，识大局，默默地收拾家什，再次挥泪拆家园，迁祖坟，别亲友，带着无尽的乡愁离别故土。正是由于千千万万个何兆胜、吴姣娥的爱国奉献，才使这一世界性难题得到了顺利解决。

第七章　水与儒家思想

水不仅是生命之源、也是文明之源，更是哲学思想之源。中国古代的哲学家们对水总是有着浓厚的兴趣。他们认为，从水的各种现象中能够体悟出各种道理，并且适用于整个世界，所以在许多思想学派中都可以看到水的印记。可以这样说，水在中国古代哲学的形成和发展过程中起到了非常重要的作用。作为中国传统主流的儒家思想中就有许多与水有关的论述。

智者乐水

第一节　智者乐水

“智者乐水，仁者乐山。智者动，仁者静；智者乐，仁者寿。”（《论语·雍也》）这是孔子传之后世的两句名言。孔子（图 7-1）作为儒家学派的创始人，首先对水表现出来特别的喜爱。孔子认为人和自然是一体的，山和水的特点也反映在人的素质之中。在千变万化的大自然中，山是稳定的，可信赖的，它始终矗立不变，包容万物，是最可靠的支持；水则是多变的，具有不同的面貌，它没有像山那样固定、执着的形象，它柔和而又锋利，可以为善也可以为恶。智者常常能够明察事物的发展。“明事物之万化，亦与之万化”，而不固守一成不变的某种标准或规则，因此能破除愚昧和困危，取得成功；即使不能成功，也能随遇而安，寻求另外的发展，所以他们总是活跃的、乐观的。仁爱之人则和山一样平静，一样稳定，不被外在的事物所动摇。他们以爱待人、待物，像群山一样向万物张开双臂，站得高、看得远，宽容仁厚，不役于物，也不伤于物，不忧不惧，所以能够长寿。

图 7-1　孔子

荀子也许从“智者乐水”这句话当中得到启发，也讲道：“君子见大水必观焉。”（《荀子·宥坐》）。就是说君子见到大水一定要观看。孟子根据孔子讲的“智者动，仁者静”，进一步提出了“观水有术，必观其澜”（《孟子·尽心上》）的观点。他不仅讲君子要观水，而且要讲求方法，一定要观看水的波澜。

这三位先秦时期的儒家思想大家都将水与智者、君子相连，并屡屡提到观水，赋予水以人格精神和道德比附的含义，对后世产生了深远的影响。那么儒家为何这么喜欢水呢？

美国学者艾兰教授指出：“中国早期哲人总是对水沉思冥想。因为他们假定，由水的各种现象传达出来的规律原则亦适用于整个宇宙。”也就是说，先秦儒家乐水、崇水的根本缘由在于从水中悟道。那么水中又能包含着什么样的道呢？

一、天道

《论语·子罕》载：“子在川上曰（图 7-2）：逝者如斯夫！不舍昼夜。”他站在河边，告诉学生：逝去的时光就像这河水一样啊，日日夜夜不停地向前涌进，一直向前去，永不回头。从字面上来看，是孔子站在奔流不息的大河边，感慨事物的流逝变迁、光阴的易逝，生命的短暂。这种视光阴如流水的观点对后世影响很大，由此而生发出中国传统文学中的时光之叹。汉乐府《长歌行》中有这样的诗句：“百川东到海，何日复西归？少壮不努力，老大徒伤悲。”晋代陶渊明也有《惜时诗》：“盛年不重来，一日难再晨。及时当勉励，岁月不待人。”唐末王贞白在《白鹿洞》一诗中更有“一寸光阴一寸金”的妙喻。

图 7-2　子在川上曰

但更深刻的含义是孔子在悟道。水流不息，生命不止，万物的循环运行也永无停歇。荀子在《荀子·宥坐》中就讲，水“其洸洸乎不尽，似道”。水和道很相似，天道循环往复，永不停息，日月之行，寒暑往来，而水也川流不息，滋养万物，万物生长，生命不息，这就是天道的根本。君子就是要以此为效法，自强不息。南宋朱熹也提出：“天地之化，往者过，来者续，无一息之停，乃道体之本然也。”也就是说，川流不息的江水如同天道之象，周行而不殆，体现出了万事万物的自然规律。人们必须遵循这个规律才能立身处世，建功立业。这与《大学》中引用汤之盘铭说的“苟日新，日日新，又日新”是同一个道理。

二、君子之道

孟子根据孔子所讲的“智者动，仁者静”提出了“观水有术，必观其澜”的观点，这与孔子“智者乐水”之说是一脉相承的。智者乐水，尤其喜爱流动之水，只有从奔腾不息、波澜起伏之水中才更能透视出与“智者”相似的性情与品格，还可以从水的自然形态和功能中寻觅和挖掘出对人生、对社会的深切体验和认识。流水不注满坑坑洼洼不往前流；君子有志于行道，不经日积月累的学习修养不求仕进。学问和事业上求进取有如流水，也不仅仅是“不舍昼夜”而已，还要“满而后渐”。

孟子认为有源之水具有取之不尽、用之不竭的特点，从中体悟出君子必须立于儒家之道的根本，才能获得立身之本、处世之则。从流水的“不舍昼夜”“盈科而后进”的状态，体悟到君子修炼锻造自己道德学问的过程也必然如此，最终才能实现儒家要求的完美的君子人格。

荀子从水的观照中则洞见了儒者的圣人品质。《荀子·成相》载：“水至平，端不倾，心术如此象圣人。”他还通过水的特性来比喻君子的学习精神，这成为荀子在用水比喻方面的特有贡献：“冰，水为之，而寒于水。”又说：“不积细流，无以成江海。”（《荀子·劝学》）以水变冰更寒冷、以积细流终成江海的道理，来劝勉人们只有用锲而不舍的精神努力学习，才能不断丰富和提高自己的知识和才能。荀子的这两句名言已成为激励无数后人努力学习的座右铭。

三、人生之道

儒家喜欢观水、乐水，还喜爱山水的自然之美给人带来的愉悦精神享受，在忘情山水中追求人生之道。

在《论语·先进》篇中，孔子让学生们各自谈一下自己的理想和抱负。一个春光融融的上午，上完了课，弟子们纷纷离去。杏坛上，只有子路、冉有、公西华、曾皙几个还围坐在孔子身边。夫子兴致颇高，抛给弟子们一个问题：“你们说说各自将来的打算吧。”子路、冉有、公西华纷纷慷慨陈词，表达了自己“治国平天下”的理想。对于他们的志向，孔子未置可否，却把目光投向了正在鼓瑟的曾皙。曾皙不慌不忙地停下了弹奏，从从容容地答道：“暮春者，春服既成，冠者五六人，童子六七人，浴乎沂，风乎舞雩，咏而归。”孔子喟然叹曰：“吾与点也！”

曾皙说，我就希望暮春三月，穿上春衣，约上五六个成人、六七个小孩，在沂水里洗澡，在舞雩台上吹吹风，一路唱着歌回家。舞雩就是鲁国祈雨的坛。孔子听后，赞叹一声说：“我赞同曾点的主张呀！”

曾皙描绘了一幅在大自然里沐浴临风，一路酣歌的美丽动人的景象。在孔子看来，在沂水中沐身浴心，澄怀乐道，是人生不可或缺的乐事。他所生活的时代，礼崩乐坏，肉身受累，而内心也不免被俗务所缠。能在河边洗洗澡，在土台上吹吹风，逍遥自在的生活多么令人向往呀！同时，这样开阔明朗的境界，估计也是孔子一生憧憬的大同世界景象吧！

孔子一生以复兴周礼为己任。为了推行儒道，孔子率领众门徒周游列国，推广自己的政治主张，但所到之处常常遭到冷遇和奚落——“伐树于宋，削迹于卫，穷于商周，困于陈蔡，受屈于季氏，见辱于阳虎，戚戚然以至于死”。如此狼狈的人生遭际，终于让孔子喊出了“道不行，乘桴浮于海。从我者，其由与？”的巨大牢骚。桴的意思就是小木筏或者小竹筏。大道如果不能推行于天下，我不如乘坐竹筏子泛舟东海，去天涯海角做个隐士，大概只有仲由能跟随我吧？这里的仲由就是孔子的弟子子路。

但是孔子此言也只是感伤自己怀才不遇，并没有真的要退隐于海上。这牢骚不过是他老人家“干七十余君无所遇”的无奈与感慨，但却为后世仕途失意的士大夫们指出了一个慰藉心灵的路径，他们或归隐山林，忘情山水，或泛舟江湖，以寄余生。

智者乐水，仁者乐山，像山一样坚忍不拔，像水一样勇往直前。这就是一个崇高的人，一个有价值的人，一个快乐的人，一个长寿的人。直到现在，爱山、爱水、以山和水为自己人生的楷模，仍然是许多中国人的最高追求。

以水比德

第二节　以水比德

“比德”说，是先秦时期出现的人们对于自然景物的审美观点，注重强调把自然景物的特征与人的某些品德加以“比附”，认为自然景物之所以美，就在于它体现了人的某种精神品质之美，即人格之美。先秦儒家在观水悟道的同时，试图寻找水与人类道德精神的内在联系，尤为注重通过水的特性对人的道德品格的比附，并由此推衍出儒家立身处世的道理和准则，形成了“以水比德”的观念。

一、君子之德

孔子设教，不像官学和一般私塾那样，整天守着一堆简策。他常常以社会为课堂，把学生带到自然中，启发他们的心智。

有一次，孔子带学生到曲阜城外的泗水河畔踏青。泗水岸边，桃红柳绿，草色碧青，花香醉人，到处弥漫着生机。河中，桃花水涨，一切都让人沉醉。

只有孔子在奔流的泗水前驻足沉思着。子贡问他：“夫子，您为什么见大水必观呢？”

孔子让他把一众弟子都叫到身边，徐徐道来：“以其不息，且遍与诸生而不为也，夫水似乎德。”水就像君子一样，它不停地滋润，普遍地给予世间的各种生物，却完全不为自己，这是君子的德操。

“其流也，则卑下倨邑，必循其理，此似义。”它向低处流去，或直或弯，但总是遵循一定的规律，这是君子的道义。

抓住水向下的特性来说明人性是向善的论点，显现出孟子是一个辩者、智者的特有机智。孟子以水性比人性为其道德论提供了理论依据，说明了人生来就具有的善端——“恻隐之心”“羞恶之心”“辞让之心”“是非之心”，这就是仁、义、礼、智等道德品质的萌芽基础。孟子靠这个论据支持了自己的道德观点。

荀子是主张人性恶的，同样也用水性来比附，借以说明正因人性恶，所以必须要用礼仪来教化引导。荀子认为人心就像盆水一样，盆水放正，浊污自然沉淀在下，上面清澈之水就足以鉴人；如果摇晃振荡，把盆底的污浊搅动，上面的清水也会随之变得浑浊，也就不能进行鉴照了。同样的道理，人只要接受良好的教化导引，就会像“正错而勿动”的盆水一样，自然能够明辨事理，晓得是非大义。所以荀子就特别强调礼对人的约束和教化作用。

综上所述，以水比德既是先秦时期的审美观点，同时也成为儒家诸子来论述自己思想的重要形式；既是中国特有的水意象形态，也对后世儒生提出了道德参照，成为中国思想史中的宝贵财富，对中国政治、社会、文化等方面产生了深远的影响。

以水喻政

第三节　以水喻政

先秦儒家以孔子为发端的崇水思想，不仅仅论述君子之道，还常常被思想家和政治家用来附会自己的政治主张，形成了以水喻政的思想。

以水喻政最早见于召公谏周厉王弥谤的言论。召公说：“防民之口，甚于防川，川壅而溃，伤人必多，民亦如之。是故为川者，决之使导；为民者，宣之使言。”堵住人们的口，比堵塞河流还严重。河流被堵塞而决口，伤害的人一定多。百姓也如同河流。因此，治水的人要疏通河道，让水畅流；治民的人应开导他们，让他们畅所欲言。到先秦时期，以水论政更是诸子阐述自己思想观念的常用比喻方式，儒家的代表人物尤为注重以水喻政。纵观儒家的以水喻政思想，主要有下面几种形式。

一、君主关系与水

孔子、孟子、荀子一直都在强调“民本”思想，认为人民在君民关系中是基础，是国家能够发展的根本，帝王应该顺从民意，把人民的利益看作国家的根本利益，将人民作为自己的服务对象。因此，君民关系最具代表性的就是君舟民水的观点。纵观中国古代关于君民关系的论述，舟水论可以说是一个固定化、符号化的比喻。舟与水的关系恰如其分地反映了统治者和人民相互依存而又相互制约的关系。舟无水不能前进，这象征了统治者只有依靠人民才能坐稳江山，而水又可以将舟掀翻。统治者与人民之间相互制约的关系也恰恰如此，人民的力量如潮水一样能够推翻暴政，将统治者赶下台。

其实，舟水论早在战国时期已经出现在荀子的《王制篇》：“传曰：‘君者，舟也；庶人者，水也；水则载舟，水则覆舟。’”关于舟水论流传最广的莫过于唐太宗李世民与贤臣魏征之间的故事。贞观六年，唐太宗与诸臣讨论帝王兴衰之道，唐太宗就感慨地说，天子“有道则人推而为主，无道则人弃而不用”，真是令人害怕呀。这是得道多助失道寡助的历史之叹，说明唐太宗这个人很善于反思和总结。魏征就回答说：过去那些末代天子，都是居安忘危，安享太平而忽略矛盾动乱，所以才不能长久。如果您能够留心治国的方法，经常保持如临深渊、如履薄冰那样谨慎的姿态，国运自然会长久。我还听古人说过：“君，舟也；人，水也。水能载舟，亦能覆舟。”这段对话对唐太宗触动很大，他在很多地方引用告诫自己，几乎成为他自己的名言。他重视民力，收拢民心，最终开拓出一派盛唐气象。

二、施政思想与水

儒家利用水的自然性提出统治者要施“仁政”。“仁”是孔子政治思想的重要组成部分。子曰：“民之于仁也，甚于水火。水火，吾见蹈而死者矣，未见蹈仁而死者也。”他说，老百姓对于仁的需要比对水火的需要更迫切，水会淹死人，火会烧死人，但是没有见到一个人因为仁义而死掉。水与火满足的是人类最基本的物质生活需要，而仁却满足的是人类精神生活的需要。物质需要有时候还会伤及自身，而精神的不断追求会让一个人更加的丰满和完善，只能让一个人更好，而不会伤害他。至于说到“杀身成仁”，那也不是“仁”本身杀人，而为了“仁”而自愿献出自己的生命。这不能归罪于仁本身。所以，仁是人类真正需要的，是老百姓的精神支柱。

孟子将孔子的思想加以补充和发扬，提出了“仁政”。“水”在孟子的口中又摇身一变成为他阐发“仁政”思想的工具。孟子说提倡民本，得民心者得天下。孟子说：“民之归仁也，犹水就下，兽之走圹也。故为渊驱鱼者，獭也，为丛驱雀者，鹯也，为汤武驱民者桀与纣也。”（《孟子·离娄上》）就是说，民心归顺仁政，就好像水顺流而下，野兽自然向旷野奔跑一样，这个趋势是谁也阻挡不了的。不能像水獭和鹞鹰（这个鹯，是古代的一种猛禽，类似鹞鹰），水獭想捉鱼吃，却把鱼赶到深渊去了；鹞鹰想捉麻雀吃，却把麻雀赶到丛林中去了。桀纣想统治天下，却把民众驱赶到了商汤、周武那里。孟子这么做比就是借此警告统治者，只有施仁政于民众，以民众的利益为根本，才能使民众“犹水就下”一样，望仁德而归附。

同样，统治者施行“仁政”也应当有坚定的信心，“仁之胜不仁也，犹水之胜火”。孟子相信，天下归于“仁”是必然的趋势，就像水终究会扑灭烈火一样，“仁”最终是能战胜“不仁”的。

孟子还通过盛赞大禹治水为民除害造福的业绩、实行王道的功德来说明施行仁政的本质。孟子同时代有个水利专家白圭曾自负地对孟子讲过自己的治水功劳比大禹有过之而无不及：“丹之治水愈于禹。”丹是白圭的名，自称丹。他认为自己治水的本领比大禹还高。孟子指责他说，你错了，大禹治水，是按照水流的规律，由高到低，把洪水疏导大海中去，是以四海作为蓄水的沟壑。而您恰恰相反，是把邻国当作蓄水的沟壑。水一旦被堵得倒流，就会像洪水一样泛滥成灾。您这样做，是为有德性的人所反对、所痛恨的。孟子指出大禹治水是遵循治水之道，以天下为大局，忧恤天下民众，以百姓利益为先，体现的是仁德精神。而白圭这样以邻为壑、只顾自己不顾他人，不讲仁义道德的行为是自私冷漠、错误的。他说："禹思天下有溺者，犹己溺之。"（《孟子·离娄下》）大禹想到天下有遭水淹没的百姓，就像是自己使他们遭受淹没一般。大禹栉风沐雨、三过家门而不入，为治水披肝沥胆，一身伤痛却身先士卒，他的功劳不仅仅是治水，更为重要的是通过治水体现出来一种心忧民众、情系天下的仁德精神，而这正是孟子仁政思想的核心所在。

天人合一

第四节　天人合一

一、君主品行与水

在古代封建专制社会中，中央集权制度的强化致使历代君主处于至高无上的地位。一人掌管天下，其道德品行的好坏对于整个国家的政治环境也是非常关键的。因此，善于运用比喻的政治思想家和社会批评家的言词中自然少不了这方面的论述。

荀子说："君者仪也，民者景也，仪正而景正。君者盘也，民者水也，盘圆而水圆。君者盂也，盂方而水方。"荀子把君比作盛水的器皿，民比作水，统治者的德行好坏直接影响到民的行为。楚灵王好细腰，朝中的一班大臣，惟恐自己腰肥体胖，失去宠信，因而不敢多吃，每天都只吃一顿饭用来节制自己的腰身。每天起床后，整装时都先屏住呼吸，然后把腰带束紧，扶着墙壁站起来。等到第二年，满朝文武官员脸色都是黑黄黑黄的了。原清则流清，原浊则流浊。君主就像水的源头一样，上行下效，作为统治泱泱大国的君主，亿万人民敬仰的天子，理应正德修身仪表于天下，为百姓做出良好的表率作用，这样才能有利于国家的治理。

同时，一个有作为的君主必然要有高尚的品德，宽广的胸襟，能够体贤下士，兼容并包。荀子认为：江河的支流越多，水量就会越充足。统治者只有像江河之水有很多的源头那样听取各方面的意见，才能取长补短，上下一心治理好国家。统治者对待不同的人和事，还应该公平公正，"水至平，端不倾，心术如此象圣人"。水无论在怎样的器皿中都保持水平不向两边倾斜，作为统治者更应该如此，赏罚分明，不偏袒也不有意针对任何人，才能营造一个和谐的政治氛围。此外，作为国家的领导者，谦让之心也是不可缺少的。在历史上也常有过分自大而导致国破家亡的先例，所以统治者也应该从中吸取教训改善自己的态度，使人民服从于统治，国家长治久安。

二、神学政治与水

除了用水比喻君民关系，政治策略以及道德品行，水的神秘性和神圣性也为统治者和反对统治者的人们所利用。

每一次朝代的更替，其统治者都会被看作上天的意志。古代政治上有五德学说，它把传统的五行学说融入到了朝代更替的历史规律中，认为每一朝代都有着自己的“德属”，就像每个人都有自己的生肖属相一样，朝代的更替都遵循着五行相生相克的规律。五德学说产生于战国时期，秦始皇一统天下，急需一套理论来证明自己政权的合理合法，于是五德学说就走上了前台，被秦始皇广泛地、深入地宣传贯彻开去。秦始皇认为秦处于的位置是水德，周施行的是火德，秦灭周就像水灭火一样是顺应自然，臣民都要顺服他的统治。既然在水位，就要施行水德，“水主阴，阴刑杀”。因此，秦实行法治，严刑峻法，以合五德之数。水尚黑，官员都以黑为贵，计数全往六上靠，帽子要六寸高，出门要六匹马拉着，如果走路那就一步六尺。秦始皇用五德说，究其根源还是希望证明自己的权利是上天赋予的，希望被征服地区的百姓顺从统治、安居乐业。秦始皇也不承认五行的循环相克理论，宣称自己大秦就是五德最后一个，也是最终的一个，能传万世。

这种五德学说在汉代得到进一步完善。此后，历代朝廷都会找到自己相属的德运，为自己建立新的朝代穿上合法的外衣。

早期人们认为自然界和人世间的事物，都被超自然的神圣的“天”所支配。洪水、旱灾、冰雹、蝗虫、地震、山崩、瘟疫等自然灾害，都被看成人们特别是“天子”干了坏事，上天降下的惩罚，由此产生了天谴论。董仲舒在《春秋繁露》中结合天人合一思想对此进行了充分论述，他认为“国家将有失道之败，而天乃先出灾害以谴告之”。某些特殊自然现象被看作对帝王的警示，而水是自然灾异的重要方面。如果发生大的水灾或者祸患，帝王要发罪己诏，谢罪天下，并要反省自己的过失，从而给天、给老百姓一个交代。今天看来，这是一种典型的唯心主义。自然天象是客观存在，与帝王失德并没有必然联系，但在封建社会，因为帝王权利至高无上，天谴论在某种程度上对帝王权利进行一定的约束，具有一定的时代意义。

总之，水这一自然界中的要素在中国古代政治家和思想家的心目中有着十分重要的地位。他们赋予水以政治生命，大到世界的本原，小到个人的品行都与水息息相关。这些思想中有些在今天看来不免落后，然而对于正确处理好党群关系、关注群众利益以及开展党内的反腐倡廉等问题，依然有其深刻的现实意义。

第八章　水与道家思想

上善若水

第一节　上善若水

孔子和老子（图 8-1）各自代表着不同的思想体系，一个代表儒家，一个代表道家，但是他们都主张以水比德，山水喻精神。老子看到水感慨道："上善若水，水善利万物而不争。"孔子则说："逝者如斯夫！"水让先贤圣哲们陷入深深的哲思。

图 8-1　老子

一、水几于道

在世界文明圈中，有几次大的"哲学突破"。我国的先秦诸子百家为此做出了重要贡献，其中老子的角色尤为重要。我国现代著名哲学家张岱年先生指出，"老子是中国古代哲学本体论的创始者"。老子的思想核心是道。这个道到底是什么呢？老子这样说"道可道，非常道，名可名，非常名"，又说"玄之又玄，众妙之门"，总之是"惟恍惟惚，惚兮恍兮"，老子说得很玄乎，我们听得很糊涂。也许老子觉得自己提出的道，别人太难理解了，他用大家所熟知的水来比喻道。

《说文解字》说："道，所行之道也。""道"最初的含义是道路，引申为规律。水的特性之一就是循道而流。当水从源泉涌出，它没有任意的四处横流，而是循着一条通道流动。"道"的概念被拓展延伸，蕴含了这样一个状态，也就是说每一个事物都应该遵循自然规律而动。老子钟情于水，他用水的各种特性来比喻这个抽象玄奥的"道"，老子的"道"在一定程度上就可以称为"水之道"。以水的各种特征比喻"道"，使这个高深莫测的"道"较为鲜活地展现在我们面前。

二、水善利万物而不争

在《道德经》里老子这样说："上善若水，水善利万物而不争；处众人之所恶，故几于道。"所以，老子认为水有两个最显著的特性和作用：一是滋润万物而不与任何事物相争；二是甘于处在最卑下的地方。

解释一下，"上善"是指最完美的意思，指在自然界万事万物中，水给万物带来好处；争就是争利益，而"不争"，通俗地讲就是不争利、不争名、不争功。帮助别人而不求回报。对于"道"的体现者，老子称之为"圣人"。最高境界的善行就像水的品性一样，泽被万物而不争名利。

孕育了万物生机的水，无处不在，道也无处不在。水滋养万物，道也同样生养万物。二者有异曲同工之妙。所以，老子用人们司空见惯的、生命中片刻不可离开的水来比喻人间正道。

三、水处众人之所恶

水"处众人之所恶，故几于道"。指水处于众人所不愿处的卑下的地方，水自处下流，甘居卑微之地。所以，水最接近于道。一般的人都不喜欢处于地位低下的位置，而喜欢凌驾于别人之上，只有品质高尚的人才甘当人梯，愿当铺路石，愿意默默奉献。

在老子看来，江海居下乃有容，有容乃大，大乃可与仁万物。这正揭示了道容纳万物又滋养万物的本质。为什么百川能够归海？是因为大海处于卑下的地位，所有的山川河流才能够汇集到里面。正所谓"江海之所以能为百谷王者，以其善下之，故能为百谷王"。这句话包含了水的两种属性，一是居下，二是包容，并且两者呈因果关系。水有善下的品质，居下才能包容大度。江海所处之处正是善地，因其处下，所以善下的水便归集到这里，才可形成波澜壮阔之江海。

四、水的其他善行

老子在《道德经》中这样指出了水所具有的品行："居善地，心善渊，与善仁，言善信，正善治，事善能，动善时。"

居善地，是水善于处于卑下之地，代表谦让。其实也就是上善若水。

心善渊，是指内心像深渊一样平静，表示沉着冷静。深水不流，人的内心就好像深水一般的平静，无论外面刮风或者将物品投入其中，都波澜不惊。我们所说的心如枯井，实际上应该理解为心如深潭、心如止水。这是很多文人志士所崇尚的“宠辱不惊”的境界。

与善仁，指与人交往真诚相待；言善信，就是做事情像潮汐一样准时，表示言而有信，讲诚信；正善治，指的是公平正直；事善能，是指要做力所能及之事。孟子说过，把泰山夹在胳膊底下跳过北海，告诉他人“这个我办不到”，这是真不能；为老人折个腰，告诉他人“我不能”，这是不愿意做，而不是办不到。

动善时，是指善于把握机会，应时而动，应时而止，就是在合适的时候做合适的事情，在合适的时候停止该停止的事情。有的人能够在合适的时候做合适的事情，而有的人却让事情发生在错误的时间和地点。

水的这七种善行品质正是老子对理想人格的内在追求。老子把水具有的品质比喻成最完善的人应具有的人格。也许很少有人能够做到极致完美，但我们至少可以心向往之，并努力去磨砺自己。

以水为喻是中国古代思想家们的一个共同思维特点。或以水喻人，或以水比德，或以水喻兵，或以水论道，都把水作为论证自己观点的喻体。相比先秦时期的其他思想家，老子对水的认识显然是比较深刻的。他不是简单地用水这个喻体来比附其理想人格，而是从水的特性中寻找出其内在规律和逻辑关系，以水为脉络，建构起一个比较完整的理想人格。老子在《道德经》中提到和水相关的理论成了后世中国以水比德文化的重要概念，也是发轫之轮。

上善若水的典范

第二节　上善若水的典范

生活在 2500 多年以前的老子通过观察分析水的品质，阐释了一个具有上善之德的人应具有的道德内涵。沧海桑田，岁月悠悠。如今，从这位伟大思想家的观水悟道而衍生出的“上善若水，厚德载物”已经成为中华美德的一种概括，历来成为仁人志士崇尚的最高道德境界。

“水无所不利，是其德宏；利而不争，是其德谦；处下藏垢，是其宽容。”老子认为理想人格应该像水一样具有的谦下宽容的品质，正是道的本质体现，也是理想人格的基本要求。谦下对于人来说，是一种低姿态。低姿态才可以容人，进而形成人的涵养力——宽容，能宽容人才能得人。老子正是通过发现水的这一特性，进而引申为人应具有谦下宽容的美德。

可以这样说，一个人成就事业的大小和他的宽容度量呈正比。人要效法“水”的无私善行，就要做到像水一样至柔却能容天下的胸襟和气度。

一、仁人志士崇尚谦下宽容

古往今来，凡有大成就者，无不具有谦下宽容的道德品质。比如，三国时期的刘备，他刚出山时，既没有兵马，没有立足的城池，也没有太高的才华，但是他胸怀天下、具有坚定的信念和谦下宽容的品格，正是这样，才使蜀国群贤毕至、人才济济，终成帝业。他三顾茅庐，请诸葛亮的故事可谓家喻户晓、妇孺皆知。

再来看曹操，他虽然很多疑、奸诈，被称为枭雄，他也具有不凡的宽容品格。最能体现曹操宽容的是官渡之战，打败袁绍后，从袁绍那里搜到许多打仗前许都的人写给袁绍的信。曹操的儿子曹丕劝他对着信抓人，曹操却说我那时尚且不能自保，何况其他人。最后，他连看都没看就把信丢进火里烧了。

曹操赞赏关羽的勇武，擒获他之后，对他重加赏赐、百般礼遇。但是关羽依然不忘与刘备患难与共的誓言，无意归降。曹军将领们听说关羽离去，纷纷请求曹操派兵追杀。曹操得知消息不但没有杀关羽，反而听任他千里走单骑、过五关斩六将，甚至让各个关口为他大开绿灯。正是曹操的宽宏大度，才使在赤壁之战败兵后，关羽念及他的知遇之恩在华容道上放了他一马，最终成就了帝王霸业，曹魏成为三国中最强大的一方。

二、为人民服务是优秀共产党人的根本宗旨

“上善若水，厚德载物”这两句话不仅历来为仁人志士所崇尚，更是一个优秀的共产党人的道德准则。共产党人建党时的初心就是为劳苦大众谋利益。早在 1944 年毛泽东主席就提出了“为人民服务”的思想，把“为人民服务”作为无产阶级政党的根本宗旨。它在价值取向上，体现了无产阶级运动为绝大多数人谋利益的特点，集中体现了共产党人的价值观。

100 多年来，共产党人始终与人民群众同呼吸、共命运、心连心。坚持以人为本、人民至上，坚持立党为公、执政为民，坚持一切为了群众、一切依靠群众，从群众中来、到群众中去。

在党的十九大报告中，习近平总书记强调要“践行全心全意为人民服务的根本宗旨，把党的群众路线贯彻到治国理政全部活动之中”；“党的一切工作必须以最广大人民根本利益为最高标准。我们要坚持把人民群众的小事当作自己的大事，从人民群众关心的事情做起，从让人民群众满意的事情做起，带领人民不断创造美好生活”。

“党的好干部”“人民的好公仆”、县委书记的好榜样焦裕禄同志就是这方面的典范。20 世纪 60 年代，他身患肝癌，依旧忍着剧痛坚持工作，带领兰考人民战风沙、除“三害”，时刻把老百姓的利益放在首位，努力改变兰考面貌，用自己的实际行动，铸就了“焦裕禄精神”，树立了为人民服务的永恒丰碑。

一个优秀的管理者也应该像水一样，懂得宽容，对下级要谦虚，放低自己的姿态，这样才能团结群众，形成团队，发挥合力，最终取得成功。

无为而治

第三节　无为而治

无为思想是老子“道”的核心思想之一。老子不仅用水来阐释道，更是通过对水性的观察和分析，描绘出了对管理者的规范和要求。他在《道德经》中说：道无为，水亦无为。水无意识，无意志，自源而流，滋养万物。可是我们却司空见惯，似乎并不能时刻想起来它的重要性，似乎水很无为，其实生命中一刻也离不开水。与之相似，圣人应像水一样无为行事，这样人民将自化。自化是指自然化育。

无为而治是指顺应自然变化不妄为而使天下得到治理。原来是指舜当政的时候，沿袭尧的主张，不做丝毫改变。后泛指以德化民。

一、无为

无为作为道家核心思想有两层意义：第一层，遵循事物的自然趋势而为，无为就是不争。所以老子说：“圣人之治，虚其心，实其腹，弱其志，强其骨。”就是让百姓填饱肚子，强壮身体，专心做事，这样老百姓休养生息，才能够不争安乐。

无为并非“不为”，什么也不做，也不是“无所作为”，而是顺其自然、无意而为。但是一切事物的产生、发展无不是它的所为。无为而治是不过多的干预、充分发挥万民的创造力，做到自我实现。无为其实就是无主观臆断的作为，是一切遵循客观规律的行为；就是顺应自然科学的作为，就是合理的作为，因而也是积极的作为。凡事要“顺天之时，得人之心”，而不要违反“天时、地性、人意”，不要凭主观愿望和想象行事。无为而治其实就是要统治者以顺应民众的需求为重点来治理国家，不要强加少数人的意志。

二、有为

第二层意思是，有为。无为不是真的无所作为，而是以无为而有为，无为而无不为。就是能放得下、有所不为，然后达到有为。老子教导我们效法水之“不争”，并不是教人凡事不求进取、无所作为，而是教人要用无为之心来做有为之事。只有有所不为才能聚集精力有所作为，这就是道家的执一、贞一、守一的思想。

《道德经》第 37 章说：“道常无为，而无不为。侯王若能守之，万物将自化。”意思就是大道总是无所作为，但效果却是无所不为。王侯如果能坚守，按照大道行事的基本原则，而不是为了追求个人的名声而执意有所作为，自然之道会像一只看不见的手一样，引导民众和万物自然演化，反而会使天下安定、繁荣昌盛。

古往今来之有大成就者往往是因为能够顺应事物的自然趋势，以无为而达到有为。春秋时期，楚庄王能够成为春秋五霸之一就是在某种意义上的无为。

一天晚上，楚庄王大宴群臣，宠姬嫔妃也出席助兴，还特地叫最宠爱的两位美人许姬和麦姬轮流向文臣武将们敬酒。忽然一阵疾风吹过，宴席上的蜡烛都熄灭了。厅堂上漆黑一片，这时一位将军斗胆伸出了自己的咸猪手，想趁黑摸一摸许姬。许姬非常恼怒，但也非常机智地扯下了那人帽子上的缨带作为呈堂证供。许姬到楚庄王面前告状，让他点亮蜡烛后查看众人的帽缨，以便找出刚才无礼之人。楚庄王听完后，却大声传令："寡人今日设宴，与诸位一定要尽欢而散。现请诸位都去掉帽缨，以便更加尽兴饮酒。"于是大家都把帽缨取了下来。楚庄王这才又令人点上蜡烛，与群臣欢乐饮酒，直到宴会尽兴而散。

三年后，楚国和晋国交战，一名将军每次作战都非常勇敢，所到之处拼力死战，最后把敌方将军的头颅献给了楚王。楚庄王颇感奇怪，问这名将军："我平时对你并没有什么特殊的恩宠，你为何如此效力呢？"那名将军回答说："我就是当年在殿上被揪下帽缨的那个人啊。当时就应该受刑而死，大王您宽宏大量不治我的罪，我已经愧疚很久了。今日此举全为报大王的不杀之恩。"正是楚庄王的这种看似无为，实则是很宽容的做法，最终使楚国强盛了起来。

"我无为，而民自化；我好静，而民自正；我无事，而民自富；我无欲，而民自朴（朴素）。"利民而又不宣称主宰，使万物各循其道。当"道"在天下之时，万物自然归顺于它，正如大江与大海能吸引山涧溪流流向它。所以老子对统治者告诫，说管理民众要像水一样。正如"道"所具有的这种博大、无私、谦虚的美德。

第四节　无为而治的启示

无为而治的启示

无为思想是老子"道"的核心思想之一。那么，无为而治对我们有什么启示呢？

一、对环境治理的启示

改革开放后，我们国家有些地方只注重经济建设，而忽略了生态建设，没有做到人与自然和谐相处，有的地方甚至对自然进行掠夺式的开发，引起的江河湖泊污染严重，大气雾霾严重。这就是人类没有做到像水一样遵循事物的自然趋势而为，以无为而有为。随意、过多、无理地干涉自然界万物的生长规律。一山一水皆有灵，一草一木皆有情。对自然资源的合理开发和利用是允许的，但不能无止境地掠夺与破坏，应该使自然界归于平静，万物共生共长，达到无不为的效果。人类只有爱惜我们赖以生存的自然环境，大自然才会一直像慈母一样滋养我们，持续为我们无私地奉献。

2013 年 9 月，习近平在哈萨克斯坦一所大学发表演讲时，这样说："我们既要绿水青山，也要金山银山。宁要绿水青山，不要金山银山，而且绿水青山就是金山银山。"向世界传达了中国绿色发展的理念，生动形象表达了我们党和政府大力推进生态文明建设的鲜明态度和坚定决心。

加快生态文明体制改革，建设美丽中国是党的十九大报告提出的重要论断。习近平总书记在十九大报告中特别指出："绿水青山就是金山银山。"

老子的思想是贵生哲学，是保全生命为第一要务。既然柔弱可以保全自己，刚强却是死亡之徒，所以，以柔弱的姿态来处世则是保全自己的不二选择。

2. 柔弱可以战胜刚强

老子认为，保全自己，不是柔弱的目的，战胜刚强才是最终目的。“天下之至柔，驰骋天下之至坚。”水性至柔，但却无坚不摧。在生活中我们可以看到，屋檐下的滴滴答答的雨水，由于它长年累月的持续性，可以把一块巨石滴穿。这表现了水虽然弱小，但是靠着长久坚持，一样可以达到目的。

而当水积蓄的足够多时，就会拥有惊人的力量。洪水泛滥时，所过之处淹没田舍、冲毁建筑，任何坚固的东西都抵挡不了。由此可见，老子讲的柔弱并不是真正的孱弱，也并不是软弱无力的意思，而是蕴含着无坚不摧的信心和坚韧不克的意志，最终达到战胜刚强的目的。

水，柔弱不争，屈从于坚强之物，但最终却又能够克服障碍、消磨坚石。柔弱可以保全自己，柔弱可以战胜刚强。

二、柔弱胜刚强的启示

柔弱胜刚强的启示

老子的柔弱胜刚强在生活中给人们以许多启示，主要在以下两个方面。

1. 把握时机，达成目标

老子柔弱胜刚强的观点，给予我们非常重要的人生启示。当你弱小的时候，首先是要保全自己，然后可以靠持之以恒的毅力实现你的人生理想。当你的力量积蓄的足够大时，要把握时机，一举达到自己的目标。

楚庄王一鸣惊人的故事很多人都听说过。他当政三年，在处理朝政方面没有任何作为。一位大臣指责他说：“臣见到过一种鸟，三年不展翅，不飞翔，也不鸣叫，沉默无声，这只鸟叫什么呢？”楚庄王知道大臣是在暗示自己，就说：“三年不展翅，是在生长羽翼；不飞翔、不鸣叫，是在观察民众的态度。这只鸟虽然不飞，一飞必然冲天；虽然不鸣，一鸣必然惊人。”这之后的半年，楚庄王对政务进行了大刀阔斧的改革，废除十项不利于楚国发展的刑法，兴办了九项有利于楚国发展的事物，诛杀了五个贪赃枉法的大臣，起用了六位有才干的读书人当官参政，使楚国实力大增。不久，称霸天下。

历史上有许多以弱胜强的经典案例，已成为国学智慧的重要组成部分。例如越王勾践卧薪尝胆，最终战胜了强大的吴国；楚汉战争中，最初弱小一方的刘邦集团战胜了力可拔山的项羽集团。

2. 灵活变通性

老子认为水因为柔弱可塑性很强，也就具有灵活变通性。当静止时，它水平如仪，沉淀杂质，澄清自我，完美的映现外物；在常态下流动时，它遇方则方，遇圆则圆，方圆随行，曲折通达。无论处在什么样的环境下，总能够适应对方，保全自己；在激流澎湃的时候却能够爆发成一种惊人的力量，它能怀山襄岭、穿石销金。积水可以载舟，巨浪可以覆舟；在非常态下，它可以硬如钢铁、坚硬透明，以固体的形态出现；也可以散为蒸汽，以一种几乎无形的状态呈现，几乎无孔不入，无所不达。

在生活中，我们常常赞叹强者的强大，强调以刚克柔，却忽略了弱者的绵长持久，柔弱的强大，而缺乏柔性平和，缺乏一种不争的心态、以柔克刚的涵养。比如，这些年路怒的事件时有发生，最离奇的路怒莫过于发生在成都的“暴打案”，女司机卢某因为在开车的过程中多次变道，遭到男司机张某暴打，导致卢某多处骨折，张某也因犯故意伤害罪，被判处有期徒刑 8 个月，缓刑 1 年。有人说这就是一件小事，多坏的脾气，得多大火气，才会这样升级啊！

有理不在言高，要解决问题不一定非得咆哮如雷。有时候只需要坚定地告诉对方他的错误，或许才是更好的选择。张某的表现就是过分的刚强，要是表现稍微柔弱一些，既会免去自己的牢狱之苦，也可免去别人的切肤之痛。

第九章　水与管子思想

先秦诸子学派中有着丰富的水文化，其中管子学派的水文化思想独具特点，这在《管子》一书中反映得最为详细、系统。《管子》中有关水的哲学思想以及水利方面的论述集中在《水地》《度地》《乘马》等篇，尤以第三十九篇《水地》最有代表性。管子（图9-1）的水文化主要体现在以下几个方面。

图 9-1　管仲

第一节　水是世界的本原

水是生命之源，没有水就没有生命，没有世间万物生机勃勃的景象。水生万物的哲学观念几乎是中华民族一种普遍的心理意识，《管子》一书的作者就是持有这一观念的代表。《管子》认为水是世界的本原、万物的根源。它说“水者何也？万物之本原也，诸生之宗室也”，“万物莫不以生”，“是以无不满，无不居也，集于天地而藏于万物”（《管子·水地》）。水是万物赖以生存的物质，无处不在，藏于天地万物之中。

《管子》认为人也是由水构成的。“人，水也。男女精气合，而水流形。”说明了人的形体或胚胎，是当男女精气相合时，由水流布而成的，并进一步说明胎儿形成的具体过程经历了“三个月”“五个月”与“十个月”三个阶段：“三月如咀咀者何？曰五味。五味者何？曰五脏。酸主脾，咸主肺，辛主肾，苦主肝，甘主心。五脏已具，而后生五内。脾生隔，肺生骨，肾生脑，肝生革，心生肉。五内已具，而后发为九窍。脾发为鼻，肝发为目，肾发为耳，肺发为窍。五月而成，十月而生。”胎儿满三个月就能含味。什么是含味呢？含味就是含收五味。五味是生成五脏的。酸管脾脏，咸管肺脏，辣管肾脏，苦管肝脏，甜管心脏。五脏都已具备，然后才生出五种内部组织。脾生隔膜，肺生骨骼，肾生脑，肝生革，心则生肉。五种内部组织都已具备，然后发生为九窍。从脾发生鼻，从肝发生目，从肾发生耳，从肺发生其他孔窍。满五个月，形体完成；满十个月，婴孩就生出来了。《管子・水地》接着说：“生而目视，耳听，心虑。目之所视，非特山陵之见也，察于荒忽。耳之所听，非特雷鼓之闻也，察于淑湫。心之所虑，非特知于粗粗也，察于微眇。”

《管子》认为，男女精气相合，而由“水”流布成人的形体胚胎。胎儿满三月就能含收五味，进而生成五脏，然后发生为九窍。满五个月，形体完成；满十个月，婴孩就生出来了。人的目视、耳听、心虑、九窍、五虑，即从感觉到思维，皆生于水。《管子》以水作为世界的本原，是我国古代一元论的朴素唯物主义传统的重要源头之一。

《管子・水地》一文不仅提出“水”是产生万物的本源，而且又提出“土”“土地”也是产生万物的本原。“地者，万物之本原，诸生之根菀也。”“菀”，通“苑”，可引申为处所，意即土地是一切生命的植根之处。又说：“水者，地之血气，如筋脉之通流者也。故曰：水具材也。”这意思是说，水，是土地中的血气、血液，就像人身上的筋脉一样在大地里流通着。所以说，水是具备一切的东西。

第二节　水与修身治国

一、水与修身

用水来比喻人的品德几乎是先秦诸子的最常用的比喻手法。《管子・水地》说：“故水一则人心正，水清则民心易。人心正则欲不污，民心易则行无邪。”所谓“水一”，是指水的成份是单一的、纯洁的。所谓“水清”，是指水的性质是清洁的、透明的。所以，这句话的意思是说，如果水质纯洁那么人心就会保持正直，如果水质清明那么人心就会平易。人心是公正的就不会怀有污浊的、肮脏的欲望；人心是平易的，就不会发生邪恶的、损人的行为。这里管子认识到了水与人们道德品质的关系。在阐述水为万物之本原思想的基础上，《管子》还把水的特性上升到道德的高度，提出了“以水比德”的思想。

《管子》极力推崇水，认为水具有人格化、伦理化的特点，盛赞水是“具材”（材美兼备），是“神”，要求人们取法于水。《管子・水地》说：“水，具材也。何以知其然也？曰：夫水淖弱以清而好洒人之恶仁也；视之黑而白，精也，量之不可使概，至满而止，正也；唯无不流，至平而止，义也；人皆赴高，己独赴下，卑也。卑也者，道之室，王者之器也，而水以为都居。”这段话意思是说，水柔软而清澈，能涤除污秽，这是水的仁德；水看起来是黑色的其实是白色的，这是“精”；至满而止、至平而止，体现水的正义；人都愿往高处走，水独流向低处，这是水的谦卑。谦卑是“道”寄寓的地方，是王天下的器量，而水就聚集在那里。这里指出了水的五种德性，仁、精、义、正、卑，旨在规劝人们要向水学习，效法水的无私善行，从而达到美善兼备的境界。《管子》依据水的不同功能和属性，以德赋之，这与道家“上善若水”和儒家“水者，君子比德焉”颇有相似之处。

二、水性决定民风

俗话说“一方水土养一方人”，不同地方的水也就产生出不同的人。《管子·水地》就从当时当地水的性质与人的心地和行为的关系作了详细的论述。“水者何也？……美、恶、贤、不肖、愚、俊之所产也。”他认为水能产生出不同的道德品质，还通过举例来说明不同的水养育出人们不同的性格品质与民风民俗：“夫齐之水道躁而复，故其民贪粗而好勇。楚之水淖弱而清，故其民轻果而贼。越之水浊重而洎，故其民愚疾而垢。秦之水泔冣而稽，淤滞而杂，故其民贪戾罔而好事齐。晋之水枯旱而运，游滞而杂，故其民谄谀葆诈，巧佞而好利。燕之水萃下而弱，沈滞而杂，故其民愚戆而好贞，轻疾而易死。宋之水轻劲而清，故其民简易而好正。”

这段话的意思是说：“齐国的水迫急而流盛，所以齐国人就贪婪、粗暴而好勇。楚国的水弱而清白，所以楚国人就轻捷、果断而敢为。越国的水浊重而浸蚀土壤，所以越国人就愚蠢、妒忌而污秽。秦国的水浓聚而迟滞、淤浊而混杂，所以秦国人就贪婪、残暴、狡猾而好杀伐。晋国的水苦涩而浑浊、淤滞而混杂，所晋国人就谄谀而包藏伪诈，巧佞而好财利。燕国的水深聚而柔弱、沉滞而混杂，所以燕国人就愚憨而好讲坚贞，轻急而不怕死。宋国的水轻强而清明，所以宋国人就纯朴平易而喜欢公正。”《管子》通过对各地河流水性的认识，将水的特性与各地人民的性情、品德联系起来，认为圣人施行教化，就是根据各地水性的不同而采取不同的方式，最终才能达到治理国家的目的。这虽然其中不无偏颇之处，但用水的物质性解释人性，是一种朴素唯物主义观点，较之先验主义人性论还是有不少科学精神的。

第三节　水与治国理政

《管子》从水性与人性道德、民风的关系找到了治理国家的关键，进一步认为水在国家的治理中有着非常重要的作用，统治者对水的认识程度是治理国家的根本。《管子·水地》讲：“是以圣人之治于世也，不人告也，不户说也，其枢在水。”意思是说，圣人治理社会的关键，既用不着去告诫每一个人，也用不着去劝说每一家，而只要能掌握着“水性”就可以了。《管子》对水与国家治理之间的关系论述得甚为详细。它说：“故善为国者，必先除其五害，……水，一害也；旱，一害也；风雾雹霜，一害也；疠，一害也；虫，一害也；此谓五害。五害之属，水最为大。五害已除，人乃可治。”（《管子·度地》）这句话明确指出了水灾是国家最大的灾害，善于治理国家者必须首先治理水灾。

水利事业的成功是国家富强的前提，只有兴修水利，农业才能发展，经济才能繁荣，国家才会强大。“沟渎不遂于隘，障水不安其藏，国之贫也。……沟渎遂于隘，障水安其藏，国之富也。”（《管子·立政》）《管子》认为国家的法令制定一定要遵循水的规律，将立法与水的哲理结合起来。“下令于流水之原。使民于不争之官。……下令于流水之原者，令顺民心也。……令顺民心，则威令行。”（《管子·牧民》）《管子》认为国家制定和颁布法令必须像流水一样，顺应民意自然而然，才能行于天下。对于如何处理统治者与民众之间的关系，《管子》认为必须用好“决塞”之术。“民迁则流之，民流通则迁之。决之则行，塞之则止。”（《管子·君臣下》）又说：“不明于决塞，而欲驱众移民，犹使水逆流”“治人如治水潦……居身论道行理，则群臣服教”（《管子·七法》）；“天下道其道则至，不道其道则不至也。夫水波而上，尽其摇而复下，其势固然者也。”（《管子·君臣下》）在管子看来，认识到了水性，就能了解民情，进一步找到治理国家的锁匙。

水资源是国家存在和发展的基本物质条件。《管子》根据河流来源和流经状况，将其分为五类，即经水（干流）、枝水（支流）、谷水（季节河）、川水（人工河）和渊水（湖泽），为水资源的开发利用提供了科学划分。它说：“水有大小，又有远近。水之出于山而流入于海者，命曰经水；水别于他水，入于大水及海者，命曰枝水；山之沟，一有水一毋水者，命曰谷水；水之出于地，流于大水及海者，命曰川水；出地而不流者，命曰渊水。”（《管子·度地》）针对水资源存在的不同方式，《管子》认为必须从水的特性出发，因势利导，因地制宜，才能收到预期的效果。它说：“此五水者，因其利而往之可也，因而扼之可也。”又说：“夫水之性，以高走下则疾，至于漂石；而下向高，即留而不行。故高其上，领瓴之，尺有十分之三，里满四十九者，水可走也。乃迂其道而远之，以势行之。”（《管子·度地》）

对于如何有效利用水资源以及防范洪水自然灾害，《管子》提出了一些具体的措施。

一是设立管理机构。水利活动是一项巨大的人力物力事情，必须有着高度发达的组织管理技术。《管子·立政》提出要设立管理水的机构并且明确其主要职责。它说：“决水潦，通沟渎，修障防，安水藏，使时水虽过度，无害于五谷，岁虽凶旱，有所粉获，司空之事也。”还进一步规定了水官的具体职责和分工：“除五害，以水为始。请为置水官，令习水者为吏：大夫、大夫佐各一人，率部校长、官佐各财足。乃取水官左右各一人，使为都匠水工。令之行水道、城郭、堤川、沟池、官府、寺舍及州中，当缮治者，给卒财足。”（《管子·度地》）组织管理高效的机构是从事水利活动的首要保证。

二是要防患于未然。对洪水的防治，预防重于应对。《管子·度地》对于如何预防洪涝灾害提出了具体的预防措施。它说：“常以秋岁末之时，阅其民，案家人比地，定什伍口数，别男女大小。其不为用者辄免之，有锢病不可作者疾之，可省作者半事之。并行以定甲士，当被兵之数，上其都。……阅具备水之器，以冬无事之时。笼、臿、版、筑，各什六，土车什一，雨黴什二。食器两具，人有之，锢藏里中，以给丧器。后常令水官吏与都匠，因三老、里有司、伍长案行之。……常以冬少事之时，令甲士次更以益薪，积之水旁。……故常以毋事具器，有事用之，水常可制，而使勿败。此谓素有备而

第十章 水与墨家思想

墨子（图 10-1）创立的墨家学派是战国时期最为重要的学派之一，在当时有着广泛的影响，一度和儒家学派并称“显学”。墨家学派的思想集中在《墨子》一书中，几乎包罗了当时可能取得的各种知识，涉及哲学、伦理、政治、经济、管理、军事、教育以及自然科学的各个门类，堪称“百科全书”，其中也包含着颇为丰富的水文化内容。

图 10-1 墨子

第一节 大禹之道与兼爱

“兼爱”是墨子思想中的最为重要的政治主张，是墨子思想体系的核心和根本特征。墨子认为造成家、国、天下动荡不安的根源，是人人不相爱，彼此相互憎恶、残害。为了改变这种局面，唯有实行“兼相爱，交相利”，才能达到天下大治。特别是统治者要有兼爱思想。为了宣扬自己的兼爱思想，墨子特别推崇大禹治水精神，认为大禹的事迹体现了救世济民的伟大精神，是后世执政者效法的榜样。

在《庄子・天下》篇中曾经讲述了墨子对大禹的推崇和赞美。“墨子称道曰：‘昔禹之湮洪水，决江河，而通四夷九州也，名川三百，支川三千，小者无数。禹亲自操橐耜而九杂天下之川，腓无胈，胫无毛，沐甚雨，栉疾风，置万国。禹大圣也，而形劳天下也如此。’使后进之墨者，多以裘褐为衣，以跂蹻服，日夜不休，以自苦为极。曰：‘不能如此，非禹之道也，不足谓墨。’”

墨子认为大禹治水的经历就是兼爱思想的具体实践，墨家弟子一定要效法大禹的吃苦耐劳精神，为天下民众谋利益。墨子及其墨家的言行的确体现了他们心目中的“禹之道”。墨子热心救世，其学说的基本内容包括尚贤、尚同、兼爱、非攻、节用、节葬、天志、明鬼、非乐、非命等，皆为救世之术，与大禹治水、为民造福的精神一脉相承。从行动上看，墨子及其弟子效法大禹亲操聚粕、栉风沐雨的榜样，热心实践，身体力行，以身殉道，死不旋踵。他们多系直接参加生产劳动的劳动者，亲自种地、做工，尤其是手工制造更是墨家经常从事的劳动和必须掌握的基本技能。墨子本人即是精通机械制造的工匠。墨家不但亲自参加生产劳动，而且生活俭朴、刻苦自厉，“摩顶放踵而利天下”（《孟子·尽心上》），非常富于无私奉献和无畏牺牲精神。上述行为所表现出的言行一致、亲身践履、严于律己、勇于奉献的精神和品质，同样是大禹精神的集中体现。墨家不但以大禹为心中的楷模，并力行效法，而且推崇之情溢于言表。

在《墨子》一书中，多处赞美大禹治水、为民造福的业绩和精神。墨子指出：“兼相爱，交相利，此圣王之法，天下之治道。”（《墨子·兼爱中》）他还大量征引大禹治水的事迹，说明“兼爱”的主张取法于大禹等圣王的政治实践。“况乎兼相爱，交相利……古者圣王行之。何以知其然？古者禹治天下，西为西河鱼窦，以汇渠孙皇之水；北为防原派，注后之邸，嘑（滹）池（沱）之窦，洒为底柱，凿为龙门，以利燕、代、胡、貉与西河之民；东为漏大陆防孟诸之泽，洒为九浍，以楗东土之水，以利冀州之民；南为江、河、淮、汝，东流之，注五湖之处，以利荆、楚、干、越与南夷之民。此言禹之事，吾今行兼矣。”这段话通过记述大禹不辞劳苦、四处奔波，疏导九州各河，消除各地水患，惠及人民的“兼爱”事迹，说明大禹等圣王是“兼爱”的倡导者，从而增强了论证的说服力。

墨子还以“鲧禹治水，一败一成”的事例，说明了选贤任能方能安邦治国的道理，指出：“昔者伯鲧，帝之元子，废帝之德庸，既乃刑之于羽之郊，乃执照无有及也，帝亦不爱。”（《墨子·尚贤中》）尽管鲧的出身十分高贵，官职地位很高，但因他德薄才庸、治水无功，不但丢了官位，而且被舜诛杀以谢天下。墨子继续阐述道：“然则天之所使能者谁也？曰若昔者禹、稷、皋陶是也……禹平水土，主名山川……”鲧被杀后，德才兼备的禹受命于危难之中，继续领导人民治水，不畏千辛万苦，克服了千难万险，终于平定水患，“主名山川”，成为德盖天地的圣王。

墨子的思想和行动充分体现了“大禹之道”，弘扬了大禹治水精神， 同构成了中华文化尤其是水文化的重要精神特征。

第二节 以水比德修身

在墨子的政治思想中，认为执政者加强自身的道德修养是尤为重要的，是君子为人治国的根本，必须努力进行自身的品行修养。“本不固者未必几（危），雄而不修者其后必惰，原（源）浊者流不清，行不信者名必耗。”（《墨子·修身》）这里，墨子以水的源头污浊，整条河流也必将混浊的生动事例，形象地说明了不注重品德的修养，作人为官就容易私欲熏心、滥施恶行，多行不义必自毙，久而久之就会陷入污秽的深渊不能自拔，招致身败名裂的恶果。

“亲士”是墨子十大政治主张之一。墨子认为，要治国安邦，君主必须亲近贤士，使用贤才。至于如何亲士和用士，他指出：“良弓难张，然可以及高人深；良马难乘，然可以任重致远；良才难令，然可以致君见尊。是故江河不恶小谷之满已也，故能大……是故江河之水，非一源之水也……夫恶有同方不取，而取己者乎？盖非兼王之道也……是故溪陕者速涸，逝浅者速竭。”（《墨子·亲士》）认为执政者只有像江河纳百川那样，不拘小流，虚怀宽，才能广泛延揽使用各方面的人才；只有像江河有无数源头那样，善于采纳不同的意见和兼收并蓄，才能兼听则明，君臣上下同心同德，长生保国。反之，如果器量狭小，不能包容万物、广布恩泽，就会像狭小的溪流容易干涸、平浅的川泽容易枯竭那样，成为孤家寡人，最终将落得个众叛亲离、国破家亡的下场。

墨子的上述思想还体现了他对道德修养中谦虚包容品德的认识。“江河不恶小谷之满已也，故能大”；“江河之水，非一源之水也”。这说明事物发展过程本质上是通过量变的积累实现质变的，道德的修养更是如此。

墨子还认识到了事物对立面的转化现象，提出了“太盛难守”的命题。他说：“是以甘井近竭，招（乔）木近伐，灵龟近灼，神蛇近暴……故曰：太盛难守也。”（《墨子·亲士》）甘甜的水井往往因人们争先取用而率先枯竭，高大的树木因有用常常先被砍伐，灵验的宝龟总是先被烧灼用于占卜，神异的蛇常常先被曝晒用于祈雨。这些“太盛难守”的现象与儒家的中庸之道，老子讲的“祸兮福之所倚，福兮祸之所伏”颇为相通。在墨子看来，为人处世必须把握好“度”，不可“太盛”。否则，事情往往会转向其对立面，造成不良甚至十分严重的后果。可见，墨子已从自然界和社会的一些具体现象中悟到了矛盾对立面之间相互转化的规律，并把它作为道德修养的重要方面。墨子以水的特质为譬喻，阐明事理、论证观点的事例，说明了墨子由水引发哲思的深刻性。

第三节　水与非攻

墨子是战国时期的和平主义者，激烈地反对战争，一生奔波于各诸侯国之中，宣扬“非攻”，反对战争。为了阻止战争的发生，力主积极防御，即用防御战争反对侵略战争，实现“武装和平”。据《墨子》一书记载，他曾成功地阻止了齐伐鲁、鲁攻郑、楚侵宋等三次即将爆发的战争，显示出超人的智慧和胆识。墨子阻止诸侯间的攻伐，并不一味依赖于说教，他深知诸侯争霸，有些战争很难避免。因此，他带领弟子创造了积极防御的军事学说。这些学说主要载于《墨子》中的《备城门》《备水》等 11 篇中，详细论述了水与战争的关系。

战国时代，战争的规模越来越大，战争的手段也越来越多。水的破性力量让战争的发动者特别青睐，滔滔的江河、滚滚的激流已成为诸侯以水代兵、进行兼并战争的工具。针对当时水攻战例频频出现的情况，墨子率众弟子研究出了一套比较系统的对付水攻的防御办法：“城内堑外周道，广八步，备水谨度四旁高下。城地中偏下，令耳（渠）斤内，及下地，地深穿之令漏泉。置则（测）瓦井中，视外水深丈以上，凿城内水耳（渠）。并船以为十临，临三十人，人擅弩计四有方，必善以船为轒辒。二十船为一队，选材士有力者三十人共船，斤十二人人擅有方，剑甲鞋瞥，十人人擅苗（矛）先养材土，为异舍，食其父母妻子以为质，视水可决，以临轒辒，决外限（堤），城上为射机疾佐之。”（《墨子·备水》）这里，墨子明确地阐述了破敌人以水攻城的战术方法：一方面，要在城中地势较低的地方开挖渠道，在地势更低的地方挖井，使它们相互贯通，以便引水泄漏。同时，还要在井中置放“则瓦”，随时测量井中的水位。如果发现水深达到一丈以上，就开渠泄水。另一方面，挑选训练有素的三百精兵以及快船二十只，组成决堤突击队，出其不意地冲到城外，决堤放水。为了加强攻击力量，每两只船并列在一起，叫作一临。每临配备三十名孔武有力、具有专门技能的士卒，携带弓弩、长矛、锄头，头戴盔、身披甲，利用黑夜，在城上转射机的掩护下，冲到城外，持锄挖堤，并辅以轒辒船冲堤。这样，敌人用水攻城之法可破。

墨子为了反对战争，对水在战争中的作用，以及如何防御水攻进行了深刻的分析和实践，从而形成了特有的水与战争文化。

第十一章　水与文学

诗：言志之水

第一节　诗：言志之水

咏水诗在诗歌的王国中璀璨多彩，诗人们歌咏水，赞美水，以水言志，留下灿若星河的不朽诗篇。本节探讨“诗：言志之水”。首先我们看看什么是“诗言志”？

一、“诗言志”解

“诗言志”是中国古典诗学理论的奠基石，朱自清先生称之为“开山的纲领”（《诗言志辨》)。《尚书·尧典》中记述舜的话说：“诗言志，歌永言，声依永，律和声。”《庄子·天下篇》说：“诗以道志。”

据闻一多先生考证：“诗”与“志”原是同一个字，“志”上从“士”，下从“心”，表示停止在心上，实际就是记忆。文字产生以后，有了文学的帮助，不必再死记了，这时把一切文字的记载叫“志”。志就是诗。在心为志，发言为诗。从训诂学的角度考察，“志”的最一般的含义，与“诗”是相通的。在汉代，人们即多训“诗”为“志”。例如，许慎《说文解字·言部》：“诗，志也。志发于言，从言，寺声。”

了解了“诗言志”为“在心为志，发言为诗”，我们知道所谓的“诗言志”实际就是以诗抒发胸臆。本节只从人的角度来谈言志之水的两点具体表现。从诗人向外的怀抱来谈家国天下之志；从诗人向内的怀抱来谈君子之志。

二、言志之水

1. 家国天下之志

提起曹操（图 11-1），你会想到什么？煮酒论英雄？赤壁之战？官渡之战？但有一场重要战役对曹操很重要，你可能就不清楚了。它紧接在官渡之战之后，那就是“北征乌桓”，这场战争的主要目的是肃清袁氏在北方的残余势力。

图 11-1　曹操

乌桓，也记作“乌丸”，古代民族的名字，东胡之一，也就是辽西、上谷、右北平“三郡乌桓”，鲜卑的一支。

为什么要北征乌桓（图 11-2）？官渡之战，曹操大败袁绍，袁绍的两个儿子袁尚、袁熙吓得没日没夜地逃到柳城，投靠了乌桓。袁绍曾与乌桓关系密切，两个儿子跑去和他们一勾结，迟早是个大祸患，怎么能不除掉心头之患？另外，搞定了乌桓后，巩固了后方，北方就会高枕无忧，曹操就可以挥鞭南下、一统天下。所以，“北征乌桓”对曹操多重要大家都应该很清楚了。因此，曹操决定北征。但是，山高路险，劳师远征，走错一步就会导致全军覆灭。当时有不少人反对，只有郭嘉支持他，于是，他力排众议“虚国而征”，率 20 万大军，出动数千辆战车，还有文臣武将中几乎所有的精锐：谋士郭嘉、荡寇将军张辽、平狄将军张郃、横野将军徐晃，还有才高八斗的儿子曹植……反正就是要赌一把。

图 11-2　北征乌桓

最终，曹军骑兵与乌桓骑兵在白狼山下展开一场血战。乌桓大败，北征之战大获全胜。这一场战役，历时一个多月，行程 800 里，彻底解除了强盛的乌桓对中国的威胁，扫清了袁氏的残余势力，统一了北方。打完这场胜仗后的九月，曹操从柳城班师，途经碣石，策马登山，遥望渤海，回想自己功盖寰宇，意气风发，于是写下了千古名篇《观沧海》：

东临碣石，以观沧海。水何澹澹，山岛竦峙。树木丛生，百草丰茂。秋风萧瑟，洪波涌起。日月之行，若出其中；星汉灿烂，若出其里。幸甚至哉，歌以咏志。

我策马东行，登上碣石山顶，居高观海，浩荡无边的大海水波澹荡，我脚下的山岛高高耸立于波澜壮阔的大海之上……瑟瑟秋风推波助澜，涌起惊涛骇浪，太阳和月亮的运行，好像是从这浩瀚的海洋中出发的。银河星光灿烂，好像是从这浩瀚的海洋中产生出来的。

你看，曹操选取了自然界最壮阔的景象——太阳、月亮、银河入诗，却使人强烈地感到太阳、月亮的运行好像是从大海起落；星星、银河的灿烂无比，好像都是从大海的怀抱中涌出。也就是说，哪怕是自然界最壮阔的景象，都是从大海而起，大海是何等的深邃和海纳包容，从而从更宏阔的视野上将大海孕大含深、浩瀚无比的非凡气象写了出来。清人沈德潜说此诗“有吞吐宇宙气象”（《古诗源》）。把大海写得如此非同凡响，不仅在于笔力，更在于胸怀。胡应麟说：“魏武雄才崛起，无论用兵，即其诗豪放纵横，笼罩一世。”（《诗薮》）写海就应该有海一样的胸襟，海一样的气概。大海的壮阔正是诗人胸襟的写照，诗人开阔的胸襟又赋予大海壮阔的气象。曹操把辽阔的大海同无垠的宇宙联系起来，并以日月星汉为衬托，写出大海的磅礴气势，显示出诗人的博大胸襟，表现了诗人“山不厌高，海不厌深”的博大胸怀和心怀天下的进取精神。用四个字评价：霸气侧漏。沈德潜评价曹操“时露霸气”，说的就是这种胸怀和志向。刘勰在《文心雕龙·神思》篇说：“登山则情满于山，观海则意溢于海。”“登高壮观天地阔”，家国情怀是一种“大我”的情感。诗人们寄志于水，表达自己的抱负和胸怀。

孟浩然的《临洞庭湖赠张丞相》亦借“洞庭之水”表达了自己的“家国天下之志”：“八月湖水平，涵虚混太清。气蒸云梦泽，波撼岳阳城。欲济无舟楫，端居耻圣明。坐观垂钓者，徒有羡鱼情。”这是首干谒诗，“诗以洞庭起兴，希望得到张九龄的援引”。（王达津语）诗歌通过描述面临烟波浩渺的洞庭湖却欲渡无舟的感叹，以及临渊而羡鱼的情怀，曲折地表达了诗人希望张九龄予以援引之意。前四句写洞庭湖壮丽的景象和磅礴的气势，后四句是借此抒发自己的政治热情和希望。全诗以望洞庭湖起兴，由“欲济无舟楫”过渡，对于本来是借以表意的洞庭湖，进行了泼墨山水般的大笔渲绘，呈现出八百里洞庭的阔大景象与壮伟景观，取得撼人心魄的艺术效果，使此诗成为山水杰作。

在国难当头，时局艰难，民生疾苦之下，诗人们以水抒“家国天下之志”，如杜甫“国破山河在，城春草木深”般沉郁顿挫。南宋文天祥的《过零丁洋》：“辛苦遭逢起一经，干戈寥落四周星。山河破碎风飘絮，身世浮沉雨打萍。惶恐滩头说惶恐，零丁洋里叹零丁。人生自古谁无死？留取丹心照汗青。”

南宋末年，文天祥在潮州与元军作战被俘，途经零丁洋时，元军逼迫他招降坚守崖山的宋军，他写下了这首诗。起兵抗元已经四年，环顾四周，响应他的义军却是寥寥可数。大宋江山已如风中柳絮，败亡在即，而自己的命运有如暴雨袭击下的水上浮萍，孤苦无依。曾经在惶恐滩头退兵，为国家命运而深戚忧虑；如今身在零丁洋中，叹息着自己孤苦的处境。自古以来，人都免不了一死，只要自己的这一片忠心能永留史册，就心满意足了。诗人以诗明志，表现出视死如归的高风亮节和大义凛然的英雄气概。

杜甫也在表现自然景象时，不自觉地融入家国之思、民族之念。因此，杜甫笔下的“水”不只满足于描绘大自然旖旎的风光，还寄予了他对社会现实的忧思、对人的关爱，从而使“水”有了更广博的内涵和更深沉的底蕴。例如他用“长安水边多丽人”（《丽人行》）宣泄对太平盛世中皇亲贵族奢侈浮华的不满；用“池水观为政”（《题新津北桥楼》）、“政化平如水”（《能画》）表达他对社会安定、百姓安居乐业的渴望。杜甫一生都挂心政治、忧心社会，他常常把对自然景物的描写与社会的前途、国家的命运联系起来，写下许多借“水”以感时事的诗，如《长江二首》，诗句虽不离长江，但却寄托了对国家统一的无限向往：“众水会涪万，瞿塘争一门。朝宗人共挹，盗贼尔谁尊。孤石隐如马，高萝垂饮猿。归心异波浪，何事即飞翻。”（《长江二首》其一）“浩浩终不息，乃知东极临。众流归海意，万国奉君心。”（《长江二首》其二）杜甫借众水会于涪陵、万县，争赴夔门而东流入海来说明水有朝宗之义，进而言人也应该如同水一样有朝尊之义、奉君之心。事实上杜甫作这二首诗针对的是发生在永泰元年（765）闰十月的郭英义与崔旰的争斗。当时唐王朝久经战乱、朝纲弛废，藩镇割据势力正逐步形成，杜甫对此十分忧心。他借吟咏长江来表达自己的立场：逆常理而为的人必亡无疑，如同江水飞翻阻止不了人的归心一样，割据一方的盗贼也阻止不了国家统一的步伐。在此，“水”已不再是纯客观的物象，它寄托了杜甫对家国的关切，从而具有了极强的针对性和现实价值。

明代高启所写的《黄河水》也借黄河之水抒发了对民生疾苦的深刻体悟与大声疾呼：

黄河水西来，一折一千里。四折东流归渤海，浑涛浊浪深无底。旧传一清三千年，圣人乃出天下安。河水之清一何少！吁嗟至治何由还？我愿河水年年清，圣人在上圣复生，千龄万代常太平。

治理黄河，使河水变清，是人民的强烈愿望，所以诗中企盼着能够出现黄河清，圣人出，天下安的太平景象。这种希望虽然是寄托在神的力量上，但它总是反映了人民群众的要求，有其积极意义。

如果说家国之志是诗人借咏水的外在追求的话，那以水言“君子之志”则是向内的追求。

2. 君子之志

袁山松的《宜都记》中说：“山水有灵，亦当惊知己于千古矣。”人于山水，如“好美色”，山水于人，如“惊知己”。诗人与山水互为知己，互为映照，是一种“我见青山多妩媚，料青山见我应如是”的会心。水惊知己，是君子之志，修身之道。

宋代大理学家朱熹有诗云：“半亩方塘一鉴开，天光云影共徘徊。问渠那得清如许，为有源头活水来。”（朱熹《观书有感》）（图 11-3）半亩大的池塘像明镜一样，映照着来回闪动的天光云影。要问这池塘怎么这样清澈？原来有活水不断从源头流来啊！诗的寓意很深，以源头活水比喻学习，要不断吸取新知识，才能有日新月异的进步。特别是诗中“问渠那得清如许，为有源头活水来”两句，借水之清澈，是因为有源头活水不断注入，暗喻人要心灵澄明，就得认真读书，时时补充新知识。因此人们常常用来比喻不断学习新知识，才能达到新境界。人们也用这两句诗来赞美一个人的学问或艺术的成就，自有其深厚的渊源。读者也可以从这首诗中得到启发：只有思想永远活跃，以开明宽阔的胸襟，接受种种不同的思想、鲜活的知识，广泛包容，方能才思不断，新水长流。这两句诗已凝练为常用成语“源头活水”，用以比喻事物发展的源泉和动力。这首表面看起来是写景状物的诗歌，其实却内蕴着关于水的人格理想。水在这时被赋予了道德伦理的意义指向，成为了儒家文化的人格载体。

中国文化中历来都有着对君子的言说，而水则是君子很好的一种象征物。诗人们赏识与天地精神相往来却不傲睨于万物的洒脱又深情的胸襟。个性高洁如美玉，是“德”的重要内容，而诗人们常常借助“水”表达其君子之志。

图 11-3　观书有感

诗经中的《淇奥》篇："瞻彼淇奥，绿竹猗猗。有匪君子，如切如磋……"在淇水的弯曲处种上竹子，绿竹长而美。淇水与绿竹寓意着隐居山林幽涧，彰显高洁人格，保持真我个性，遂成为比附君子之德如美玉般高洁的象征。

春秋战国时，楚国曾流传着一首《沧浪歌》："沧浪之水清兮，可以濯吾缨；沧浪之水浊兮，可以濯吾足。"《楚辞·渔父》中的渔父曾唱此歌婉劝屈原隐退自全、随遇而安。此后，"沧浪"便常被用作歌咏归隐，保持人格独立和高洁的意象。白居易《长庆二年七月自中书舍人出守杭州路次蓝溪作》："因生江海兴，每羡沧浪水。"所谓"江海兴"正是归隐之念，"沧浪水"则指隐居之地。杜牧《渔父》："白发沧浪上，全忘是与非。"这里的"渔父"，俨然是一副与世无争的隐者形象。宋人晁端礼《满庭芳》："无限沧浪好景，蓑笠下、且遣余生。"抒写的则是自己晚年隐逸江湖的生活情趣。

岑参《太白胡僧歌》中的"心将流水同清净，身与浮云无是非"就是以流水的清净比喻胡僧洁身自好、与世无争。杜甫《佳人》："在山泉水清，出山泉水浊。"王维的《山居秋暝》同样如此："明月松间照，清泉石上流。"山泉清冽，流于石上，构成了一幅清幽明净的自然美景，此时此刻，诗人仿佛觉得自己也被洗净了一般。自然的美与心境的美完全融为一体，创造出如水月镜般明净的纯美诗境，富于禅意。山中的幽静同山外的污浊形成鲜明的对比。对山中生活的向往，对清泉的赞美，表明诗人对山外官场生活的厌弃。王维在《济上四贤咏》写道："息阴无恶木，饮水必清源。"他也曾说："宁息野树林，宁饮涧水流，不用坐梁肉，崎岖见王侯。"（《献始兴公》）诗歌正是诗人心志高洁的表现，这月下青松和石上清泉，正是他所追求的理想人格和人生的理想境界。

“黄河落天走东海，万里写入胸怀间”，历史上的诗人以诗言志，抒家国情怀，咏君子品性，涵水之内蕴。

第二节　词：言情之水

词：言情之水

诗言志，词缘情。“词本管弦，冶荡之音”（《四库全书总目·乐章集提要》），“词为艳科”，词人终于可以大写“儿女私情”，可以写“人生情怀”。

我们首先看柔情婉意之水。虽然词人可以大胆地写“儿女私情”，但词中的爱情大多数却是细水长流、小桥流水式的柔情婉意。

一、柔情婉意之水

“水”可以用来表达相爱双方团聚时绵绵不尽的柔情蜜意。秦观的《鹊桥仙》中的“柔情似水，佳期如梦，忍顾鹊桥归路”便是这一类。“水”常被用以象征与水有类似之处的阴性事物，这里“水”代表一个“喻情与性”的阴柔审美意象。

汴水流，泗水流，流到瓜洲古渡头，情哥哥，慢些走，妹妹等你，在楼外楼。

这是歌曲《汴水流》的歌词，也是 2003 年古装电视连续剧《江山风雨情》的片尾曲，熟悉词的人应该会有似曾相识的感觉。不错，这首歌是根据白居易的词《长相思》改编的。

我们来看白居易的《长相思》：

汴水流，泗水流，流到瓜洲古渡头。吴山点点愁。思悠悠，恨悠悠，恨到归时方始休。明月人倚楼。

我们看看词中写的汴水。它发源于河南，古汴水一支从开封东流到今天的徐州，汇入泗水，与运河相通，经过江苏扬州南面的瓜洲渡口（图 11-4）再流入长江，向更远的地方流去。

图 11-4　瓜洲古渡

这首词表面上看全是写流水景色，其实不然。首先看上阙。前三句，写少妇丈夫外出，随着汴水、泗水向东南行，到了遥远的地方，第四句“吴山点点愁”用拟人的手法，婉转地表现少妇思念丈夫的愁苦。作者轻轻地点一“愁”字，就使意象发生了巨大的变化：吴山之秀色不复存在，只见人之愁如山之多且重，这是一；山也因人之愁而愁，这是二；山是愁山，则上面所写的“汴水”“泗水”之水也是恨水了，自是人生长恨水长东，这是三。如果我们不注意的话，就会把前三句“汴水流，泗水流，流到瓜洲古渡头”简单地理解为写汴水、泗水东流的景色，但我们知道，一切景语皆情语。汴水流，泗水流，表面上在写水流，实际上写少妇丈夫如流水般的漂泊，典型地以流水比人；同时也暗喻少妇的心亦随着流水而追随丈夫的行踪飘然远去。

下阙直抒胸臆，表达少妇对丈夫长期不归的怨恨。前三句写她思随流水，身在妆楼，念远人而不得见，思无穷，恨亦无穷。“悠悠”二字，意接流水，笔入人情。末句“月明人倚楼”，是画景也是情语。五字包拢全词，从而知道以上的想水想山，含思含恨，都是人于明月下，倚楼时的心事；剪影式的画幅，又见出她茫茫然远望的思念，我对你的思念如悠悠的眼前流水，你始终不回，我恨啊，我愁啊，我无奈啊，我彷徨啊，我孤单寂寞啊。

整首词以月下脉脉的流水映衬，象征悠悠绵绵的离情别绪，深沉的遐念和由此而生的幽怨哀愁，白白的月光，滚滚的流水，点点的远山，与思妇心中悠悠的思绪，长长的怨恨交织在一起，形成一种行云流水之致，更增添了愁思绵长，烘托出哀愁忧伤的气氛。

而李清照则以一首小令抒发了对远行丈夫的深笃爱情，吐露了夫妻天各一方的相思之苦：“花自飘零水自流，一种相思，两处闲愁，此情无计可消除，才下眉头，却上心头。”

此外，秦观的“自在飞花轻似梦，无边丝雨细如愁，宝帘闲挂小银钩”也以水喻轻愁。李之仪的《卜算子》：“我住长江头，君住长江尾。日日思君不见君，共饮长江水。此水何时休，此恨何时已。只愿君心似我心，定不负相思意。”无须多加解释，长江的一头一尾，住着“我”和“君”，尽管我们不能朝朝暮暮，可是我们却“共饮”着只属于我们两人的“长江水”，沉浸在只属于我们彼此的快乐之中。

词中不仅有柔情婉意，亦有豪情叹世。词经过苏轼、辛弃疾等人的发展，内容逐渐丰盈，情感逐渐豪壮，下面我们看豪情叹世之水。

二、豪情叹世之水

辛弃疾有“楚天千里清秋，水随秋去天无际”（《水龙吟》）的浩瀚，朱敦儒有“万里夕阳垂地，大江流”（《相见欢》）的辽远，范仲淹有“山映斜阳天接水”（《苏幕遮》）的绵延。在这样开阔壮观的天地中，“千里水天一色，看孤鸿明灭”（朱敦儒《好事近》），词人们自由地创造着他们的豪情叹世之水。

我们看张孝祥的《六州歌头》：

长淮望断，关塞莽然平。征尘暗，霜风劲，悄边声。黯销凝。追想当年事，殆天数，非人力，洙泗上，弦歌地，亦膻腥。隔水毡乡，落日牛羊下，区脱纵横。看名王宵猎，骑火一川明。笳鼓悲鸣。遣人惊。

宋金以淮河为界，词人极目远眺千里长淮，莽莽平野已经成为关塞边防，景象凄凉，顿觉黯然神伤。洙泗之滨，礼义之地，也被金兵侵占，弥漫着腥膻之气。淮河北岸，区脱（区脱是匈奴话，指汉时与匈奴连界的边塞所立的土堡哨所）纵横，猎火照野，笳鼓悲鸣，金人亡我之心不死，此情此景，令人惊心动魄，自己却壮志难酬，英雄无用武之地。

上阕描写江淮区域宋金对峙的态势。“长淮”二字，指出当时的国境线，含有感慨之意。从绍兴十一年十一月，宋“与金国和议成，立盟书，约以淮水中流画疆”（《宋史·高宗纪》）。从前曾是动脉的淮河，如今变成边境。这正如后来杨万里《初入淮河》诗所感叹的“人到淮河意不佳”，“中流以北即天涯！”国境已收缩至这样，只剩下半壁江山。极目千里淮河，南岸一线的防御无屏障可守，只是莽莽平野而已。江淮之间，征尘暗淡，霜风凄紧，更增战后的荒凉景象。

伫立漫长的淮河岸边极目望远，关塞上的野草丛茂是平阔的荒原。北伐的征尘已暗淡，寒冷的秋风在劲吹，边塞上静寂悄然。我凝神伫望，心情黯淡。追想当年的中原沦陷，恐怕是天意运数，并非人力可扭转；在孔门弟子求学的洙水和泗水边，在弦歌交奏的礼乐之邦，也已变成膻腥一片。隔河相望是敌军的毡帐，黄昏落日时，牛羊返回圈栏，纵横布置了敌军的前哨据点。看金兵将领夜间出猎，骑兵手持火把照亮整片平川，胡笳鼓角发出悲壮的声音，令人胆战心寒。

这首词写临淮观感，通过国土形势的纵览，谴责批评了朝廷的苟安政策，抒发了强烈的忠愤报国之情。

在《菩萨蛮·书江西造口壁》中，辛弃疾慨叹道：“青山遮不住，毕竟东流去。”无数青山，词人既叹其遮住长安，更道出其遮不住东流水。青山所喻当指敌人。在词人潜意识中，当并指投降派。“东流去”三字尤可体味。“众流归海意，万国奉君心 ”，故必言寄托，当以江水东流喻正义所向也。正义终会战胜邪恶，这是历史的必然，是谁都阻挡不了的。

“六朝旧事随流水，但寒烟衰草凝绿”（王安石词《桂枝香》）等，都以水自然流逝来暗示时代变迁，给人颇多伤感，还有暗示历史的不可逆转性。例如苏轼的《念奴娇》：“大江东去，浪淘尽，千古风流人物。”还有柳永词《八声甘州》：“是处红衰翠减，苒苒物华休，惟有长江水，无语东流。”这些以水作为时间意象的词，说明了宋人对于水这一特殊物象的重视，并努力通过水这一物象来暗示积淀于其中的理性意义，从而增加词的表意容量，使得词韵味深厚，情思邈远。同时，水这一意象以其所起的暗示作用，使词不仅在表意上含蓄、蕴藉，在意境上也显得开阔、博大、恢宏，表现了宋代词人对自然与人世的特殊感悟。

蒋捷的《虞美人·听雨》（图 11-5）则写人生慨叹：

少年听雨歌楼上，红烛昏罗帐。壮年听雨客舟中，江阔云低断雁叫西风。而今听雨僧庐下，鬓已星星也。悲欢离合总无情，一任阶前点滴到天明。

长风飔以增扇，广莫□而气整。徐而不□疾而不猛。鼓帆迅越，□涨截洞。凌波纵柂，电往杳溟。蚕如晨霞孤征，眇若云翼绝岭。”

赋这种文体，既广泛地再现了山水景色的美姿，感召人们热爱河山，因而获得美的享受，又深刻地揭示出山水的功用价值，启发人们认识山水的自然属性，从而改造利用它；同时赋家在描写山水时善于融化自我，借助江山，寄寓情志，诱发人们投抱山水，寄托人生。

赋家之心，苞括宇宙，总览人物。言谈延国辅，词赋引文雄。

散文：疏淡之水

第四节　散文：疏淡之水

《述异记》记载：“昔，盘古之死也，头为四岳，目为日月，脂膏为江海，毛发为草木”，说明中华大地的壮丽河山是祖先的血脉化成，是中华民族赖以生存繁衍的胜地。人类与山川相互依存。

“水光山色与人亲，说不尽，无穷好”，散文中的山水往往疏淡，这与中国古代散文讲究疏淡之笔有关。

一、疏淡之水：景幽境清

散文中所写多疏淡之水，景幽境清。我们看柳宗元的《小石潭记》（图 11-7）：

从小丘西行百二十步，隔篁竹，闻水声，如鸣珮环，心乐之。伐竹取道，下见小潭，水尤清冽……潭中鱼可百许头，皆若空游无所依。日光下澈，影布石上，佁然不动；俶尔远逝，往来翕忽。似与游者相乐。

图 11-7　《小石潭记》

写小石潭，先写“声”，也就是水声，从小土丘向西走百多步，隔着竹林，就听到了水声，这水声好听，像什么呢？静心听来，好像身上带的玉佩、玉环相碰发出的清脆声音，我的心情顿时被这美妙的水声所感染，高兴起来。于是，循水声而去，我砍倒竹子，要开辟出一条道路，找到这泠泠水声，果然在下面看见一湾小潭，潭水特别清凉又寒冷刺骨。这段描写了小石潭幽深冷寂的景色和气氛。

全文寂寞清幽，郁郁落落，形似写景，实则写心。文章对潭中游鱼的刻画虽只寥寥几句，却极其准确地写出潭水的空明澄澈和游鱼的形神姿态。

此外，文中写潭中游鱼的笔法特别妙，没有一笔涉及水，只说鱼“空游无所依”，而水的澄澈透明，鱼的生动传神，都各尽其妙，意境之深，令人拍案叫绝。

作者极力描写小石潭的幽静，甚至能浸透到人的心灵里去。“一切景语皆情语”，这篇散文生动地描写出了小石潭环境景物的幽美和静穆，抒发了作者贬官失意后的孤凄之情。

吴均的《与朱元思书》（图 11-8）也是景幽境清的典范。这篇散文描绘了浙西自富阳至桐庐一带的碧水青山，青山绿水与其间的动物鸣叫声相交融，绘声绘色：

风烟俱净，天山共色。从流飘荡，任意东西。自富阳至桐庐一百许里，奇山异水，天下独绝。水皆缥碧，千丈见底，游鱼细石，直视无碍……泉水激石，泠泠作响。好鸟相鸣，嘤嘤成韵。蝉则千啭不穷，猿则百叫无绝。鸢飞戾天者，望峰息心……

图 11-8 《与朱元思书》

作者描绘富春江一带的青山绿水，寄托了他对山川自然的深情眷恋，以及对仕宦生涯的由衷厌倦。“从流飘荡，任意东西”，一叶扁舟，随着江流自由自在地飘荡，任凭它将自己带向何方。作者胸中亦无尘，一片澄明。主客体都是如此清空，如此纯净，蕴含着一种天人合一、物我相泯的韵趣。“水皆缥碧”四句写水的清澈深邃，鱼儿游于空明，卵石五彩斑斓，都历历可见，尽显渊深的静谧。他写漂流，舟行景移，富春江也有激流险滩，“急湍”二句，惊湍奔流之快比高弦之箭，白浪翻涌势如骏马之奔，自有瑰奇壮丽之美，凸现了水之姿态横生，云谲波诡。

这篇山水小品，从视觉、听觉刻画山川景物，描绘生动传神。近人胡怀琛说：“写山，写水，写竹树猿鸟鱼等，无不善于形状。虽寥寥短幅，而画意无穷。文耶，画耶，吾不知矣。”是啊，把景写得如此优美，到底是画还是文？正所谓文中有画，画中有文。张潮《幽梦影》里说：文章是案头之山水，山水是地上之文章。

二、疏淡之水：隐逸避世之情

积极入世能实现士子们治国、齐家、平天下的理想，带给他们功成名就的满足，但在具体的实行过程中不仅荆棘丛生，难之又难，而且扭曲人格、毁坏性情，而山水田园则是他们遣放心神，保全性情，印证人格价值的最佳处所。

明末王思任的《剡溪》描绘了一幅美丽的山静水幽图。第一个场面是初夜的三界址：

江色狎人，渔火村灯，与白月相上下，沙明山静，犬吠声若豹，不自知身在板桐也。

江上的渔火，村里的灯火与天边的月光上下辉映，一幅江村夜景图，一首春江小夜曲：这一画一曲，一静一动，构成了一个皎洁清幽的世界。文尾作者要“移舟桥尾，向月碛枕漱取酣”，表现了作者高雅的情怀和隐逸之趣，刘长卿在《送荀八过山阴旧县兼寄剡中诸官》中说：“剡溪多隐吏”。

我们再看另外一位被称为“山中宰相”的陶弘景。他三十七岁退隐茅山，遁迹林泉四十多年。秀美的江南山水，不仅是他的栖息之地，也是他皈依的精神家园。他的《答谢中书书》（图 11-9）也是一篇面对山川美景直抒胸臆的山水小品，隐逸之思溢于言表。

山川之美，古来共谈。高峰入云，清流见底。两岸石壁，五色交辉；青林翠竹，四时俱备。晓雾将歇，猿鸟乱鸣；夕日欲颓，沉鳞竞跃，实是欲界之仙都。自康乐以来，未复有能语其奇者。

图 11-9 《答谢中书书》

大山大河大江之美，是古来共同谈论的事情。高高的山峰高耸入云，溪流清澈见底，两岸石壁绚烂夺目，青青的山林与翠绿苍竹辉映，四季如一……夕阳西下，鱼儿在江中腾跃，这实在是充满欲望的世界所难得的仙境。

我们会发现陶弘景将秀美山水喻为“欲界之仙都”。在佛家语中，欲界是三界之最下层，是沉溺于食、色诸欲的众生居住之所，而你看一下被作者誉为“仙”都的富春江。什么是“仙”？我们看“仙”这个字，一个人一个山，住在山里，脱离了世俗的欲望，纵情于山川之美。这样的人，才可称为“仙人”。

作者目睹了当时社会动荡的局面，并参与了政权更替的一些事件，对于世俗的争权夺利有深刻的感触，因此隐居山林以求解脱。

《世说新语》记载：“简文帝入华林园，顾谓左右曰：‘会心处不必在远，翳然林水，便有濠濮涧想也，觉鸟、兽、禽、鱼，自来亲人。’”

能欣赏山水还被视为名士风雅。许询“好游山水”，当时的人便赞赏他。卫永不熟悉山水，孙绰便讥笑他说：“此子神情都不关山水，而能作文？”说卫永这个人，你对山水都不关心，会写文章吗？因为魏晋是一个“文学自觉”的时代，他们向外发现了自然山水之美，向内发现了人的深情，你卫永对山水无动于衷，深度怀疑你能不能写得成文章？实际是质疑他的审美。

《世说新语·文学》又记：阮孚读郭璞诗句“林无静树，川无停流”后，感慨道：“泓峥萧瑟，实不可言。每读此文，辄觉形超神越。”

郭璞的八句诗看似写景，实则蕴含万物皆变、世事无常的哲理及诗人对人生的深沉感慨。短短八字，有尺幅千里之势。

《世说新语·言语》：“顾长康（恺之）从会稽还，人问山川之美。顾云：‘千岩竞秀，万壑争流，草木蒙笼其上，若云兴霞蔚。’”

可见古代士人对悠游山水的喜爱。如果不理解“天人合一、隐逸文化”，不理解中国传统知识分子在出世和入世中进退两难的人生，不理解他们在湖光山色中平复忧愤、疗治伤痛、赢得自由的东方哲学方法，就很难理解中国山水文学，尤其是疏淡隐逸之水的散文。

中国古代散文以疏淡之水抒写了景幽境清之美、隐逸避世之情。吾心淡无累，遇境即安畅。漫步红尘外，心在水云间。《老子》也说：“天地任自然，无为而造。”

世界那么大，我想去看看。看山川之清幽，看人生之闲逸。

第五节　小说：摹人之水

小说：摹人之水

古代的诗词歌赋中频频出现与水有关的意象，小说同样也跟水有千丝万缕的联系。虽然中国神话传说还不是真正意义上的小说，但已经具备了丰富的水神话传说的内容，如精卫填海、夸父逐日、大禹治水等；后世与水有关的小说更是丰富多彩，如八仙过海、白蛇传、柳毅传书、四大名著等，乃至现当代文学作家都会抒写和讴歌水，如沈从文的《边城》，王安忆的《小雨沙沙沙》《黄河故道人》《流水十三章》，莫言的《酒国》等，无一不与水有关。

小说有三要素——人物、情节、环境，其中人物是核心。本节以小说的核心人物为中心，主要以《三国演义》《水浒传》《西游记》《红楼梦》四大名著为主，分析小说中的摹人之水。

一、水之媒与人物

水是生命之源，孕育了生命，而人是万物之灵。因此，小说中的人物常常带有水的特质，而水作为媒介，与人物背景、生活环境都息息相关。

水有很多属性，而流动是水的自然属性。由此，在人的审美感受中，这一属性可以化作生命的特征，即“人化的自然”，物质的水具有了象征意蕴。我们面对水会抚今思昔，感慨历史。这便是把历史看作了有生命、流动的“水”。如《三国演义》的开篇：

滚滚长江东逝水，浪花淘尽英雄，是非成败转头空，青山依旧在，几度夕阳红。白发渔樵江楮上，惯看秋月春风，一壶浊酒喜相逢，古今多少事，都付笑谈中。

以长江水象征了那段如长江流水般风起云涌、变幻莫测但最终似流水般逝去的三国历史，抒发了作者对历史沧桑的感叹。同时，由流水引发人生历史的空幻感。历史永恒又变化，表现了“合久必分，分久必合”的历史循环观。

再如《西游记》的取经队伍：唐僧、孙悟空、猪八戒、沙僧、白龙马。可以说，队伍里每个人都跟“水”有渊源。

唐僧（图 11-10）的出生是著名的“江流儿”故事。小说中，唐僧之父赴官在江上遇害，母亲被霸占，唐僧出生后被母亲放置在江中木板之上，顺水漂流，被金山寺长老救起，取名江流，长大后虔诚向佛，法名玄奘。唐僧是历史上的真实人物，新旧《唐书》《续高僧传》都给其立传。晚唐至两宋，随取经故事在民间的广布和神化，唐僧的神话色彩欲来欲浓。唐僧“江流儿”的身世是融合了中国古代神话、唐宋小说、宋元戏剧及民间传说的相关内容而潜心创造的一个文学故事。众多弃子神话中都出现了水：有的婴儿被弃于水边、冰上，有的则干脆被抛于河中，这又形成十分典型的“江流儿”范式。《四姓害子》《三根金发》、萨尔贡传说、《圣经》摩西故事等，都有弃婴儿于水中（或水边）的情节。此外，在中国文献典籍中，也能找到不少类似的传说。如晋代张华《博物志》记述徐偃王故事，内有“徐宫人娠而生卵，以为不祥，弃之水滨”，被犬衔回等情节。而《华阳国志·南中志》记录女子浣洗于水滨，有大竹流入女子两足间，推之不去，后破竹得男，长大后“遂雄夷濮”等事，也是“江流儿”的范式。弃子神话还有一种延伸类型，即圣贤或英雄不但出生遭厄，就是在长大成人之后、功业未就之前（甚至之后），也一直厄运缠身、磨难不断。同时，这样的神异唐僧，也是小说受史传手法的影响，在史传传统的发展链条上，凡有功绩建树的如帝王贤才、英雄豪杰等受到人们景仰的人物，为突出其超凡性，他们出生时就被赋予了神异性。故此，唐僧因为“江流儿”的身份，取得了和他弟子孙悟空、猪八戒、沙和尚一样身世的超凡性，并使这个取经队伍的出身都具有了相同的神异性和严整性，包含了厚重的古老神话的底蕴，而这些都是借助于“水”来塑造的。

图 11-10 唐僧

孙悟空的出身更是与“水”有关，他出生于海上仙山——花果山。花果山位于大海之中，四面环水：

海中有一座名山，唤为花果山。此山乃十洲之祖脉，三岛之来龙，自开清浊而立，鸿蒙判后而成。真个好山！有词赋为证，赋曰：

势镇汪洋，威宁瑶海。势镇汪洋，潮涌银山鱼入穴；威宁瑶海，波翻雪浪蜃离渊。水火方隅高积土，东海之处耸崇巅。丹崖怪石，削壁奇峰。丹崖上，彩凤双鸣；削壁前，麒麟独卧。峰头时听锦鸡鸣，石窟每观龙出入。林中有寿鹿仙狐，树上有灵禽玄鹤。瑶草奇花不谢，青松翠柏长春。仙桃常结果，修竹每留云。一条涧壑藤萝密，四面原堤草色新。正是百川会处擎天柱，万劫无移大地根。

《西游记》创造出的“天下第一名山”花果山，具有极为丰富的文化蕴含：它是猿猴的洞天福地，也是人类的自由家园；它是隐遁者的桃花源，也是反抗者的梁山泊。但是，花果山又不仅仅是桃花源，也不仅仅是梁山泊，它是综合了多种因素（包括猿猴的生活习性等）而形成的一个独特存在，是天地海洋之精华。他的居住地“水帘洞”，洞外瀑布为帘。

孙悟空（图 11-11）不仅出生于水世界，他使用的兵器——金箍棒，也是借于龙宫水世界。同时，这根金箍棒的来历就更是与水关系密切了，它是大禹治水遗下的定海神针，这又与治水神话发生了渊源。此外，孙悟空七十二般变化也与水有关，他会变幻鱼、蛇等水生动物。

图 11-11 孙悟空

猪八戒（图 11-12）的身世同样与水有关。猪是水生动物，性喜水。先民视其为水中动物，加之猪的浴身习性与降雨有某些联系，古代误以为降雨与猪相关，故以猪为水畜，奉为水神。《毛传》郑笺：“豸之性能水”；郑玄注曰：“毚，水畜也”。《周易说卦》说：“坎者，水也”“坎为豕”。水神河伯的形象为猪。猪八戒被贬前在天河做天蓬元帅，天蓬元帅即是管理天河、掌管水兵的水神。八戒在大战流沙河一节自报家门说：“老猪当年总督天河，掌管了八万水兵大众。”

图 11-12　猪八戒

沙僧（图 11-13）在流沙河中为水怪，小说写他生活的流沙河环境是：“八百流沙界，三千弱水深。鹅毛飘不起，芦花定底沉”，“浪涌如山，波翻若岭”。连观音菩萨为沙僧取的法名也与水有关。书中写悟净道：“弟子向蒙菩萨教化，指河为姓，与我起了法名，唤做沙悟净。”

图 11-13　沙僧

唐僧的坐骑白龙马（图 11-14）是小白龙所变，小说借悟空的嘴交代了小白龙的身世。行者道：“你说他是马哩！他不是凡马，本是西海龙王敖闰之子，唤名龙马三太子。只因纵火烧了殿上明珠，被他父亲告了忤逆，身犯天条，多亏观音菩萨救了他的性命。他在那鹰愁陡涧，久等师父，又幸得菩萨亲临，却将他退鳞去角，摘了项下珠，才变做这匹马，愿驮师父往西天拜佛。”马非水性之物，上古先民取马作为龙的模型之一是缘于最初构成龙的局部特征的马，并非陆上的马，而是指水中的河马。上古时期，黄河流域气候温和，存在过象、犀牛、河马之类的动物。河马因生活在水中被奉为水神。神话传说中的龙马便是这种河马的化身："伏羲氏有天下，龙马负图出于河"（《尚书注》）；"陇西神马山有渊池，龙马所生"（《汉唐地理书钞》辑《遁甲开山图》）；"龙马者，神马也，河水之精"（《瑞应图》）。传说中的龙马居于水中，说明龙最初综合的对象为河马。不过由于河马与陆地之上的马有许多相似之处，古人对动物本身并无严格的区分，故久而久之，便有意无意地把河马、陆马视为一类。龙外形上最显著的特征是以马首为头。

图 11-14　白龙马

可见，取经队伍里所有人物，包括唐僧的坐骑都与"水"有关。

二、水与人物性格

小说的核心是塑造人物，因此，人物性格是其关键。而不少小说中的人物都带有水质。"柔情似水"是描摹温柔如水的女性，而对坏女人，我们也有与水有关的词："水性杨花"。不仅女性，男性人物的性格也与水密切相关。

例如《水浒传》，就以水的变体"酒"来塑造人物。作者特别注重把人物与酒相关联，以酒写人，塑造人物性格，发展故事情节，反映社会现实。第三回，鲁智深作为和尚还大碗吃酒，先吃了十来碗，又撕着狗肉，蘸着蒜泥吃了十来碗，把店主都惊呆了，才演出大闹五台山的喜剧，表现他不受宗教束缚，要求自由的粗犷豪放性格。第十回，"林冲雪夜上梁山"，在朱贵酒店里吃了三四碗，因去梁山要经水路，又无处觅船，内心烦闷，又吃了几碗，才由酒生情，写下那八句豪言壮语，表现了他报仇雪恨上梁山的决心。水是人类生存的必需品，而酒却是使生命激情得以升华的物质。当水作为原始生命力意象强度不足时，往往被置换成"酒"。与酒相比，水更具有生命的散淡无为意味，酒却是狂野的抗争，是生命野蛮地率性出演。酒醉之下，人类更贴近自己的本性，更具有生命的雄强品格，更具有动态的狂欢色彩，可与古希腊的酒神精神相类，虽然中国的"酒神精神"没有古希腊的激烈与普遍，但也是一种比水更狂烈的乡野文化，对于酒的描写，更能表现他们的江湖之气。

《三国演义》中直接以"水"字来写刘备（图 11-15），如第 31 回，刘备欲投刘表，孙乾前往刘表处说服刘表，提到刘备："荆州刘将军礼贤下士，士归之如水之投东。"以"水"之喻表现了刘备对于人才的重视和尊重而天下归心的夸赞。曹操评价刘备的一段话亦是以"水"喻人。操曰："刘备，人中之龙也，生平未尝得水。今得荆州，是困龙入大海矣。孤安得不动心哉！"曹操把刘备比喻成龙，只不过没有得到有利于其的环境而无法大展手脚。曹操一生把刘备视作最强劲的竞争对手，但刘备在早期一直没有自己的根据地，得荆州后，正如龙入大海，故曹操要夺取荆州。而刘备也把与曹操的关系做了一比，玄德曰："今与吾水火相敌者，曹操也。操以急，吾以宽；操以暴，吾以仁；操以谲，吾以忠：每与操相反，事乃可成。若以小利而失信义于天下，吾不忍也。"刘备以"水火"的关系来比喻自己与曹操的关系，刘备是"水"，曹操是"火"。刘备以水一样的精神，以弱示敌却能以柔克刚，最终三分天下。

图 11-15　刘备

小说塑造刘备还以水的变体形式来写，最典型的便是以"泪""哭"来刻画刘备，实际是借"泪"来表现其仁、义、德等为人所推崇的品行，同时，也通过"泪"表现其命运多舛、坎坷多难的一生。如第 19 回，猎户刘安"欲寻野味供食，一时不能得，乃杀其妻以食之"，刘备知道后，"不胜伤感，洒泪上马"，这是出于人之常情而洒下的泪。后面还写了很多刘备的"泪"，用意则在表现其性格，褒扬其人格。如刘备听说徐庶要去曹操处寻母，送别徐庶时"泪如雨下""凝泪而望"，写出了刘备的爱才惜才，从而感动了徐庶，虽"身在曹营心在汉"，并"终身不设一谋"。

刘备弃樊城一节，小说写道：

两岸哭声不绝。玄德于船上望见，大恸曰："为吾一人而使百姓遭此大难，吾何生哉！"欲投江而死，左右急救止。闻者莫不痛哭。船到南岸，回顾百姓，有未渡者，望南而哭。

数十万百姓追随刘备，刘备不忍弃百姓，于是出现了以上悲壮的场面，"仁、德"之君的形象跃然纸上。

此外，长坂坡摔阿斗，刘备的“泣”则表现了他的“仁、义”。刘琦病亡，刘备“痛哭不已”，刘备东吴招亲，“暗暗流泪”“凄然泪下”，孙刘两家“借荆州、还荆州”之争，写刘备“掩面大哭”“真个捶胸顿足，放声大哭”。刘璋投降，刘备握手泣曰：“非我不行仁义，奈势不得已也！”而关羽被害，刘备“一日哭绝三五次，三日水浆不进，只是痛哭；泪湿衣襟，斑斑成血。”临死之时梦中见云长，“先主扯定大哭……”终于完成了刘备的“大义”：同年同月同日死。

其他人物如诸葛亮的塑造也与水有关。小说先写诸葛亮隐居之环境——“一带高冈枕流水”“流水潺湲飞石髓”“水不深而澄清”，以环境的出尘脱俗来写诸葛亮的不同流俗。古代高人隐士常常隐居在水滨，如颍水隐居之许由、清溪隐居之鬼谷子、磻溪垂钓之姜子牙、“竹溪六逸”等，优游于山水之间，以水之洁清代表他们清高孤介、洁身自爱、知命达理、视富贵如粪土的高洁品行。其后，刘备三顾茅庐，终于请得诸葛亮出山，并待之以师礼，引起关、张二人的不悦。玄德说：“吾得孔明，犹鱼之得水也。”表现了刘备对于诸葛亮才华的肯定和信任，以及知遇之恩，以致引起张飞不满，后来会对刘备说：“哥哥何不使‘水’去？”

《红楼梦》也与水关系密切。大观园的世界是女子的世界，“女人是水做的骨肉，男人是泥做的骨肉，我见了女儿便清爽，见了男子便觉浊臭”，曹雪芹将女性的世界和水的世界在无形中勾连在了一起。

我们看书中主要人物林黛玉（图 11-16）——其外貌“一双似泣非泣含露目”。“泪光点点”，书中写黛玉“洒泪”“抹泪”“垂泪”“流泪”“拭泪”“落泪”“眼睛含着泪”……写其哭：“哭个不住”“大哭一阵”“抽抽噎噎地哭个不住”“哭道”“啼哭”“哭起来”“伤心大哭”“大哭大吐”“哭的通红了”“痛哭”“又颤又哭”“拚命放声大哭”“哭晕去了”“掩面自泣”。

图 11-16　林黛玉

黛玉冰清玉洁，眼睛里揉不进沙子，对人、事、物无不似水般纯净无瑕。由此，她的喜怒哀乐，她的多愁善感，她的小性不饶人，她的刀子嘴水晶心，她的任性恣情，无一不展露在众人面前，如水般透明、清澈、干净。脂批本评黛玉：足见其以兰为心，以玉为骨，以莲为舌，以冰为神。真真绝倒天下之裙钗矣。

黛玉感《牡丹亭》中的诗句“则为你如花美眷，似水流年……”，联想到古人“水流花谢两无情”，“流水落花春去也，天上人间”，又想到《西厢记》中“花落水流红，闲愁万种”，心痛神痴，眼中落泪。这些诗句无不是借流水落花的意象，感叹如流水落花般逝去的青春，如“水中月”“镜中花”般虚空无望，无可把握的爱情，纯洁之水以悲剧结尾，更显其悲剧。

曹雪芹呕心沥血十年之作，着力书写一位饱含着血泪的女儿。女儿似水，水似女儿。而“女儿是水”的命题，又与春秋时《管子》中关于人与水关系的阐述有部分暗合之处：“人，水也。男女精气合而水流形……是以水……凝蹇而为人。”人由水凝蹇而成，与“女儿是水作的骨肉”本质相通；而曹雪芹的独到之处，就在于他提出“女儿”是水，男子非水的说法。这不仅是将《管子》中的哲学命题文学化了，而且还将“水”的专利权归于女性；且更将“水”的灵秀清明聚集于“女儿”之最优秀者林黛玉的形象中。这又如同是对《管子》中“水集于玉”思想所作的进一步的文学化表达。

水如人生，人生似水。

第十二章　水与艺术

第一节　水与绘画

水与绘画

“天青色等烟雨，而我在等你”，“千载寂寥，披图可鉴”，中国山水画是中国人情思中最为厚重的沉淀。它以自然山水为描摹对象，出现在战国之前，滋育于东晋，确立于南北朝，兴盛于隋唐。中国山水画中，水景蔚然大观。

一、形神兼备

我们看几幅画，知道是谁的画吗？这些是南宋著名山水画家马远画的《十二水图》中的几幅（图 12-1）。这十二幅水图对水的不同形态，环境气候带来的各种变化，描摹得细致入微。这些水，有的静谧，有的微澜，有的鼓怒，有的炫奇，有的迂回，有的盘旋，有的汹涌，有的激荡，有的跳跃，有的奔撞，惟妙惟肖，姿态各异。

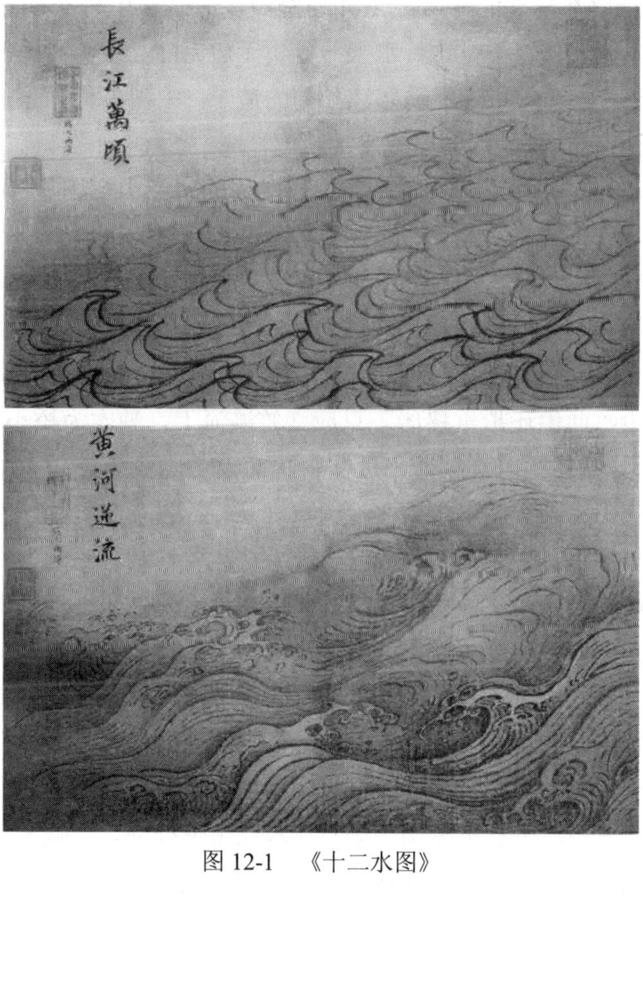

图 12-1　《十二水图》

为了表现不同水波，马远采用了多种不同手法，有的线条细如发丝，行云流水，有的线条粗实稳健，浑厚雄壮，墨色有浓有淡，有干有湿，变化多端。古代画法上有句话：得笔法易，得墨法难；得墨法易，得水法难。

他还画过很有代表性的《寒江独钓图》。看这幅画（图 12-2），可以在这幅画上看到什么？一条船、一渔翁和水，还有大面积的白。他只画了一叶扁舟漂浮在水面上，一渔翁独自在船上垂钓。除寥寥几笔画出几道水波外，画面上全是空白，简到不能再简。

图 12-2　《寒江独钓图》

表面看这些空白都是虚的，实际上并非空白，而是虚中有实。这“实”既代表水——一片汪泽，也代表天。正是这种水天一色、无边无际、空旷渺漠的境界，更突出了江面的辽阔、寒意萧索的气氛和渔翁寒江独钓的情景。中国古代画家把这种运用空白的艺术手法称为“计白当黑”，可谓形神兼备。

历史上著名的画作往往形神兼备。如明代沈周的《庐山高图》，画中山石林木浑朴雄健，几无空处。山石融合了王蒙的解索皴与董源、巨然的披麻皴法，先以淡墨层层皴染，再施以浓墨逐层醒破。笔法稳健细谨，不恣意逞任，用墨浓淡相间，于满幅布局中有疏朗之感，故觉实中有虚，而画悬泉百丈直泻冲下，涧水轻柔，云光山色极为精彩。

明代董其昌《林和靖诗意图》是董其昌根据北宋诗人林和靖的诗意而创作的。诗为：“山水未深鱼鸟少，此生还拟重移居。只应三竺溪流上，独木为桥小结庐。”此图又名《三竺溪流图》。作品构图以深远兼平远法，画面设色以浅绛青绿为主调，温润淡雅，表现出画家在设色山水画中所追求的平淡天真之意。

郭熙的《林泉高致》提到“三远”的表现手法。要达到“高远”“平远”“深远”的效果，就要打破焦点透视观察景物的局限，要用仰视、俯视和平视等散点透视来描绘画中的景物。一片湖光山色，茂林修竹，流水飞瀑，令人神往。接着是层峦叠嶂，山丘连绵。紧接着随之一变，危峰兀立，栈道盘曲，凸现中国山川无比壮阔雄伟的气概。随着山峦尽处，江水蜿蜒而来，逐渐进入丘陵地带，画面也渐渐开阔。最后是一望无际的烟波，远处平坡远浦，渔舟摇曳；近处山村水廓，屋舍俨然，正是一派江南水乡风光。全卷波澜起伏，主次分明。山石不见钩皴墨竹；水纹用笔纤细，一览无尽。重视立意构思的重要作用，提倡艺术形象是为了表达内心与外界之间的交流。

李唐的《万壑松风图》画面绘长松深壑，主峰耸峙，岩石壁立，山泉奔流。画面山峰高峙，山石巉岩，峭壁悬崖间有飞瀑鸣泉，山腰间白云缭绕清岚浮动。从山麓至山巅，松林高密，郁郁葱葱。山脚下乱石珠连，水流奔涌。大自然雄壮之气扑面而来，给人以气势磅礴的感觉。山巅的丛树，近树的松林，有隐有现的石径，加强了画面幽深的情调。左方中景有瀑布一线垂下，几折而转成一滩溪涧，涧水穿石过，如闻声响，真是画到有声就是诗。

二、人水合一

这里的“人”既指画中的“人”，也指画外的“人”。山水画所表现的是人与自然的关系，将人与自然融为一体。山水画家“外师造化，中得心源”。“造化”是指大自然，“心源”指的是内心的感悟，是说画家应以大自然为师，再结合内心的感悟，然后才可创作出好的作品。读万卷书，行万里路，不满足于对自然景物的客观描绘，要求画家把对自然景物的认识与感受，与被描绘的客观对象很好地结合起来，达到情与景有机地融合在一起。在这种融合中，表现出一种十分鲜明的，可给人以启示和想象的自然景象，同时又包含着耐人寻味的意蕴，达到“人水合一”的境界。

宋代郭熙的《山水训》说：

君子之所以爱夫山水者，其旨安在？丘园，养素所常处也；泉石，啸傲所常乐也；渔樵，隐逸所常适也；猿鹤，飞鸣所常亲也。尘嚣缰锁，此人情所常厌也。烟霞仙圣，此人情所常愿而不得见也。

是说君子们之所以喜爱山水，是因为山丘田园可以韬养内心的宁静淡泊；泉石吟啸可以让君子们经常获得傲俗的快乐；渔人、樵夫、隐士这类人，可以让君子们日常相处感到性情和谐；鸣猿飞鹤，可以让君子们感到非常亲近。尘世生活犹如缰绳锁钥束缚于人，让人普遍感到厌弃，那些生活在烟霞之地的仙人，人们向往却很难见到。“云满山头树满溪，春风浩荡绿初齐。若叫此地容高隐，我亦移家傍水西”，清代“扬州八怪”之一高翔的题画诗，成为诠释中国文人士大夫精神世界的一面镜子，也成为理解山水画的一架桥梁。所谓“邦有道则仕，邦无道则隐”。天下太平，就出来做官；天下一乱，就想避居山林。

有一幅山水画，被誉为中国古代山水画的“巅峰之作”，“惊”了、“震”了古今无数的人。我们看其中被“震”的一位：1965 年，台湾有位画家，第一次在台北故宫博物院看到这幅画，就感到汗毛直竖、头皮发麻、浑身发冷。随后他连着去看了三天，直到几个月过去都无法忘怀那份感动，甚至“感激”得流下了眼泪，这就是艺术直指人心的魅力。这幅山水画，直接改变了这位艺术家的后来的艺术生命，让他从全盘西化中跳出来，重新感受到民族性的重要与必须。这位画家，就是如今饮誉国际画坛的刘国松。

这幅画呢，就是台北故宫博物院的镇院之宝——范宽著名的《溪山行旅图》（图 12-3），这是绢本水墨画。全幅山石以密如雨点的墨痕和锯齿般的岩石皴纹，刻画出山石浑厚苍劲之感。扑面而来的巨大山峰，几乎占据了画幅的三分之二，如同泰山压顶，

国”，歌唱黄河、长江母亲河，赞颂祖国的日益强大和繁荣。《我和我的祖国》：“我的祖国和我，像海和浪花一朵，浪是海的赤子，海是那浪的依托”，用比喻的手法，把“小我”比作“浪花一朵”，“大我”比作“海”。“小我”是“大我”的组成，像婴儿对母亲的依恋；“大我”是“小我”的依靠，像海托起了海浪，唱出了两者之间密不可分的关系，个人与祖国的命运水乳交融。

其他如《我爱五指山 我爱万泉河》《边疆的泉水清又甜》《浏阳河》《一道道水来一道道山》《洪湖水浪打浪》《英雄们战胜了大渡河》《让我们荡起双桨》《江河水》《我爱这蓝色的海洋》《军港之夜》《大海啊故乡》《长江之歌》《万水千山总是情》等，通过“万泉水”“边疆的泉水”“浏阳河”“洪湖水”“大渡河”“江河水”“蓝色的海洋”“军港”之水、“大海”“长江”等形式多样的水，从不同侧面借对祖国水的思念抒写了一曲曲爱国之歌。

三、水音乐之乡愁

水最易引人愁思，面对大自然浩瀚流动的水，艺术家们抒写了漂泊之愁、行役之苦和思乡之痛。

“枯藤老树昏鸦，小桥流水人家”，用“小桥流水”描摹江南典型水意象，写秋日夕阳西下、游子思归，以及天涯苦旅的孤独。王安石的“京口瓜州一水间，钟山只隔数重山。春风又绿江南岸，明月何时照我还”，白居易的“望阙云遮眼，思乡雨滴心”，李中的“旅次经寒食，思乡泪湿巾。音书天外断，桃李雨中春”，崔颢的“日暮乡关何处是？烟波江上使人愁”，都是以水抒写乡愁的名篇。

现当代音乐作品，如被誉为“乡愁诗人”的余光中（图 12-6）的《乡愁四韵》：“给我一瓢长江水呀长江水，那酒一样的长江水。那醉酒的滋味是乡愁的滋味。给我一瓢长江水啊长江水，给我一掌海棠红呀海棠红，那血一样的海棠红”。由“长江水”联想到“酒”，由“酒”联想到“醉酒的滋味”，再由“醉酒的滋味”联想到“乡愁的滋味”，再由“长江水”联想到“海棠红”，血浓于水的亲情与乡愁跃然纸上。以“长江水”为意象，滋润了他乡的游子之心，也安慰了游子渴望饮故乡之水的焦急与迫切。晓光的《那就是我》中的“我思念故乡的小河，还有河边吱吱唱歌的小磨”，缓缓的叙说中蕴藏着浓重的乡愁；一句“唤妈妈，如果有一朵浪花向你微笑，那就是我，那就是我，那就是我”，幻想自己是一朵微笑的浪花，投入到母亲的怀抱，在反复咏叹中，寄托了游子难以用言语所表达的深情。陆华柏、张帆的《故乡》中的“那里有清澈的河流”，洛兵《梦里水乡》中的“春天的黄昏，请你陪我到梦中的水乡，看那青山荡漾在水上”，张名河《二泉吟》中的“太湖的水，是你人生一杯壮行的酒，无语的泪花把光明寻求”，杨海潮《月牙泉》中的“看那看那月牙泉，想那念那月牙泉”，叶佳修《外婆的澎湖湾》中的“晚风轻拂澎湖湾，白浪逐沙滩，没有椰林缀斜阳，只是一片海蓝蓝”，通过“清澈的河流”“梦中的水乡”“月牙泉”“澎湖湾”，记忆中的熟悉美好的故乡之水表达了对故乡的思念、热爱和赞美之情。

图 12-6 余光中

四、水音乐之哲理禅意

“上善若水”“仁者乐山，智者乐水”，水中自有人生哲理，水音乐也同样表现了中国人“道法自然”“天人合一”的哲学思想。

唐诗名篇《春江花月夜》：“江畔何人初见月，江月何年初照人？人生代代无穷已，江月年年只相似。不知江月待何人，但见长江送流水。”诗人看见眼前的江水、江月，生发了时空无限，生命无限的哲思。唐代被誉为“诗佛”的王维，笃信佛教，并精于音律，因而他咏水的乐章，往往富有哲理，或者更确切地说，富于禅意，少林禅宗大典更是把王维的《山居秋暝》引入来表现这种禅理。而他的《青溪》一诗：“言入黄花川，每逐青溪水。随山将万转，趣途无百里。声喧乱石中，色静深松里。漾漾泛菱荇，澄澄映葭苇。我心素已闲，清川澹如此。请留盘石上，垂钓将已矣。”通过青溪来表明自己素淡的人生追求，青溪自然的特性与王维恬淡的心性一致性非常高。“好依盘石饭，屡对瀑泉歇”，“宁栖野树林，宁饮涧水流”，“酌酒会临泉水，抱琴好倚长松”，“息阴无恶木，饮水必清源”等诗无一不借大自然潺潺流水表现自己独善其身、超然出尘的志趣和素心。

刘孝先《草堂寺寻无名法师》：“飞镜点青天，横照满楼前。深林生夜冷，复阁上宵烟。叶动花中露，湍鸣闇里泉。竹风声若雨，山虫听似蝉。摘果仍荷藉，酌水用花传。一卮聊自饮，万事且萧然。”用“露”“泉”“雨”“水”构成了水意象，表达了淡然于世事，萧然于万物的禅理。而寒山的《杳杳寒山道》：“杳杳寒山道，落落冷涧滨。啾啾常有鸟，寂寂更无人。淅淅风吹面，纷纷雪积身。朝朝不见日，岁岁不知春。”用幽冷清寂的“冷涧”“雪”表达了诗人超然物外的冷寂之心。前人评论此诗整篇“寒意”，无不与水之冷有关，表现了其无为清静的道家情怀和“人境俱不夺”的自在。

当代著名作曲家谭盾（图 12-7）则把水元素运用到现代音乐的创作中，他到全国唯一的水族自治县——贵州三都水族自治县采风，那里的水族端节、水书、马尾绣被列为国家级非物质文化遗产，那里的原生态音乐让谭盾震撼。他发现了水、水族、水腔、水书、水乐等众多创作元素。他的水音乐更是以“水”为乐器。他还在上海朱家角水乡小镇打造了“水乐堂”（图 12-8）。“建筑是流动的音乐，音乐是流动的建筑”这句话，在这里得到了很好的体现。从建筑上来说，可以将天顶落下的每一滴水声，以放大 1000 倍的音效真切地展示在耳边，观众在室外与室内连接的水面上聆听音乐。第一乐章是“禅声与巴赫”，让水和摇滚乐融合起来，演奏佛教的《大悲咒》。最后一章引用宋代无门慧开禅师的禅诗：“春有百花秋有月，夏有凉风冬有雪。若无闲事挂心头，便是人间好时节。”水乐表现了古代“天人合一”“道法自然”的哲理。

图 12-7　谭盾

图 12-8　水乐堂

水与舞蹈

第三节　水与舞蹈

水与舞蹈水乳交融、生生不息，从远古到现代，留下了许多不朽的水舞蹈诗篇。下面我们从水舞传统与水舞民族风两方面来分析水与舞蹈的关系。

一、水舞传统

水舞传统指水舞蹈表现出的传统文化以及民族符号和民族精神。我们首先看一部远古的水舞蹈。

《大夏》，是中国夏朝之前非常著名的一个大型汉族舞乐。《吕氏春秋·仲夏纪·古乐篇》中记载：“禹立，勤劳天下，日夜不懈……于是命皋陶为《夏籥》九成，以昭其功。”

《大夏》传说是我国原始社会到奴隶社会过渡时期产生的著名歌舞。

大约四千年前，黄河流域洪水为患，农田无法耕种，人民颠沛流离。传说当时部落联盟的首领舜任用鲧来治水。鲧用筑堤堵水的办法，始终不能制服洪水。后来，舜又让鲧的儿子禹来治水。禹用了十年时间，日夜操劳，不敢稍懈，三过家门而不入，最后终于疏通三江五湖，凿开龙门，让洪水通畅地东流入海。洪水平息后，禹又亲自拉犁开荒，发展农业生产。人民为了欢庆治水的胜利，歌颂禹的功绩，举行盛大的歌舞祭活动，人们表演的乐舞，后来就叫作《大夏》。

据说《大夏》演出时，舞者每八个人站成一行，称为一“佾”。舞者头上戴着毛皮帽子，袒露上半身，下身穿着白色短裙。右手持羽毛，左手持乐器“籥”，边唱边舞，颇为质朴、粗犷。季札看后，深深地被它的内容和表演所感动，说：“真美啊！像这样勤劳而又有道德的人，除了禹，谁能比得上呢？”季札的话，虽然带有过分赞誉的成分，但也说明《大夏》是表现人禹治水之功德的乐舞。古人将其列入“六舞”之一，用来祭祀山川。

《吕氏春秋》还记载：大禹称帝后，领导百姓治水，决通丘塞，开凿龙门，将河水引入东海，造福万民。乐舞专家皋陶就创作了《大夏》来记载他的功德。《大夏》舞蹈动作有“禹步”，传说大禹为了治水，经常泡在水中，腿受了病，走路时迈不开步子，只能小步挪动，当时的巫师模仿他的步式创作舞蹈，所以又叫“禹步”。夏禹治水，造福人民，这个舞蹈表现了中华民族与大自然搏斗的乐观精神，用乐舞的形式，歌颂了征服自然的夏禹。

还有另一部《大濩》，它的名字不仅见于先秦典籍，甲骨卜辞也有记载，单称“濩”。它的存在已是确定无疑，只是“濩”在甲骨文中写作“”。甲骨文的濩从水、从隻。这个水，就是把煮熟的鸟从镬中拿出，水向下滴的形状。我们知道，商汤有一个流传极广的佳话，就是“以身祷于桑林”。据《吕氏春秋》《尸子》《淮南子》等古籍记载，汤伐桀得天下后，曾遇到连续五年滴雨不见的大旱，庄稼颗粒无收，万民陷入绝境。为祈雨，巫祝们一定表演了不知多少次舞“雩”，老天就是不开眼。于是，商汤作为一族之首亲自到桑林求上天赐雨，“剪其发，磨其手”，并叫人铺好柴堆，准备将自己作为牺牲献祭神灵。他不停地祷告着：如果是我一人的罪过，就不要连累万民；如果是万民有罪，就都算在我一个人身上吧。正当大火就要燃起之时，奇迹出现了——“四海之云凑，千里之雨至”，把商汤淋了个透湿，把大地浇了个透彻，殷商人当年就获得了好收成。

由此看来，《大濩》确实是殷人祭祀开国之祖商汤的大型乐舞，主要赞美了他不惜以身为祷、救万民于水火的伟大壮举，而商汤的“以身祷于桑林”，正是极其典型的一次巫术祈雨活动。这个大型乐舞，就是这次巫术活动的重现。

中国古典舞《黄河》（图 12-9）在 1994 年“中华民族 20 世纪舞蹈经典”评比中获

经典作品奖。它以钢琴协奏曲《黄河》为音乐背景创作而成。其中有一段，随着“东方红”主题旋律的出现，所有男女演员急速跑动，好似奔流直下的黄河水，人们肩靠着肩，背靠着背，在一次次的身体卷动中，相互鼓励相互支持，好似在一浪高过一浪的河水中奋力地翻动。此时主动作“云肩转腰”是那样的铿锵有力，是那样的锐不可当，在一次次的单手拨动与脚下深蹲撤步的配合中，表现出中华儿女在艰难困苦中百折不挠的精神，使舞剧达到了高潮。“云肩转腰”这一基本动作时而象征着波涛澎湃的潮水；时而象征着勤劳勇敢的黄河儿女；时而象征着黄河儿女对世人的怒吼；时而象征了中华民族勇往直前的精神，在不同的语境中体现出不同的意境与情绪。

图 12-9　中国古典舞《黄河》

中国民族芭蕾舞剧《鱼美人》表演了一个神话。它讲述了海底美丽善良的鱼美人，爱上了人间勤劳勇敢的猎人，但是遭到了凶恶的山妖的阻挠和破坏，在人参老人的帮助下，猎人和鱼美人终于战胜了山妖的魔法，结成一对幸福的伴侣。

一幕：鱼美人向往水外世界，从海底来到人间。猎人和同伴游猎，鱼美人暗自模仿着猎人们的举动，不想山妖将其掳去。猎人看见天上飞过的东西举箭而射，无意救下了鱼美人，鱼美人感恩于猎人。

二幕：鱼美人将猎人带至神秘的海底世界，招摇的青荇、神奇的世界，猎人与鱼美人深情款款。鱼美人和猎人在人间结为秦晋之好，人们纷纷前来道贺，热闹欢腾。山妖乔装为道士，以酒罐子自己摔破、鲜花忽然变黑的法术让众人心疑鱼美人是妖，连连避闪。猎人也因此昏厥过去，山妖趁乱又将鱼美人掳走。

“水草舞”犹如抒情优美的女性随波荡漾，舞蹈中手臂动作和舞姿韵律都仿佛自由自在地在水中飘动，形成体态轻盈的舞蹈形象，使戏剧情节发生在奇幻的“海底”到富有民间特色的“人间”婚礼场面，让情节的发展处于一场场迥然不同的戏剧环境的变迁中，表现了人们对美好生活的追求与向往，同时也表现了正义与邪恶的斗争。这些都是借用西方舞蹈形式表现中华民族精神和文化的经典之作。

二、水舞民族风

各民族都有水的舞蹈。这些与水有关的舞蹈表现了各民族的文化与精神，是瑰丽的民族舞蹈宝库。

傣族舞蹈《孔雀舞》（图 12-10）。帷幕拉开，一群孔雀由远而近从天而降，翠蓝色的羽毛闪烁着宝石一样的光彩。孔雀来到泉边，从水中的倒影中见到自己艳丽的羽毛，便情不自禁地婆娑起舞。舞到高兴处，它们扑闪着翅膀先后跃入泉中，用清凉光滑的泉水洗濯身上丰腴的凝脂。浴后的孔雀更加清丽光艳，它们抖起长长的尾毛，水珠在阳光的照射下，在雀翎上缀成一粒粒晶莹的珍珠。孔雀们从清晨舞到傍晚，给细雨中的黄昏着上了神话般的梦幻色彩。它们款款登上了高枝，在清新的夜色中展翅高飞……

图 12-10 《孔雀舞》

傣族人把孔雀作为自己民族精神的象征，孔雀舞是傣族代表性的舞蹈。孔雀舞的内容，多为表现孔雀飞跑下山、漫步森林、饮泉戏水、追逐嬉戏、拖翅、晒翅、展翅、抖翅、亮翅、点水、蹬枝、歇枝、开屏、飞翔等，是美、威仪、和平、吉祥的象征。

另一支傣族独舞《水》，则舞出了傣族姑娘的美丽与对美好生活的赞颂和向往。夕阳斜照，一位少女挑着水罐来到江边。她放下水罐，从如镜的水中看到了自己秀美的面庞和婀娜的身子，心中顿时涌出无限的喜悦。她解开自己的头发在江水中盥洗，把乌黑的长发洗得洁净闪亮，然后坐在江边的石头上，双脚拍打着江水，显得自由自在，无忧无虑；清清的江水吸引着她，她索性跃入水中，尽情享受大自然的抚爱，把一天的疲劳冲刷得一干二净；上岸后，麻利地甩动秀发，在夕阳的余晖下晾晒，晚风吹来，她抖动着头发，熟练地梳理了一下，然后迅速地挽起发髻。日沉西山，少女挑起盛满江水的瓦罐，踏着火红的晚霞，步履从容地返回村寨。

苗族舞蹈《水姑娘》（图 12-11）有一种纯净美。水给人的形象一直是清澈、透明、柔美、连绵不断的，作品很巧妙地将水与姑娘的纯净联系起来，符合中国人的传统文化，具有很高的审美价值。作品通过对水的“形”与“声”和水的“灵”与“魂”的模仿，表现了水即姑娘、姑娘即水、人与自然完美结合的主题，同时也表达了对水的赞美，对生命的讴歌。

图 12-11　《水姑娘》

作品中舞蹈音乐和舞蹈动作结合默契，随着“滴答，滴答……”一声一声水滴敲在地面而产生的律动，一群水一般的姑娘们灵动于舞台之上，水波不惊，时而又似碧波起伏，浪花朵朵。

在小河边，在那水里面，轻轻撩起长发，卷起浪花一点点。笛子吹起，小鼓敲起，姑娘们翩翩起舞，仿佛就是一群水中的精灵。律动的肩与腰附和着那滴滴清泉声；手臂摆动模拟流动的水；“S”形的队形排列则模仿的是泉水流淌的蜿蜒；姑娘们手拉手以腰部为中心上下起伏的动作，似水碧波荡漾……链条式的滚动配以姑娘们蓝色的裙摆，俨然是将大自然怀抱中的清清泉水移到了舞台上，引领观众来到了“水姑娘”们生活的泉水边，“叮咚”的泉水声给人真实可感的陶醉。舞蹈舞出了贵州花溪山山水水，质朴的苗族姑娘们舞出了她们心中似水般纯净的爱情。

水是纯洁透明的，是洁白无瑕的，水可以净化万物。编导创作思想来源于苗族人家的朴素生活：美丽的花溪河（图 12-12）川流不息、源远流长，孕育了勤劳勇敢的苗族儿女；涓涓的河水寄托着他们对生活的无限憧憬；美丽的少女就像花溪河水一样清澈、纯洁、欢动。宁静的时候，她们仿佛在倾听流淌的岁月里祖先的故事——那么的纯洁；激情的时候，她们又似跳跃的音符，永不停止热烈的舞步——那么的富有活力，而《水姑娘》的歌词，真诚地唱出了追求水一般透彻心灵的向往：

我们在小河边，看着那水面。

轻轻的撩起长发，卷起浪花一点点。

坐上那小木船，悄悄来到你身边。

你真情可爱的脸，笑的是那么甜。
天空中有月亮，漂在那水里面。
月亮那就像你的脸，看着想着不成眠。
花开那小河边，又是个春天。
当年你天真的脸在我心中永不变。
水姑娘我又回你身边。
今天的哥，我潇洒比从前。
妹妹你等呀一年又一年，
春夏秋冬你等在这小河边，在这小河边。
水舞人生，岁月如水。

图 12-12　贵州花溪河

第十三章　水与民俗

水与生育、婚俗

第一节　水与生育、婚俗

水历来与人们的社会生活息息相关。其中，有和水相关的礼仪，也有和水相关的节日。历史上，人们出于对水的崇拜和敬畏，创造了与水相关的丰富多彩的民俗文化。

人的一生无时无刻都离不开水。在人生的一些重要阶段，比如出生、婚姻、死亡等，更是演化出许多和水相关的习俗。下面我们就从生育、婚俗等习俗中来看水体崇拜的表现。

一、洗儿

在我国民间，婴儿出生后，接生婆和家人便要急忙用温水给婴儿洗澡，一方面洗去污垢，另一方面也祈求各方神灵保佑其清洁平安，称“洗儿”。这种习俗在全国各地流行。过去洗儿不是用清水。据孙思邈《千金方》记载，“儿生三日，宜用桃根汤浴”，因为这种汤能够“去不祥，令儿终身无疮疥”。有的地方还用艾草、槐枝等植物煮水洗浴。一方面是卫生健康作用，另一方面是人们水崇拜的表现。这表达的是以水去污，摒弃邪佞，祈求神灵庇佑儿孙健康、平安的愿望。

在有的地方，婴儿出生后第三日，要举行沐浴仪式，请亲友为婴儿祝福，这就是“洗三”。一般认为这种风俗起于唐代。唐代杨贵妃与安禄山曾荒唐地认为母子。天宝十载（751 年）正月二十二日是安禄山的生日。三日那天，杨贵妃把 40 多岁的安禄山当作婴儿，搞了个“洗三”的闹剧。当时，玄宗皇帝“召禄山入禁中，贵妃以锦绣为大襁褓裹禄山，使宫人以彩舆舁之”，“上自往观之，喜赐贵妃洗儿金银钱，复厚赐禄山，尽欢而罢”。唐代著名诗人刘禹锡在诗中说“举箸食汤饼，祝词添麒麟。”这说明“洗三”除了给婴儿洗浴外，有食汤饼或吃汤面的风俗，以此来祝贺。至今中原地区仍有生小孩“吃面”的风俗。

到了宋朝，有些地方，比如福建，老百姓三日洗儿，家人和宾客还要戴葱、钱。北宋大文豪苏轼记载：“闽人生子三朝浴儿时，家人及宾客皆戴葱、钱。曰：‘葱使儿聪明，钱使儿富。’”以祝愿孩子将来聪明、富有。苏轼的第四个孩子和朋友的孙子出生的时间差不多，都曾经“洗三”。为了祝贺，他还专门作诗《贺子由生孙》。诗中写到“昨闻万里孙，已振三日浴”。宋人洗儿习俗在时人笔记中多有反映。《东京梦华录》卷五“育子”条载：“就蓐分娩讫，人争送粟米炭醋之类。三日落脐灸囟，七日谓之一腊，至满月则生色及绷绣钱，贵富家金银犀玉为之，并果子，大展洗儿会。亲宾盛集，煎香汤于盆中，下果子、彩钱、葱蒜等，用数丈彩绕之，名曰围盆；以钗子搅水，谓之搅盆；观者各撒钱于水中，谓之添盆。盆中枣子直立者，妇人争取食之，以为生男之征。浴儿毕，落胎发，遍谢坐客，抱牙儿入他人房，谓之移窠。”可见当时“洗儿”礼仪非常烦琐复杂，场面也非常铺排奢华。

在仪式过程中，少不了说一些吉祥的话语。老舍在《洗三》中描述自己洗三时候的经历：“边洗边说，白姥姥把说过不知多少遍的祝词又一句不减地说出来：‘先洗头，作王侯；后洗腰，一辈倒比一辈高；洗洗蛋，作知县；洗洗沟，作知州！’”

如今，随着社会的进步，“洗儿”多在医院进行，“洗”的人则多是医院的护士。以往宴请来贺的亲友，多在家中进行，现在则主要在饭店举办，而且内容也有创新和发展。

二、婚俗用水

“久旱逢甘霖，他乡遇故知，洞房花烛夜，金榜题名时。”这是南宋著名文学家洪迈曾提到的人生四大得意之事，洪迈（图 13-1）是《容斋随笔》（图 13-2）的作者。在人的一生中，婚姻是重要的大事之一。水作为繁育人类生命的崇拜物，经常被用在婚礼中。与水相关的婚俗在不同地区和民族中有不同形式的表现。

图 13-1　洪迈

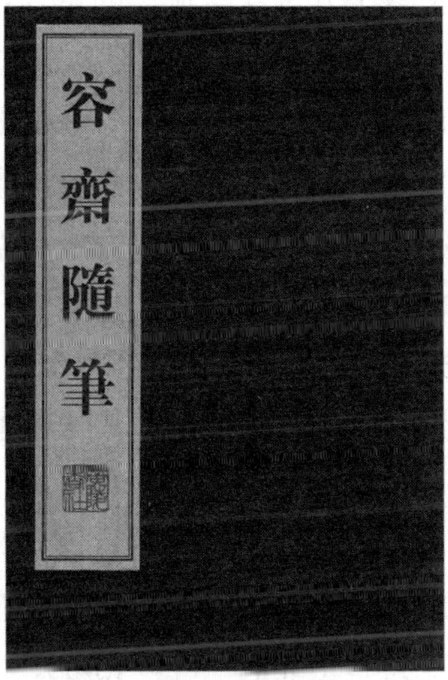

图 13-2　容斋随笔

1. 汉族婚俗

《东京梦华录》是记载北宋开封都市生活文化的一部重要文献。据它记载，在定亲时，女方收到男方的礼物后，“以淡水二瓶、活鱼三五个、箸一双”作为回礼，称作“回鱼箸”。三样回礼中有水、有鱼，水的意义就是祝愿早生贵子，预祝婚姻幸福；鱼是具有旺盛生殖力的象征；箸就是筷子，添一双筷子就是添丁进口的象征，另外筷子也赋予了“快快生子”的寓意。“回鱼箸”就是祈求多子多福。所以，这种回礼也包含了祈求生子、祝福婚姻的吉祥意义。大概是有了酒之后，作为礼物送水有些礼轻的感觉，于是开始送酒，但这种礼俗也是从送水演变过来的。

有些地方，还要向新人泼水。新娘离开娘家时，新娘的父亲要拿一碗清水向新娘的花轿后面泼洒出去，意思是，嫁出去的女儿，就像泼出去的水，不要再回来。

沃盥、合卺之礼是汉族婚礼中的重要仪式，从中我们可以看出水崇拜。许慎《说文解字》曰："盥，澡手也。从臼、水，临皿。"沃盥，是指夫妇共同用清水沐浴洁身，寓意把一切污秽与厄运清洗干净，预示今后的一切都是新的开始。段玉裁《说文》注所引《左传》"奉匜沃盥"曰："沃者，自上浇之；盥者，手受之而下流于盘。"说明匜是古代盥洗时浇水的用具，如同今人用瓢或勺浇水洗手时下面用盆接水一样。那时的盘，使用方式与今天的脸盆不同，人们并非在盘中直接洗手，而是用从上向下浇下的活水洗手，洗后的水便留在盘子内。周代婚礼中，就包括了盥礼。新婚之时须行沃盥之礼，让新人入席前净手洁面。《仪礼·士昏礼》记："媵入室，媵御沃盥交。"所谓"沃盥交"，就是为新人行新婚沃盥之礼。这句话的意思就是，女方陪嫁带来的仆人，要在新郎、新娘结婚进入洞房时，为他们举行新婚沃盥之礼。

古人非常注重沃盥之礼，一旦失礼，可能会造成意想不到的后果。《左传·僖公二十三年》记载了一个与此相关的故事："晋公子过秦，秦伯纳女五人，怀嬴与焉。奉沃盥，既而挥之。怒，曰：'秦晋，匹也，何以卑我？'公子惧，降服而囚。"故事是说，秦穆公把五个女子送给流亡的重耳作姬妾，秦穆公的女儿怀嬴也在其中。怀嬴原先嫁给晋怀公（重耳之侄），此次又改嫁重耳。有一天，怀嬴捧着盛水的器具让重耳洗手，重耳洗完以湿手挥她。怀嬴认为这是鄙视自己，因而生气地加以指责。重耳此时正有求于秦国帮他回晋国夺取政权，哪敢得罪怀嬴？于是只得脱去衣服，并把自己关起来表示谢罪。到了宋朝、明朝，就演变成男女双方只是洗洗面而已。

合卺指男女共饮。古代由于剥开一瓠为两瓢，男女各执一瓢，斟酒共饮，所以称为合卺。据《礼记》记载，合卺有合体的含义。古代以一剖为二的匏瓜作为合卺礼的酒器，一是因为匏瓜俗称苦葫芦，其味苦不可食，因卺味苦而酒亦苦。饮了卺中苦酒，告诫婚后夫妻一定要同甘共苦，患难与共。二是因为古代把制造乐器的材料分为八种，即匏、土、革、木、石、金、丝与竹，称为"八音"。匏瓜是古代八音乐器之一，含有夫妇音韵调和之意，故"合卺"又象征新娘新郎婚后和睦协调，拥有百年琴瑟之好。后来"合卺"演变为"交杯酒"（图 13-3），又称"合欢酒"。这种习俗逐渐演变成在婚礼上喝交杯酒，预示夫妻二人婚后合二为一、同甘共苦、患难与共。合卺礼表明了人们对婚姻的重视，同时也体现先民强烈的生殖崇拜意识。

图 13-3　交杯酒

2. 少数民族婚俗

在订婚和迎亲过程中进行泼水，是彝族地区的一个婚俗特色。当男方一进入女方的家门，女方的家人就会向他们泼水，就是天气再冷也要泼，直到全身湿透了才停下来。泼水的过程让现场气氛变得更加热闹。凉水泼在身上，但双方的心里却充满了掩饰不住的喜悦。因为，在他们看来，水能够驱恶除邪，带来幸福。泼了水，姑娘到丈夫家以后，就能幸福美满。

土族则有泼水戏弄娶亲客的习俗。娶亲的头一天晚上，由两位能说会道、能歌善舞的小伙子作为娶亲客。娶亲客是贵宾，要受到特殊的欢迎仪式。娶亲客到女方家之后，先要和新娘平日的好友隔门互相对唱，之后当他们进入女家大门时，姑娘们会用清凉的水，劈头盖脸地浇下来。娶亲客挨了水泼，也不能生气。因为土族人认为，水泼娶亲客，一是表示为他打扫洗尘，二是为了向新娘新郎表示祝福。

畲族主要居住在福建省，畲族在婚礼上有喷床的仪式。迎娶当天晚上，由一位年长者端一碗清水，先后向洞房内的床铺、被子、衣柜等喷水，嘴里还要唱相应的歌，比如："喷床喷金房，大男细女闹哄哄，喷床原是仙人造，仙人造来喷红娘。"目的就是把水的生殖力注入洞房，使新婚夫妇多生多育。

苗族在闹新房的时候有讨要洗脚水的风俗。在新婚当晚，闹新房的人要与新娘进行一场唇枪舌剑，目的就是让新娘为自己端一盆洗脚水。如果闹房人在辩论中输掉，就乖乖地退出新房，让位给后面的人继续闹新房；如果女方输了，新娘就要乖乖地到灶房去烧水，水烧热后，恭恭敬敬地把水端到对方面前，等对方洗过脚之后，还要去倒洗脚水。有些新娘在这时则会故意捉弄对方，比如新娘会把水烧得滚烫，使对方不敢把脚放进去。

和水相关的婚俗，一方面表现的是原始先民的水体崇拜、生殖崇拜意识，表现了人们对水的虔敬之心；另一方面表现出人们对美好生活的向往和祝福。

第二节 水与葬俗

水与葬俗

我们经常听到这样的说法：哪个地方的风水好，哪个地方的风水不好。风水是指的什么呢？我国民间主要指住宅基地、坟地等的自然形势，比如山水的方向等。水与丧葬习俗有着密不可分的联系。

一、墓葬风水

自古以来，人们都很重视对坟茔的选址。人们认为坟茔的选址关系到家族的兴衰，好的风水能够荫庇后世子孙兴旺发达。

"入山寻水口，登穴看名堂"。在风水学中，风水师寻找墓地，首先要看水是从何处来，又流向何处；同时更注意穴前明堂的水是什么样的情况。"山管人丁水管财"，墓地周围的水的好坏主宰子孙后代的财运，而墓地周围的土地好坏则关系到后代人丁是否兴旺。所以，墓地的选择，首先是水和土的选择。有人认为这是迷信，其实，在某种意

还不给家属和亲人增加负担，是最好的骨灰处理方法。这种丧葬方式随着社会文明的进步也越来越普遍。

水葬在社会习俗、民众信仰、人生礼仪中，都充当着重要角色，对水文化的诠释有着它特殊的意义。在丧葬中，水被人们称为甘露、神水，人们祈求借助神灵的庇佑，获得心灵的慰藉，成为神圣化的文化象征。

祈雨

第三节 祈雨

人类要生存，没有水不行，水太多也不行，干旱和洪水泛滥同样会给人们带来灾难。在古代农业社会，雨水是农作物生长的必须要素，雨水充足，风调雨顺，就能获得好的收成；反之，山洪暴发、洪水泛滥，或是久旱不雨，人们就可能面临饥饿和死亡。简单地说，雨水的多少直接关系到农作物的收成与人类的生存。

因此这也使人们对水产生了依赖和恐惧心理。正是这些心理，便形成了水崇拜和相关的信仰活动。祈雨和镇水习俗也由此而生。

一、何为祈雨

祈雨就是求雨，在古代是一项较普遍的习俗，具有悠久的历史。《吕氏春秋·顺民》里记载："天大旱，五年不收，汤乃以身祷于桑林。"说的是商朝初年大旱，连续五年没有收成，汤为了部落的生存，以身体作为祭品向神灵祈祷，求雨成功的故事（图 13-5）。同样以身为牺牲的还有宋景公，宋人李昉《太平御览》记载："宋景公时，大旱三年，卜云以人祀，乃雨。公下堂顿首曰：'吾所求雨者为人，今杀人不可，将自当之。'言未卒，天大雨，方千里。"

图 13-5 商汤祈雨

在古代社会，祈雨的方式很多，比如，通过占卜祈雨。甲骨文中卜雨之辞就占了很大比例，有些卜辞把卜雨与祈求丰年直接联系起来，同样表达了水崇拜乞求丰收的内涵。这是原始水崇拜的功利目的之一。

直到汉代，仍然有人通过占卜的方式预测降雨。据《史记·平准书》记载，西汉时期的政治家、理财专家桑弘羊鼓励发展商业，伤害到官僚阶级的利益。有一年，因为干旱，占卜的人就说，杀掉桑弘羊，天就会下雨。言外之意就是上天要惩罚发展商业的桑弘羊而使天气干旱，其原因在于古代的重农抑商政策。

有的通过烧山祈雨。东晋史学家干宝在《搜神记》说："樊东之口有樊山，若干旱，以火烧山，即至大雨。"就是说，天旱的时候，放火烧山，立即就会天降大雨。放火烧山怎么会天降大雨呢？实际上是一场小型的人工降雨。火烧起来之后，热气上升，热气中又带有很多小灰烬，在上升的过程中遇冷，水珠凝聚在灰烬上，水珠越来越大就会掉下来。

二、祈雨对象

那么，是向谁祈雨呢？祈雨的对象有很多，主要分为三类：龙王、观音与被神化的人。

1. 龙王

是龙王。龙是一种集多种动物形象为一体的图腾符号，是中华民族最具特色的崇拜对象。《说文解字》说："龙，鳞虫之长，能幽能明，能巨能细，能短能长，春分而登天，秋分而潜渊。"人们很早就把龙和水联系起来。《左传·昭公二十九年》："龙，水物也。"《易经·系辞》记载："云从龙。召云者，龙。"龙能够召云，也就等于能够带来雨水。所以，古人把龙想象成掌管降雨的神。在民间，对龙王的祈祷是最为普遍的一种祈雨方式。据山东省博物馆编《山东汉画像石选集》记载，1972 年，山东沂水县韩家曲出土了一块汉画像石。该石最上部为一条双头龙，两端龙头张口喷水，龙头下各有一位汉装披发之人长跪顶器接水。《晋书·僧涉传》中也有向龙请雨的记载："涉，西域人，苻坚时入长安，能以秘咒下神龙。每旱，坚常使之咒龙请雨。俄而，龙已下钵中，天则大雨。"

这在文学作品中得到了印证。《西游记》中有这样一个情节，唐僧师徒来到车迟国，发现国王大兴道教，说和尚毫无用处，原来是因为这里的和尚在干旱时求不到雨，三个妖精化成的道士却求到了雨水。师徒四人便与车迟国这三位道士斗法，孙悟空让师父唐僧在高坛上念经求雨，自己在旁边暗暗相助。悟空见师父念完一段经文，就从耳中抽出金箍棒，向空中一指，于是各路天神一齐施法，风神放风，雷公打雷，电母打闪，四海龙王下起大雨。唐代传奇小说《柳毅传》中的"洞庭君"和"钱塘君"就是一对龙王亲兄弟。洞庭湖的水神本是传说中舜帝的两个妃子娥皇、女英，钱塘江的水神是伍子胥，但到唐代，龙王则成为洞庭湖和钱塘江的水神。

在民间，同样可以看到龙王作为雨神的记载。唐代以后，龙神的地位不断提高，被尊奉为龙王，各地的江、河、湖、海、井，凡是有水的地方，人们都认为有龙王存在。在黄河流域，民间至今仍然流行"二月二，龙抬头"的说法。据说，唐代武则天当政时期，因为得罪了玉皇大帝，被罚三年干旱无雨。司管天河的龙王心中不忍，就在农历二月二这天偷偷给人间降了雨，因而受到玉皇大帝的责罚。所以，后来每年到了这天，人们就用玉米花、炒熟的豆子贡献龙王，以表达人们对救命之恩的感激。

龙神虽然具有神奇的力量，但却没有明确的具体形象，所以，过去有些地区把鱼、蛙、蛇、蝎等水族动物都视为龙神的象征。《太平广记》引唐段成式《酉阳杂俎》故事："王彦威镇汴之二年，夏旱。时表王傅李玘过汴，因宴。王以旱为虑，李醉曰：'欲雨甚易耳。可求蛇医四头，十石瓮二；每瓮实以水，浮二蛇医，覆以木盖，密泥之；分置于闹处，瓮前设席烧香，选小儿十岁已下十余，令执小青竹，昼夜击其瓮，不得少辍。'王如其言试之，一日两度雨，大注数百里。旧说，龙与蛇师为亲家。"蜥蜴因常用作药物，所以又被称为蛇医或蛇师。北宋神宗熙宁十年（1077 年），朝廷颁布《蜥蜴祈雨法》，让各坊巷捕捉蜥蜴十只置于水瓮中，并在瓮中混杂树叶若干，挑选 28 名 10～13 岁的男童，分成两班，着青衣涂青色，用柳枝轮番蘸水散洒，昼夜不停，还要围着水瓮高喊："蜥蜴蜥蜴，兴云吐雾，降雨滂沱，放汝归去！"同年六月，苏轼在徐州知州任上作《蝎虎》诗："今年岁旱号蜥蜴，狂走儿童闹歌舞。能衔渠水作冰雹，便向蛟龙觅云雨。守宫努力搏苍蝇，明年岁旱当求汝。"诗中说，今年干旱用蜥蜴求雨，明年干旱就有可能要求助于蝎虎了。诗歌虽然对朝廷急不择法的窘态极尽讽刺，但却不难看出蜥蜴作为龙的替代物在当时已为官方所接受。有时因为蜥蜴难得，遂用壁虎代替。清人厉鹗《宋诗纪事》引《墨客挥犀》的说法："熙宁中，京师久旱。按古法，令坊巷各以大瓮贮水，插柳枝，泛蜥蜴，使青衣小儿环绕呼云云。开封府不能尽得蜥蜴，以蝎虎代之，蝎虎入水即死，小儿更其语云云。"小儿环绕呼的歌即为《蜥蜴求雨歌》，更换的诗歌即为"冤苦冤苦，我是蝎虎，似恁昏昏，怎得甘雨。"

过去，即便穷乡僻壤也大多有龙王庙的存在。在中华民族的发展历程中，龙与各地产生了千丝万缕的联系，以致今天的一些俗语与习俗活动与龙仍然存在着各种关系。俗语中有"大水冲了龙王庙（图 13-6），一家不认一家人"的说法。

图 13-6　龙王庙

俗话说："二月二，龙抬头，大家小户使耕牛。"据说，伏羲氏"重农桑，务耕田"，每年的二月二这一天，"皇娘送饭，御驾亲耕"，亲自耕耘自己的一亩三分地。在人们的意识中，龙能行云布雨，所以向龙祈求平安就成为各地比较常见的习俗。此外，各地还有引水入宅等活动。元人熊梦祥在其所撰北京志书《析津志》中描述当地风俗："二月二日，谓之龙抬头。五更时，各家以石灰于井畔周遭糁引白道直入家中房内，男子妇人不用扫地，恐惊了龙眼睛。"《宛署杂记》记载："都人呼二月二为龙抬头，乡民用灰自门外蜿蜒布入宅厨，施绕水缸，呼为引龙回。"也就是说，人们把草木灰等沿着河边、井边一路撒到家中的水缸旁，以求风调雨顺。

把龙王作为掌管雨水的神灵，是华夏民族原始社会对龙图腾的宗教信仰之一。对龙的信仰和祭祀，反映出过去人们对风调雨顺、幸福安乐生活的企盼。随着历史的发展，龙逐渐走下神坛，从雨神变成吉祥的代表。而从祭龙求雨活动逐渐演变而来的各类民俗活动，给人们带来了无限欢乐，也给人们未来生活带来了新的希望。

2. 观音

除龙王外，观音（图 13-7）也是民间所尊奉的祈雨神灵。

图 13-7 观音

观音信仰来源于印度佛教的信仰。观音菩萨的形象在传入中国之后，不但很快成为救苦救难的主要代表，还是最为重要的施雨神之一。隋唐以后，观音图像逐渐由刚健丰硕的男性形象转化为手持柳枝与净瓶、慈眉善目的女性形象。观音作为"大慈大悲救苦救难"的菩萨，拥有普度众生的无边法力，柳枝净水正是其施展法力的重要法器。宋朝时，柳枝净水开始被运用于祈雨仪式，人们在画龙祈雨时要“柳枝洒水龙上”。明朝一部名为《西湖游览志》的著名旅游图书这样记载：北宋咸平年间，浙西持续大旱，郡守张去华率领僚属，把观音菩萨像迎出祈雨，果真及时降雨，从此“有祷辄应”，非常灵验。

由于对观音的宗教信仰，从而延伸到观音祈雨，这是人们对观音神力的进一步神化。

向观音祈雨的习俗在清末各地十分盛行。美国传教士卢公明在《中国人的社会生活》一书中说，在福州，“几乎每年在官府祈雨期间”，总要派遣专人到城外“借一个名气很大的观音菩萨像”。有一年夏天，他们“用八个人抬回菩萨塑像”。菩萨请来以后，“高级官员每天两次烧香，还有一班和尚不时地念经祈雨”，“如愿落下大雨”后，他们又“供了一大桌素菜，焚香点蜡烛烧纸钱，还烧了一张宣告已经落雨的符表”。之后，“欢天喜地地把菩萨送还寺庙”。从卢公明的描述，我们可以看出，美国人对中国人向菩萨求雨还是比较新鲜好奇的。

3. 被神化的人

这些人中，有的是国家的统治者，比如商汤。在古代，北方很多地区把他尊奉为能降雨的神；还有些人生前是有名望的贤士，或是在当地有过出色业绩的官员；也有的是普通的百姓，他们在生前都做了一番事业，死后封神，各管一方。民间对他们的敬仰，久而久之即转化为一种崇拜，所以向这些人祈雨就成了比较普遍的做法。比如三国时期的著名人物关羽，原本是一员武将，但随着民间和官方的广泛认可，逐渐成为主导战争、财富、降雨、升学等的“万能神”。晚明以后，关公信仰愈加普遍。明人谢肇淛《五杂俎》说：“今天下神祠香火之盛莫过于关壮缪。”“遐陬荒谷，无不尸而祝之者。凡妇人女子，语以周公、孔夫子，或未必知，而敬信四神，无敢有心非巷议者，行且与天地俱悠久矣。”据山曼等著《山东民俗》说，过去山东有些乡村求雨时，人们抬着龙王、观音、关公的像出巡，祈雨之人头戴柳枝帽，手持柳枝，口念佛号，跟随其后。抬着关老爷转上几圈，如果不下雨，就把关老爷的像放到太阳地里晒几天。

实际上，早在华夏文明早期，人们就对各种降雨神祇顶礼膜拜，并滋生各种敬水行为。西汉董仲舒《春秋繁露》记载，每至春旱，人们祭祀共工以祈雨：“春旱求雨”，“其神共工，祭之以生鱼八、玄酒，具清酒、膊脯”。每至夏旱，人们祭祀蚩尤：“夏求雨，令县邑以水日祷社稷山川，家人祀户”，“其神蚩尤，祭之以赤雄鸡七、玄酒，具清酒、膊脯”。每至秋旱，人们祭祀少昊以求雨：“其神少昊”，“祭之以桐木鱼九，玄酒，具清酒、膊脯”。每至冬旱，人们祭祀玄冥以祈雨：“其神玄冥，祭之以黑狗子六，玄酒，具清酒、膊脯”。当时还有向后稷求雨的习俗：“季夏祷山陵以助之，令县邑十日壹徙市于邑南门之外，五日禁男子无得行入市，家人祠中霤，无举土功。聚巫市傍，为之结盖，为四通之坛于中央，植黄缯五，其神后稷，祭之以母饴五、玄酒，具清酒、膊脯，令各为祝斋三日，衣黄衣，皆如春祠。以戊己日为大黄龙一，长五丈，居中央。又为小龙四，各长二丈五尺，于南方。皆南乡，其间相去五尺。丈夫五人，皆斋三日，服黄衣而舞之。老者五人，亦斋三日，衣黄衣而立之。亦通社中于闾外之沟，虾蟆池方五尺，深一尺。他皆如前。”

位于河南省武陟县的嘉应观（图 13-8）是我国历史上唯一记述治黄河历史的庙观，这里不单是专门祭祀黄河河神，还是纪念表彰历代治河功臣的场所，里面有大禹、王景、贾鲁、潘季驯、林则徐等，都是对治水有功的历代官员。他们中有的人已经被神圣化了，比如大禹。

图 13-8 武陟嘉应观

这表现了人们希望所信仰的人不仅在生前能够降福除祸、消灾除难，也希望他们的神力在死后依然能够发挥功用。

第四节 镇水

镇水

由于对世界的认知有限，我国古代民间认为水中住着妖和怪，他们有时会兴风作浪，造成水患。镇水就是镇压水里兴风作浪的妖怪。人们对水的畏惧以及自我保护意识，使人们很早就开始采用“厌胜术”来防止水患。“厌”在这里就是“压”，有克制、压制的意思。镇水习俗就是厌胜思想在治水活动中的反映。镇水这个习俗是比较好理解的，关键是用什么来镇水。按照中国古代镇水文化的观念，神兽、塔楼、寺庙、石碑、神人等都可以镇压水害。因此，在我国的江河湖海的水中和岸边，遗留下许多带有神话色彩的镇水神物。

一、犀牛和铁牛类

古代最早的镇水习俗可以追溯到大禹时代。相传，大禹在治理水患的过程中，每治理一个地方，就铸一头铁牛沉入水中，来克制水怪。据说蛟龙畏铁，在传统的阴阳五行中，“牛为土性，土能克水”，具有避水神力。因此，南北各地大多选择铁牛作为镇水兽，祈求河湖安澜、民众安居乐业。

今天在河南开封城外还可见到明代于谦治理黄河水患后所铸造的铁犀（图 13-9）。

图 13-9　开封柳园口镇河铁犀

开封位于黄河下游，水患频发。明正统五年（1440 年），河水上涨，侵迫堤防，于谦亲自组织民众抗洪，并将御赐蟒袍丢于河中堵水，表达誓死战胜洪水的决心。他率众修复被洪水冲毁的东、北、西三面护城堤，与南面大堤一起，连绵 40 余里，构筑起护卫城防的一道屏障。明正统十一年（1446 年），于谦命人筑造镇河铁犀，置于护城堤上。当时铁犀安放在黄河岸边新建成的回龙庙中。明崇祯十五年（1642 年），黄河决口，回龙庙被黄水荡平，铁犀深陷泥淖中。清顺治年间，铁犀被重新挖出。康熙三十年（1691 年），重修庙宇，改回龙庙为铁犀镇河庙。道光二十一年（1841 年），铁犀庙在洪水中化为废墟，但铁犀则一直保留了下来。

在成都，2013 年曾出土过深埋地下的石兽，通体近似犀牛，为整块的红砂岩雕刻而成。这只石兽四肢短粗，背脊壮硕，头部略尖，四脚有蹄，身体浑圆。据西汉时期蜀人扬雄所著的《蜀王本纪》记载："江水为害，蜀守李冰作石犀五枚，二枚在府中，一枚在市桥下，二枚在水中，以厌（压）水精。"由此可证，所出土的石犀（图 13-10）应当是镇水之物。

图 13-10　成都博物馆所藏石犀

阴阳五行学说是我国古代朴素的唯物论和辩证法思想。远古先民认为：金、木、水、火、土是构成世界最基本的五种物质，他们相生相克。牛能耕田，属于坤兽，坤在五行中为土，土能克水。远古犀、牛不分，属同种。有传说李冰治水开凿都江堰时，曾化身为牛征服了江神。所以后人选择以犀牛或铁牛作为镇水神兽。

二、神兽类

在中国传统镇水习俗中，镇水神兽种类繁多、千奇百怪。

在河北沧州有尊铁狮子，当地人们称之为“镇海吼”。这尊铁狮背负莲花巨盆，四肢伸展，昂首挺胸，巨口仰天大张。在它的头顶及颈脖上刻有“狮子王”三字。传说沧州东临渤海，海水频繁泛滥，当地人募捐钱款请人铸狮以镇水患。古人通过神话传说塑造了大批神灵，其中也有众多水神。人们对于水神一方面进行供奉祭祀，一方面用神物进行克镇，希望它们不兴水害、残害百姓。狮子为百兽之王，中国传统文化认为狮子具有镇邪的神性。同时在佛教里，狮子是文殊菩萨的坐骑，具有无畏、法力无边的象征意义。

云南昆明有一只镇水神兽铜犴。中国传统文化认为，犴是二十八星宿南方井宿的化身，五行属木，司水事，所以称为井木犴。我国的镇水神兽千奇百怪，它们寄托了古人期盼镇服水患、防治水害、祈求吉祥的心理。

趴蝮，又名吞水兽、吸水兽，传说是龙生九子之一，是专职镇水的神兽。传说它的形象似龙非龙，似虾非虾，头顶有一对犄角，全身有龙鳞，平生最喜欢水，伴水而居。它爱戏波弄水，长年累月在河水中玩耍，常被饰于石桥的拱顶、望柱、桥翅、栏板上。人们既希望它镇伏桥下水怪，又用它来装饰桥身。2000 年北京修缮后门桥，在河道淤泥中发掘出土了 6 尊青石雕刻的趴蝮，与后门桥护岸石雕趴蝮成一体，均呈伏趴状，为元代和明代遗存文物。

三、兵器类

在湖南洞庭湖畔岳阳楼下的沙滩上，有三具巨大的铁制物件，整体形状像古代囚系犯人的枷具。范致明是北宋末年著名的历史地理学家，据他推测这些铁制物件是古人用来镇洞庭湖妖精的。在古代，人们认为铁器之类的物件能够驱蛟镇水。所以，我国各地都有锁蛟龙的传说，最早的神话传说是大禹锁蛟龙。四川有李冰锁孽龙，江西有道教天师许逊用金刚铁链锁蛟龙的传说。山东兖州有用剑镇水的传说。相传当地人们看见有龙在水中兴风作浪。洪水退去以后，人们就铸剑立于水中，以此镇水孽蛟。

山东省兖州市现存的巨型“镇水宝剑”，是一件艺术水平很高的兵器类镇水器具。1988 年春，兖州城南的泗水河因处于枯水期，没有水流，不少人在干涸的河底挖沙，有人在河道中挖到了沉于河底的古代大铁剑。文物工作者闻讯赶到现场，将大铁剑全部挖出，并运到兖州市博物馆保存。铁剑长达 7.5m，剑柄上铸有文字和图案，剑的吞口为一个怪兽头形状，名叫“睚眦”。传说它是龙王九个儿子中的第二个儿子，凶猛好斗，故作了剑身上的装饰。这把铁剑便是为了防备水害而专门铸造。

由此可见，铁枷、铁链、剑等兵器都是镇水神物。

四、塔楼建筑类

我们到各地去，常常能够看到高耸的宝塔建筑。古人为什么建造这些塔？很多人可能听过这句俗话：“天王盖地虎，宝塔镇河妖。”很重要的一个原因，就是相信建塔可以镇压所谓的“水妖”“水怪”。《白蛇传》的故事家喻户晓。在我们的眼里，白娘子美丽、善良、智慧、忠于爱情，但是在某种意义上来说，她就是兴风作浪的蛇妖。在她和法海打斗时，一怒之下，兴云作雨，水漫金山寺，伤及无辜的黎民百姓，最后被法海镇压在雷峰塔下。

由于过去人们相信塔能镇服水灾，所以，不少人会向塔祝祷，以求平安。苏轼《泗州僧伽塔》一诗叙及祷求于塔镇风浪的灵验："我昔南行舟击汴，逆风三日沙吹面。舟人共劝祷灵塔，香火未收旗脚转。"僧伽是唐代中宗时期的国师，传说是观音菩萨的化身，在泗州坐化后被安放在临淮塔内，人们便将该塔称为"僧伽塔"，借以镇服水怪、平息风浪。苏轼与弟弟苏辙经过此地，正值水流湍急，而且逆风，船无法前行。在船夫的劝说下，他们登塔祝祷，结果兄弟二人拜祭未毕，风向便转为顺风。这件事给苏轼带来了很深的印象，因此，后来在诗中回忆此事。

在古人看来，凡是有水的地方，无论江河湖海，都有龙王驻守。龙王能生风雨，兴雷电，职司一方水旱丰歉。所以人们一方面建造龙王庙进行供奉，另一方面又使用各种办法进行克制，使它能兴利避害，造福于人。

用于镇水的方法还有建楼亭、寺庙或竖碑等。如江苏淮安的镇淮楼，原来的功能是打更、报时和报警。到了清朝，由于水患太多，这座楼被改名为镇淮楼，取的就是镇压水患的意思。宋代，苏轼在徐州治理黄河决口，曾建黄楼来镇水。宋神宗熙宁十年（1077年），苏轼与弟弟苏辙一起赴徐州之任，相从百余日，接着领导军民抗洪护城，因功受到皇帝嘉奖。在徐州城恢复重建过程中，苏轼应吏民之请，在徐州城东门之上建了一座高楼，取土能镇水之意，饰以黄色，命名为"黄楼"，以为抗洪纪念。楼高十丈，巍峨高耸，徐州从此多了一处风景名胜。

古人认为，佛法无边，佛不仅能降妖除魔，还能镇水消灾。于是就雕刻佛像来镇水。位于四川的乐山大佛（图 13-11），就是一尊用来镇水的佛像。乐山脚下，岷江、青衣江及大渡河三江汇聚，水势凶猛，舟船行驶到此常常发生船毁人亡的悲剧。唐玄宗时，海通和尚依靠山崖开凿弥勒佛大像，想要借助大佛以坐化之功，镇住三江湍流。

图 13-11　乐山大佛

古代还有立碑镇水的现象，四川的都江堰就有镇水石碑。这里的镇水石碑由三个部分组成，分别是“神禹岣嵝碑”“道教符碑”及“佛教焚文碑”等，意在借助儒、释、道三教的神力以镇水，通称“镇水碑”。据传，这些碑下面压着孽龙。若孽龙失镇，就会出现水患，所以这类碑通称为“镇水碑”。

五、神人类

在中国历史上，著名的历史人物在死后被奉为水神的例子并不少见。因为他们在世时有功于社会和当地百姓，尤其在水利、防灾方面做出了巨大贡献，所以人民建立庙观等建筑对其进行祭祀。

在都江堰伏龙观里，有一尊李冰石像（图 13-12）。李冰这尊石像不单是接受人们的朝拜，它还有重任在肩头，就是镇压水怪。人们认为李冰有镇水神力，治水有功，希望他的神力在死后依然能够发挥作用、镇压水怪。三国时期的猛将关羽后来也成为一个无所不能的神，在一些地方被看成水神，如荆江大堤、峡江关帝庙中的关羽都有水神的功能。民间还流传有“大旱不过五月十三（关公生辰或磨刀日）”的农家谚语，而且在岁时节日中，农历五月十三被定为雨节，人们相信当日能普降甘霖。这些现象都反映了人们认为关公可以司雨的信仰心理。这一心理凸显出农业地区的信仰特色。

图 13-12　李冰石像

无论是祈雨、还是镇水，这些与水相关的信仰和习俗都是以农耕文化为背景的。在水患面前，人们一方面对神灵进行供奉和祭祀，另一方面又以神物相克以免水患。这表现出人们在对水的崇拜中，由祈求丰收进而祈求吉祥，展现出丰富而多彩的水文化，反映了人们渴望战胜自然的强烈愿望，也表现出人们面对自然灾害时的抗争精神。

水与汉族节日活动

第五节　水与汉族节日活动

春节、三月三、端午节、七夕节是我国几个非常重要的传统节日。你知道吗？这些节日都和水有着密切关系。

一、三月三上巳节

1. 祓禊

大家知道，三月是草木刚刚发芽的季节，大自然的欣欣向荣吸引着人们到郊外游玩。这一天在古时就是民间的踏青节日。农历三月三在古代被称为“上巳节”。这是一个每年春季上巳日在水边举行祭礼的节日，上巳日就是三月三。洗濯去垢，消除不祥，叫祓禊（图 13-13）。《诗经·郑风·溱洧》中写道：“溱与洧，方涣涣兮。士与女，方秉蕳兮。”溱和洧是两条河流的名字；士与女指的是春游的男女们，“方秉蕳兮”指他们手持兰花草。拿着兰花草干什么呢？来祭祀，是人们通过祭祀性的活动除灾去邪。临水祓禊的习俗在后世曾经长期存在。

图 13-13　祓禊

唐代著作《两京新记》记载：“唐长安中，太平公主于原上置亭游赏……每三月上巳、九月重阳，士女游戏就此，祓禊登高，词人乐饮歌诗。”意思就是上巳节、重阳节时，曲江池边春意盎然，太平公主在原上亭子里设宴饮酒，士女在这里洗濯去垢，消除不祥，文人雅士则饮酒赋诗。可见，临水祓禊的习俗在唐代已经流传到宫廷当中。

魏晋以后，人们在上巳节祓除灾气的风俗逐渐衰落。后来演变为踏青春游、宴饮聚会的盛大聚会。杜甫在《丽人行》这首诗中说："三月三日天气新，长安水边多丽人"，描写的就是当天长安城中人们到郊外踏青的情景。

2. 曲水流觞

《兰亭集序》想必大家都熟悉。它被誉为天下第一行书，是一道独特的文化景观。它也和水上活动有关，这种活动叫曲水流觞。

什么是曲水流觞呢？觞就是杯。《荆楚岁时记》是一本记录中国古代楚地民俗的笔记体文集。它这样记载："三月三日，士民并出江渚池沼间，为流杯曲水之饮。"就是在弯曲的流水中，将盛满酒的杯子放在水的上游，人们各自守在一个地方，酒杯漂到谁那里停下，谁就取出杯子把酒喝掉，同时还要赋诗一首。

据说，"曲水流觞"这种饮酒方式可以追溯到西周。南北朝时期吴均在《续齐谐记》中记载，"昔周公成洛邑，因流水泛酒，故逸诗云：'羽觞随波流'"。而这种饮酒作乐方式曾是一种在百姓中间比较流行的民俗活动，直到后来才与文人雅士联系在一起。

和《兰亭集序》相关的这次曲水流觞之所以名闻天下是因为参加活动的人非常著名。参加者有著名的大书法家王羲之、大军事家谢安等人。著名的以少胜多的水上之战淝水之战就是谢安指挥的。

东晋永和九年（353 年）三月初二这天，王羲之、谢安等一批名士和家族子弟共 42 人，在会稽山阴之兰亭，举办了首次兰亭雅集。会稽也就是今天的绍兴。高朋满座，大家饮酒赋诗，共做了 37 首。《兰亭集序》就是王羲之为这些诗所写的序。这是历史上最出名的一次曲水流觞（图 13-14）的活动。

图 13-14　曲水流觞遗迹

曲水流觞甚至还被东亚其他国家普遍接受。古代日本、韩国都曾仿效中国兰亭修禊，修建曲水流觞的庭园，在三月三日作曲水宴、续兰亭会。时过境迁，以曲水流觞方式开展的文人雅集活动逐渐消失，但文人雅集活动的内涵却一直保留下来，并被赋予新的内容。

二、五月初五端午节

农历五月初五，是我国传统节日——端午节。提到端午节，历史上有许多不同的说法，有人认为是纪念屈原、伍子胥、孝女曹娥、介子推，也有人认为是源于恶日禁忌、悬挂钟馗像、送瘟神等。但几千年来，纪念屈原的说法影响更为广泛。今天，一提到端午节，我们都会想到屈原、粽子和龙舟。吃粽子和赛龙舟是这个节日的两个标志性的习俗。

1. 吃粽子和赛龙舟

关于端午节的起源，流传最为广泛的是纪念战国时期楚国的政治家、大诗人屈原（图13-15）。在战国时期，屈原在楚国实行政治改革，遭到楚怀王和旧族势力的反对，被排挤、流放，后投身汨罗江自杀。

图 13-15　屈原

北宋初年成书的《太平御览》记载："屈原五月五日投汨罗而死，楚人哀之，每至此日，竹筒贮米，投水祭之。"屈原投汨罗江死后，人们用竹筒装米做成"筒粽"，投入水中来祭祀屈原，到后来逐渐演变成吃粽子来怀念屈原的习俗。

早先的粽子并没有一定的形状。现在大部分地区的粽子都是三角形的，很像女性缠足的小脚。传说这与孟姜女的故事有关。孟姜女的丈夫范喜良被抓为壮丁，为秦始皇修筑长城，一去三年，音讯全无。孟姜女思念丈夫，安顿好公婆后，打算一人独自去寻夫。临走时，她生怕丈夫挨饿，千方百计琢磨着给他做下称心如意的干粮。左思右想，她给丈夫包了粽子。她想，北方边塞的风大，用黏米包的粽子，不至于被风吹得干裂。粽子里包了三个红枣，意思是一别三年；三角形的粽子，是模仿自己的脚包的，她想让丈夫知道，妻子千里迢迢跋山涉水，十分不易！后来，端午节的粽子就被包成了三角形。吃粽子时，人们就会想到孟姜女寻夫的故事。

根据制作工具的不同，古代的粽子曾有两种：一种叫作“角黍”，一种叫作“筒粽”或“�筒粽”。据说，早在春秋时期就出现了“筒粽”。《太平御览》卷三一《时序部十六• 五月五日》引梁代吴均《续齐谐记》称：“屈原五月五日投汨罗而死，楚人哀之，每至此日，竹筒贮米，投水祭之。”东汉末年，以泡碱的黍米为食材，用菰叶包成四角形，制成碱水粽。在晋代，粽子被正式定为端午节专用食品。据《太平御览》卷八五一《饮食部九• 粽》引西晋周处《风土记》记载：“俗以菰叶裹黍米，以纯浓灰汁煮之，令烂熟，于五月五日及夏至啖之。一名粽，一名角黍。”除糯米等主要食材外，粽子中加入了中药这一辅助食材。药与食的结合在粽子中得到体现，充分体现了中国传统中医的“药食”观。南北朝时期，杂粽开始出现。除米这一主食材外，肉、板栗、红枣、赤豆等辅助食材参杂其中。粽子的品种相应增多，制作过程也越来越复杂，粽味也越来越鲜美。宋代时期，还出现了果粽、蜜粽、杨梅粽等独特品种，杜范“饭羹集邻里，果粽罗豆登”，项世安“老便蜜粽加餐易，病却蒲根仙嚼难”，李洪“细葛宫中曾被赐，杨梅粽里未容窥”等诗歌都反映了当时人们制作粽子的创新。同时，粽子在诗歌中大量出现，也表明其已成为端午节最有代表性的一种食物。

在时代飞速发展的今天，作为充满浓郁民族气息的传统美食，粽子依然深受各地人们的喜爱。各地粽子产品种类繁多，如江浙沪一带的肉粽，广东、广西的豆类粽，沿海地区的水产类粽等，都具有不同的地方特色。其中，浙江嘉兴粽子历史悠久，非常有名。嘉兴粽子为长方形，有鲜肉、豆沙、八宝、鸡肉粽等品种。嘉兴粽子当推“五芳斋”为最，素有“江南粽子大王”之称。它从选料、制作到烹煮都有独到之处。米要上等白糯米，肉从猪后腿精选。粽子煮熟后，肥肉的油渗入米内，入口鲜美，肥而不腻。

2. 赛龙舟

端午节这一天，各地还会举行盛大的龙舟竞赛。龙舟竞渡是端午节的标志性习俗活动。相传，民众因舍不得屈原投江别去，划船追赶拯救，但追至洞庭湖仍不见踪迹。之后每年五月初五，民众都划龙舟意在驱鱼免吃其身，因有龙舟竞渡风俗传世。

龙舟竞渡具有非常悠久的历史，在浙江出土的春秋时期的一件青铜钺（图 13-16）上，就刻有龙舟竞渡的图案。在古代，赛龙舟是个半宗教性、半娱乐性的活动。赛龙舟前会举行各种祭祀、纪念仪式，一般都是点香烛，烧纸钱，用米、肉、粽子等作为供品。主要目的是祈求农业丰收、风调雨顺、除灾去邪，保佑平安。

图 13-16　羽人划舟青铜钺

一直以来，龙舟竞渡在湖南地区就非常流行，明李东阳在《竞渡谣》中有详细描述：“湖南人家重端午，大船小船竞官渡。彩旗花鼓坐两头，齐唱船歌过江去。从牙乱浆疾若飞，跳波溅浪湿人衣。须臾欢声动地起，人人争道得标归。年年得标好门户，舟人相惊复相妒。两舟睥睨疾若仇，戕肌碎首不自谋。严呵力禁不得定，不然相传得瘟病。家家买得巫在船，船船斗捷巫得钱。屈原死后成遗事，千载传讹等儿戏。众人皆乐我独悲，莫遣地下彭咸知。”从这首诗中可以看出，当时湖南百姓竞渡目的是为了避瘟，同时也可看出参赛者与民众的高涨热情。端午节竞渡在宫廷当中也是一种备受欢迎的游艺活动。《旧唐书》记载，唐穆宗“辛丑，大合乐于鱼藻宫，观竞渡”，唐文宗“戊寅，幸鱼藻宫观竞渡”等事。《宋史》记载：“每上元观灯，上巳、端午观水嬉，皆命作乐于宫中。”

龙舟竞渡的习俗不仅在各地汉族当中广泛流传，而且在少数民族也非常普遍，最有代表性的就是苗族的龙舟节。传说，很久以前，有个名叫苟亚的人，他以打鱼为生。一天，他带着儿子驾船到榕山水潭打鱼。他在船头撒下渔网，但回回落空。于是，他掉转船头想到别处去打，回头一看，坐在船尾的儿子却不见了。他大吃一惊，急忙跳下水潭去找。一直下到潭底，也没有找到儿子，却发现了一个龙洞。洞里头是干的。他进去一看，一条恶龙正把他的儿子当作枕头来睡觉。龙窝里满是干草。苟亚靠近一看，儿子已经死了。苟亚想为儿子报仇，可手上又没有东西，便回家准备后又回到龙窝。这时恶龙还在睡觉，苟亚一把火将龙窝里的干草点燃了。他退出来，站在河岸上看。龙窝烧了三天三夜，恶龙烧得浑身起疱，浮到水面上死了。后来，人们为纪念苟亚烧死恶龙、为地方除害，各村都砍树造龙舟，做成恶龙的样子，每年五月在清水江和巴拉河上划龙舟，意思是要降服恶龙，把它赶着玩耍，让恶龙再也不敢作孽。这样就可以年年风调雨顺、五谷丰登。

今天，人们将龙舟竞赛与体育赛事相结合，结合当地经济建设和大众娱乐文化，在国内外产生了日益广泛的影响。

3. 午时水

在闽南和台湾地区，端午节活动还有自己的地方特色，比如人们非常看重端午节正午的水。宋代温革在《琐碎录》中说："五月五日午时取井水沐浴，一年疫气不侵，俗采艾柳桃蒲揉水以浴。"在台湾，有这样一则传说，当年郑成功进驻台湾时，部队开到了，却一直找不到水源，郑成功便把剑插入土地，结果剑拔出后，竟然涌出了泉水。当时正是端午节正午，这里的水便被称为午时水。每年端午节当天 11 点到下午 1 点，当地的人们就像赶庙会似的纷纷涌向村中的老井（图 13-17）。有人提桶，有人挑担。他们相信午时水可以避邪，可以用于清洁房舍、沐浴、饮用等，用了这样的水就可以达到避除暑气和流行传染病的目的。郑成功宝剑插地、涌出泉水的井据说位于台中大甲区的铁砧山，被称为"剑井"。端午习俗与郑成功的传说，使得"剑井"成为民众取午时水的首选，年年有数千民众在端午节上山取水。

图 13-17　午时水古井

三、七月初七七夕节

1. 牛郎和织女

提到七夕，人们会不约而同地想到牛郎织女的故事。

七夕节的形成与古代人们对织女、牵牛二星的信仰有关。织女、牵牛本为星名，《夏小正》载："七月，初昏，织女正东向。"《诗经·小雅·大东》："维天有汉，监亦有光。跂彼织女，终日七襄。虽则七襄，不曾报章。目完彼牵牛，不以服箱。"以七月天象拟人作喻，讽刺周王室只知搜刮财物，奴役人民，虽居高位却不能解除东方人民的苦难，为后来牛郎织女的神话故事提供了线索。南朝已有完整的牵牛、织女二星的神话故事。《荆楚岁时记》载："天河之东有织女，天帝之孙也，年年机杼劳役，织成云锦天衣。

天帝怜其独处，许嫁河西牵牛郎，嫁后遂废织。天帝怒，责令归河东，使一年一度相会。”此后，他们纯朴真挚的爱情故事在民间产生了极大影响，并形成七夕节的种种习俗。

《古诗十九首》等众多文献见证着这段千古人神之恋的美好姻缘：“迢迢牵牛星，皎皎河汉女……盈盈一水间，脉脉不得语”。牛郎织女的爱情故事早已深入人心，就连历史上著名的唐玄宗和杨贵妃也专门选择在这天晚上吐露感情。白居易在《长恨歌》中有几句诗，写杨贵妃死后，唐玄宗回忆他们曾经在七夕夜晚的誓言：“七月七日长生殿，夜半无人私语时，在天愿为比翼鸟，在地愿为连理枝。”

在人民的美颂中，七月初七逐渐成为中国的情人节，一直流传至今。

2. 丢巧针

在中国传统文化中，对女人的手“巧”要求非常高。因此，七夕这一天，女孩儿们总会通过不同的方式讨要些巧手的技艺。

古人有七夕节丢巧针（图 13-18）的习俗。在传统农业社会，“男耕女织”是主要生产模式。女性承担的主要社会劳动是纺织、缝补等，这些被称为女红，这些劳动技能的高低向来被她们所重视。明代文化类书籍《帝京景物略》记载：“七月七日之午丢巧针……看水底针影。有成云物、花头、鸟兽影者，有成鞋及剪刀、水茄影者，谓乞得巧。其影粗如槌，细如丝，直如轴蜡，此拙征矣。”也就是说，如果水底针影成为花鸟等形状，就是乞巧成功；如果影子太粗或者太细，不成形，则这次乞巧不成功。这种习俗在明清时期非常盛行。

图 13-18　丢巧针

3. 七夕水

广州等地区有汲“七夕水”的风俗。明末清初屈大均在《广东新语》中记载：“广州人每以七月夕鸡初鸣，汲江水或井水贮之。是夕水重于他夕数斤，经年味不变，益甘，以疗热病。谓之圣水，亦曰天孙圣。若鸡二唱，则水不然矣。”人们认为，七夕这天取泉水、河水，就如同取银河水一样，具有洁净的神圣力量。所以，每年七夕鸡叫第一遍时，人们就前往江边或井边汲水储藏。这时的水比其他时候分量重，经年味道不变，而且越放越甜，被称作“圣水”。这种水可以治疗热病，热病指的以发烧为主要特征的病症。等到鸡叫第二遍的时候，水就没有这种功效了。

4. 泡巧、化生

过去，南方各地流行“泡巧”“化生”等习俗，“泡巧”就是将长出的豆芽称为巧芽，甚至以巧芽取代针，抛在水面乞巧。还有的地方，妇女买回蜡制的婴儿玩偶，将其浮于水面之上，认为这样有利于生儿育女，称为“化生”。

这些传统节日中的水文化内涵由祈求丰年引申出更丰富的意义，使水的吉祥寓意包含了健康、幸福、富裕、智慧和勤劳等多种意义，增添了水的祥瑞色彩。

第六节 水与民族节日活动

水与民族节日活动

提到少数民族与水相关的节日，可能很多人会马上想到泼水节。实际上，不少民族都形成了与水相关的节日习俗。这里介绍三个不同民族与水相关的节日习俗。

一、傣族与泼水节

傣族是一个与水相生相伴的民族。傣族人民认为，水是最早存在的物质，一切生命都是由水孕育出来的。傣族创世史诗《巴塔麻嘎捧尚罗》中说：“远古的世界是一片混沌，没有天地，只有水和气，后来水、气在冷风的吹动下不断翻滚与搅动，最终凝结成傣族的先祖英叭，后来英叭神创造了天地和万物。”

而在现实生活中，中国境内的傣族人民大部分聚居在西南地区。这里属于热带、亚热带气候，河流纵横交错、植被茂盛、雨量充沛、自然资源丰富。当地的主要农作物是水稻，有自己独特的水稻耕作习惯，而水是水稻种植过程中必不可少的条件。可以说，水源充沛与否直接关系到傣族人民的生产生活。元代李京《云南志略》记载：“风土下湿上热，多起竹楼，居濒江，一日十浴。”《滇志》卷三十载：“水摆夷好近水居，每日必浴以洁其体，男妇皆然。”傣族近水而居，有水民族之称。水资源丰富，江河湖泊是傣族人民“游泳”和“跳水”运动的天然运动场地。在高温酷暑的季节里，多喝水或者泡在水里都能解暑降温。“一日十浴”的说法虽然有些夸张，但不难看出水在傣族人民生活中的重要性。

傣族有许多与水有关的节日活动，其中最盛大的节日便是大家熟悉的泼水节。

每年公历 4 月中旬是傣族人的新年，一般持续三到四天。第一天叫“宛多桑罕”，意思是“送旧”，类似汉族新年的除夕；第二天叫“宛恼”，意思是“空日子”，就是这一天既不属于旧年也不属于新年，这天一切劳作停止，人们主要干什么呢？对，就是泼水；第三天叫“宛帕雅宛玛”，意思是“日子之王来临”，是傣历新年的开端之日。这一天，人们会举行赶摆、龙舟竞渡、放高升等重大活动。人们互相泼水表达祝福会把新年的气氛推向高潮。

对许多人来说，他们对放高升、放孔明灯等活动相对比较陌生。高升是傣族人民自制的一种炮竹烟火，常在夜晚燃放。将竹筒底部填充硫磺、硝酸等火药配料，置于高升架上，点燃引火线，竹筒如火箭般直插云霄并发出“叽叽”的尖啸声，烟火绽放的一刹那，闪亮耀眼，光芒四射，让人一饱眼福。放孔明灯也是当地必不可少的一项活动。入夜，人们在空地上将蜡烛点燃，置于纸糊的灯内，随后一盏盏寄托着人们祈愿的孔明灯缓缓升起，如同一颗闪亮的星星，希望得到佛祖的关注。

1. 七姐妹杀魔王

傣族人生活的地区流传着一个七姐妹杀魔王的故事。很久以前，当地有一个凶残的魔王，他魔法高超，刀砍不进、枪刺不入、水淹不死、火烧不化。魔王凶狠残暴，无恶不作，强抢了七个美女为妻。第七个妻子是人间公主婻粽布，她美丽、善良、聪明、勇敢。有一年傣历新年之际，婻粽布趁着魔王酒醉，从他口中得到一个秘密：魔王的弱点就是用自己的头发勒自己的脖子。魔王熟睡后，婻粽布机敏地剪下一根魔王头发，勒在魔王的脖颈上。这时，魔王身首分离。但是他的头却变成一团烈火，滚到哪里烧到哪里。为了阻止火势蔓延，婻粽布和另外六个姐妹轮流把魔王的头抱在怀里。她们就这样轮流抱着魔头，直至它腐烂为止。为了洗掉七姐妹身上的污垢，人们就向她们泼水。人们为了纪念七姐妹，每逢新年，就互相泼水，从此形成了泼水的习俗。

泼水节也与祈雨有关。傣族地区流行着一首名叫《十二月》的古老歌谣。这首歌谣在叙述泼水节的起源时，描绘了大旱逢雨的情景：“五月到了，遍地烧起燎原大火，干枯的树枝堆堆拢来，茂密的野草一起割倒。六月下了一场急雨，带来了欢乐的生命……”在傣族地区，干旱经常发生，这时就要举行祈雨活动。泼水原本是一种祈雨的活动，男女老少泼水的行为便是模拟下雨的巫术。

2. 文泼和武泼

泼水又分“文泼”和“武泼”。所谓的文泼，是对长者和尊敬的人礼节性的祝福，用树枝、树叶、鲜花蘸水轻轻地淋洒。淋洒的部位，一般是脖颈后。在泼水前，还要向被泼者说一些吉祥如意的祝福之词。

至于武泼，是名副其实的“泼”。不管是用碗，还是用水盆、水桶；不管是在广场上，还是在马路上；你手中的水可以一股脑儿地泼出去，被泼的人马上就变成了“落汤鸡”。泼水的时候，你可以追逐别人、偷袭别人，被泼的人可以躲闪、也可以逃避，但是不能发怒。人们认为这是吉祥的水，可以消灾除病，所以在这一天都会尽情地泼。大家在这一天非常放松，飞溅的水花与欢快的笑声使节日充满了狂欢的气氛。如今，云南西双版纳的泼水节（图 13-19）每年都吸引着众多来自国内外的游客。泼水时，不论男女老幼，不分民族国籍，也不管相识与否，大家可以无拘无束地互相泼水。

图 13-19 傣族泼水节

二、藏族与沐浴节

沐浴节，藏语为“嘎玛日吉”，意为“沐浴”。沐浴节是藏族人民特有的节日。传说，在七八百年前，有一个妇女被病魔折磨了很久。一天晚上她做了一个梦，梦中有一位叫宇托的医生对她说：“明天晚上，当天空东南出现一颗明亮的星星时，你可以到吉曲河里去洗澡，洗澡以后病就会好起来。”这个妇女按照宇托医生在梦中的嘱咐，到吉曲河里洗了个澡，吉曲河就是现在的拉萨河，她的病竟然很快痊愈了。从此，人们相信这颗奇特的星星就是宇托医生变的，纷纷到被这颗星星照过的河中洗澡，期望实现疾病康复、强身健体的愿望。

沐浴节在藏历七月上旬。每年这个时候，西藏各地的男女老少都会全家出动，来到水边欢度这一节日。人们通常带着帐篷，并备上牛羊肉、酥油茶、青稞酒、糌粑、茶水，在此痛快地喝酒聊天。这种一年一度的洗澡活动，要持续一个星期，是藏族独有的节日。在这七天中，从娃娃到老人都要下河洗澡。老年人在河边洗头擦身，年轻人在河里游泳、洗澡，孩子们在水里玩耍，中午大家就在水边野餐。人们在河边唱歌跳舞，尽情游乐。据说，这时人们到水中沐浴，能祛除疾病，就像是药浴，因此也把这个节日叫作“药水节”。实际上，人们将这个节日叫作“沐浴节”（图 13-20），也有科学依据在内，高原上的水主要是高山上融化的雪水，雪水从长满“雪莲”等名贵草药的山涧流淌而下，晶莹剔透的雪水中便融入了名贵药物的有效成分，成为具有消毒、保健功能的天然浴液。沧海桑田、岁月悠悠。如今时代发生了巨变，各种现代化的浴室在城市中到处可见，但仍然有人选择前往河水中沐浴。

图 13-20　藏族沐浴节

三、德昂族浇花节

德昂族是我国的五十六个少数民族之一。它的浇花节是个富有悠久历史内涵和浪漫色彩的节日，在每年清明节后七天举行，是把佛陀诞生、成道、涅槃三个日期合并在一起举行的纪念活动。浇花节为期三天，是德昂族一年中最重要的节日，也是最能集中体现德昂族传统文化的一项活动。浇花节虽与傣族的泼水节内涵相同，活动内容却有很大不同。

“浇花节”的来源有不同的传说。有的人说是一个忤逆的儿子在清明节后第七天在山上干活，看到雏鸟反哺的情景，有所感悟，决心好好侍奉母亲。一天，他母亲向山上走来为他送饭，不小心滑了一跤。儿子赶来扶她，她却以为儿子要来打她，便一头撞死在树上。儿子痛悔莫及，把树砍下来雕成一尊母亲的雕像，每年清明后第七天都要把雕像浸到洒着花瓣的温水中清洗，以后就演变为一种习俗。

有的人说释迦牟尼关心民间疾苦，见老天久旱不雨，便告之崩龙族（德昂族）人，每年在堆沙节（即浇花节），信徒们各提一桶水，泼于佛身，上天便会降雨，佛会保佑崩龙族人民清洁平安，五谷丰登。

节日里，人们要穿上节日的盛装，给佛爷、佛像浇水，以示对祖先、恩人的怀念和敬重。仪式开始的第一天，主要有采花、请佛、浴佛、打水、守佛等活动。天刚蒙蒙亮，全村的男女信徒就在村头的大青树下集合，前往山上采花。男青年们敲着象脚鼓、铓锣在前面引路，人们在采花过程中载歌载舞，将采回的鲜花装饰在奘房（即佛寺）外面的竜亭（过节前人们在奘房外面用竹篾和木料搭建的用以浴佛的临时佛房）后，便在佛爷或先生（专门负责诵经的老人）的主持下诵经请佛。把十几尊小佛像请到竜亭后，村民们便集中在竜亭前听佛爷或先生诵经，在诵经的过程中要向地上滴水，称为“滴水仪式”。

诵完经后便开始用清水浴佛。接下来的日子里青年人不定时地去附近的水洼取水浴佛，一天两三次。到了晚上，老人们会睡在奘房外面的棚舍里守佛，并在竜亭诵经，向佛忏悔白天去打水时触犯到的山神、水神等。

依次还要为年过六旬的长寿老人洗尘、拜寿，表示对他们的感谢和祝愿。泼水的方式有一定的规范。给老人浇水时，用水筒接上清泉，且要插上花，让水顺着花束滴到老人伸出的手心上，不能泼到身上。而德高望重的长者手持鲜花，蘸水轻轻地洒向周围的人群，向大家祝福，祝贺新年的开始。男女青年之间相互泼水时，也必须用竹筒，轻轻地从肩膀往下泼，不能泼在头上。之后人们便排队涌向泉边、河畔，唱歌跳舞欢度节日。

浇花节结束，意味着新的一年开始，人们正式进入新一轮的生产劳作中。

德昂族浇花节具有广泛的群众基础，集音乐、舞蹈、美术于一体，体现了尊老爱幼、和睦相处的社会风尚，也是男女之间表达爱情的社交活动。

拓展资源　水与治理

水资源争端

水资源危机

工程治水

依法治水 保障绿水青山

人水和谐 建设节水社会

参考文献

[1] 靳怀堾．中华文化与水[M]．武汉：长江出版社，2005．

[2] 朱自清．诗言志辨·经典常谈[M]．北京：商务印书馆，2011．

[3] 吴小林．山水有清音——游记小品赏读[M]．郑州：中州古籍出版社，2012．

[4] 王荣初．历代山水名胜词选[M]．杭州：浙江摄影出版社，1999．

[5] 鲍康健．历代山水诗文名篇赏析[M]．合肥：安徽文艺出版社，2000．

[6] 吴功正．山水诗注析[M]．太原：山西教育出版社，2001．

[7] 晨枫．百年中国歌词博览[M]．合肥：安徽文艺出版社，2011．

[8] 刘习良．歌声中的20世纪：百年中国歌曲精选[M]．北京：中国国际广播出版社，1997．

[9] 潘杨华．中国古代山水画二十讲[M]．济南：齐鲁书社，2013．

[10] 徐步．中国山水画论研究[M]．北京：中国社会科学出版社，2016．

[11] 洪再新．中国美术史[M]．北京：中国美术学院出版社，2013．

[12] 杨琪．一本书读懂中国美术史[M]．北京：中华书局，2012．

[13] 黄明珠．中国舞蹈艺术鉴赏指南[M]．上海：上海音乐出版社，2001．

[14] 赵铁春．舞蹈鉴赏[M]．长沙：湖南大学出版社，2009．

[15] 马健昕，张勐萌，杨洁．舞蹈鉴赏[M]．北京：对外经济贸易大学出版社，2008．